电力行业内部控制
操作指南

中华人民共和国财政部　制定

经济科学出版社

图书在版编目（CIP）数据

电力行业内部控制操作指南/中华人民共和国财政部制定. —北京：经济科学出版社，2014.12
ISBN 978 – 7 – 5141 – 5395 – 8

Ⅰ.①电… Ⅱ.①中… Ⅲ.①电力工业 – 工业企业 – 企业内部管理 – 中国 – 指南 Ⅳ.①F426.61 – 62

中国版本图书馆 CIP 数据核字（2014）第 310885 号

责任编辑：黄双蓉　黎子民
责任校对：杨　海
责任印制：邱　天

电力行业内部控制操作指南
中华人民共和国财政部　制定
经济科学出版社出版、发行　新华书店经销
社址：北京市海淀区阜成路甲 28 号　邮编：100142
总编部电话：010 – 88191217　发行部电话：010 – 88191522
网址：www.esp.com.cn
电子邮件：esp@esp.com.cn
天猫网店：经济科学出版社旗舰店
网址：http://jjkxcbs.tmall.com
河北零五印刷厂印装
787 × 1092　16 开　14.5 印张　260000 字
2015 年 1 月第 1 版　2015 年 1 月第 1 次印刷
ISBN 978 – 7 – 5141 – 5395 – 8　定价：40.00 元
（图书出现印装问题，本社负责调换。电话：010 – 88191502）
（版权所有　侵权必究　举报电话：010 – 88191586
电子邮箱：dbts@esp.com.cn）

财政部关于印发《电力行业内部控制操作指南》的通知

财会〔2014〕31号

中共中央直属机关事务管理局，国家机关事务管理局，解放军总后勤部，武警部队后勤部，各省、自治区、直辖市、计划单列市财政厅（局），新疆生产建设兵团财务局，有关企业：

为推动电力行业企业有效实施企业内部控制规范体系，进一步提升电力企业经营管理水平和风险防范能力，根据国家有关法律法规、《企业内部控制基本规范》（财会〔2008〕7号）及《企业内部控制配套指引》（财会〔2010〕11号）等相关规定，财政部制定了《电力行业内部控制操作指南》，现予印发。

《电力行业内部控制操作指南》属于参考性文件，供电网企业、发电企业、电力建设企业、电力设计企业和其他辅助性电力企业开展内部控制体系的建立、实施、评价与改进工作中参考使用。由于电力行业包含发电、输电、配电、变电、电力建设、电力设计及电力辅助等多个环节，产业链覆盖电网、发电、电力建设、电力设计等多类企业，业态分布广泛，管控模式各不相同。各电力企业可以参考本指南提供的基本思路，结合内外部环境、发展阶段和业务规模等因素，探索建立并实施符合本企业实际的内部控制体系及内部控制操作手册。涉及境外投资的，还应满足所在国或地区法律法规及有关监管要求。

执行中有何问题，请及时反馈我们。

附件：电力行业内部控制操作指南

财政部
2014年12月28日

前　言

为推动电力行业企业有效实施企业内部控制规范体系，切实提升电力企业经营管理水平和风险管控能力，促进我国电力事业科学健康发展，特制定《电力行业内部控制操作指南》（以下简称《指南》）。

《指南》依据国家有关法律法规、《企业内部控制基本规范》（财会〔2008〕7号）及《企业内部控制应用指引第1号——组织架构》等18项应用指引、《企业内部控制评价指引》和《企业内部控制审计指引》等相关规定编制而成。在对我国电力行业历史沿革、发展趋势、产业特点和管理现状等作深入分析的基础上，《指南》科学规划了电力企业内部控制体系建设路线图及实施方案。在总结发电、输配电、变电、电力建设、电力设计和其他电力辅助产业等全产业链管理经验的基础上，《指南》系统提出了建立以内部控制环境建设为基础，以风险管理控制为导向，以控制活动为手段，以信息与沟通为桥梁，以内部监督为促进的闭环运行的电力企业内部控制体系。

《指南》包括七章，分别为：

第一章：电力行业基本情况与内部控制建设背景。第一章介绍了电力行业基本情况以及电力发展趋势，简述电力行业内部控制的建设背景。

第二章：内部控制体系建设与运行。在对电力行业深入分析的基础上，第二章科学规划了电力行业内部控制体系建设路线图与建设阶段。电力行业内部控制体系建设将遵循由财务报告内部控制向全面内部控制发展的路径，包括内部控制体系建设、内部控制评价与审计、内部控制体系持续改进与优化三方面的内容。

第三章：内部环境。第三章结合电力行业面临的内外部影响因素以及电力行业特点，分析了电力企业在组织架构、发展战略、人力资源、社会责任、企业文化、反舞弊管理等内部控制环境建设中应关注的要点及管理措施。

第四章：风险评估。第四章介绍了风险评估的概念、程序与方法。电力企业应从目标识别出发，在内部和外部两个层面，经过建立基础、目标设置与分解、风险识别、风险分析、风险评价及风险应对等程序，综合运用定性与定量的方法，全面评估风险，为风险管理提供依据。第四章还列示了当前电力行业面临的主要内外部风险，并对其中最具有行业特色的风险提出应对策略。

第五章：控制活动。根据电力企业常见的业务活动和管理内容，第五章对电力企业在电量管理、燃料管理、电力交易、调度控制、电力营销、运行管理、设备管理、安全管理、工程项目、采购业务、研究与开发、资产管理、业务外包、担保业务、合同管理、全面预算、资金管理、财务报告等业务活动中的控制目标及存在的风险进行说明，并提出控制措施和监督评价要点。

第六章：信息与沟通。第六章深入分析了电力企业内部信息传递、信息系统日常运营的特点，对电力企业在内部信息传递、信息系统管理中存在的风险进行说明，并提出控制措施和监督评价要点。

第七章：内部监督。电力企业内部控制监督包括日常监督和专项监督，其中，开展内部控制评价是内部监督的普遍做法和重要形式。第七章介绍了内部控制评价的对象、原则、组织形式、内容、方法及工作程序等，并结合电力行业特点，重点介绍了内部控制缺陷的标准及认定程序。

《指南》属于参考性文件，供电网企业、发电企业、电力建设企业、电力设计企业和其他辅助性电力企业在内部控制体系的建立、实施、评价与改进过程中参考使用。由于电力行业包含发电、输电、配电、变电、电力建设、电力设计及电力辅助等多个产业环节，产业链覆盖电网、发电、电力建设、电力设计和其他辅助性多类企业，业态分布广泛、管理水平参差不齐。各电力企业可以参考本指南提供的基本思路，结合内部环境、外部环境、发展阶段和业务规模等因素，探索建立并实施适合本企业的内部控制体系及内部控制操作手册。

目　录

第一章　电力行业基本情况与内部控制建设背景
1　第一节　电力行业基本情况
4　第二节　电力行业内部控制建设背景

第二章　内部控制体系建设与运行
7　第一节　内部控制体系建设
10　第二节　内部控制评价与审计
13　第三节　内部控制持续改进与优化
14　第四节　内部控制信息化建设

第三章　内部环境
15　第一节　组织架构
18　第二节　发展战略
21　第三节　人力资源
25　第四节　社会责任
30　第五节　企业文化
32　第六节　反舞弊管理

第四章　风险评估
34　第一节　对风险和风险管理的认识
37　第二节　风险评估的方法与步骤
43　第三节　电力行业主要风险

第五章　控制活动
48　第一节　电量管理
55　第二节　燃料管理
63　第三节　电力交易
69　第四节　调度控制

77	第五节 电力营销
86	第六节 运行管理
94	第七节 设备管理
102	第八节 安全管理
119	第九节 工程项目
129	第十节 采购业务
138	第十一节 研究与开发
142	第十二节 资产管理
149	第十三节 业务外包
156	第十四节 担保业务
161	第十五节 合同管理
168	第十六节 全面预算
174	第十七节 资金管理
184	第十八节 财务报告

第六章 信息与沟通

191	第一节 内部信息传递
195	第二节 信息系统

第七章 内部监督

204	第一节 内部监督概述
205	第二节 内部控制评价
213	第三节 内部控制缺陷认定
	后记

第一章 电力行业基本情况与内部控制建设背景

第一节 电力行业基本情况

电力行业是我国国民经济的主要能源提供者,是将自然界的一次能源通过各种发电设备转换成电能,再经输电、变电和配电将电能供应给用户,是关系国计民生的重要基础性产业。电力系统的重要特征是能源的转换与输配。电力的安全、稳定和充分供应,是国民经济全面、协调、可持续发展的重要保障。根据电能的产生和运转方式,电力行业具有发电、输配电、变电等不同生产环节,并形成相应的电力产业链。电力产业链上的主要企业包括电网企业、发电企业、电力建设企业、电力设计企业和其他辅助性企业。

一、我国电力工业发展历程

我国的电力工业始于1882年,至2014年已有132年的历史。在新中国成立前,电力工业发展缓慢,至1949年发电装机容量和发电量分别位居世界第21位和第25位,人均用电量仅有9千瓦时。新中国成立后,我国政府将电力工业作为国民经济的先行基础产业,大力发展电力工业,经过大规模的建设,到1978年发电装机容量和发电量分别比1949年增长了29.9倍和58.7倍。

改革开放以来,电力工业不断跨上新台阶。1987年我国发电装机容量突破1亿千瓦;1995年3月发电装机容量超过2亿千瓦;1996年我国装机容量和发电量跃居世界第2位;截至2013年年底,中国发电装机容量已跃居世界第一,达到12.5亿千瓦。

2013年以来,我国电力生产运行安全平稳,电力供需总体平衡,2013年全社会用电量5.32万亿千瓦时,人均用电量达到3911千瓦时。中国的电力工业规模已位居世界第一位,长期困扰我国的电力供应不足矛盾得到缓解,电力系统的安全性、可靠性、经济性和资源配置能力得到全面提高,基本满足了经济社会发展的用电需要。截至2013年，水电、核电、风电、太阳能发电等非火电类型发电装机容量比重已超过25%。清洁能源发电增长强劲，地热发电、光伏发电均呈快速增长之势；同时电网发展也实现重大突破。我国自主设计制造的世界上规模最大，集风电、光伏发电、储能、智能输电于一体的新能源综合利用平台投产使用；亚洲首个柔性直流输电工程投入正式运行，标志着我国在智能电网高端装备方面取得重大突破。电网建设成果显著，结束西藏电网长期孤网运行的历史，使我国内地电网全面互联；目前，我国电力工业正从大机组、超高压、西电东送、全国联网的发展阶段，向绿色发电、特高压、智能电网的发展新阶段转变。

二、我国电力行业管理体制的变革

新中国成立后，电力行业管理体制先后经历了军事管制、燃料工业部、电力工业部、水利电力部、国家电力公司和电力监管委员会等数次变革。1949~1978年，在新中国成立初期，军事管制委员会对电力等基础设施实行管制。在我国确立并实行计划经济体制期间，电力行业政府管制先后经历了燃料工业部、电力工业部、水利电力部三个时期。其中，在燃料工业部和电力工业部时期，对电力行业实行集中管制，建立东北、华北、华东、中南、西南和西北六大区电业管理局，实行统一领导、垂直垄断、政企合一的电力行业管制体系初步形成；在水利电力部时期，管制权利经历两次下放、两次上收，省（市、自治区）电业管理局分别改成电力工业局。1979~1997年，在我国实行经济体制转轨期间，电力行业管理体制经历了四次变更，包括再次、第三次设立电力工业部，再次设立水利电力部，设立能源部。1997~2002年，在我国实行社会主义市场经济体制期间，电力行业管理体制经历了三次变更，包括成立国家电力公司、设立国家电力监管委员会、设立国家能源委员会。国家能源委员会设立之后，与国家电力监管委员会并行存在。

2002年4月，国务院公布了《电力体制改革方案》，将国家电力公司拆分为十一家公司，成立了中国华能集团公司、中国大唐集团公司、中国华电集团公司、中国国电集团公司、中国电力投资集团公司五家发电集团公司；成立了国家电网公司、中国南方电网有限责任公司两家电网公司；成立了中国电力工程顾问集团公司、中国水电工程顾问集团公司、中国水利水电建设集团公司、中国葛洲坝集团公司四家辅业集团公司。2011年电网企业进一步主辅分离，电力建设、电力设计企业及其他辅业单位从电网企业分离出来，与原有的四家辅业集团公司重新组建为中国电力建设集团公司和中国能源建设集团公司两家电力辅业集团公司。

经过电力体制改革，电力行业的经营效率显著提高，厂网分开基本完成，发电侧全方位竞争格局初步形成，主辅分离显著推进。经过最近十年的快速发展，我国已拥有包括国家电网公司、中国南方电网有限责任公司、中国华能集团公司、中国大唐集团公司、中国华电集团公司、中国国电集团公司、中国电力投资集团公司、中国电力建设集团公司、中国能源建设集团公司、中国核工业集团公司、中国长江三峡集团公司、神华集团有限责任公司、中国广核集团有限公司等13家大型骨干电力企业集团，成为世界上装机规模最大、电网规模最大、发电量最多的国家。

三、我国电力行业的特点

电力系统是由发电、输配电、变电、用电设备及相应的辅助系统组成的，集电能生产、输送、分配、使用为一体的统一整体，可分为发电、输电、系统调度、配电等环节。电力系统运行有即时平衡和整体互动性两个主要特征，即时平衡是指在庞大的互联电网中，电力的生产与消费必须实时平衡，任何背离都会引起电网频率和系统电压波动，导致设备损坏直至整个电网系统瓦解。整体互动是指电力系统中各部分相互影响，关系复杂，连接在一起的电厂、电网和用电器，可以被视为统一的整体系统，任何单一部件的变化都会对整个电力系统产生影响。

1. 发电环节。发电环节是指通过各种生产方式将其他能量转化为电能的电力生产环节。按照能源的转换方式，发电方式主要有火力发电、水力发电、核能发电及其他能源发电。火力发电是指利用煤、石油和天然气等化石燃料所释放的能量进行发电。火力发电在我国能源结构一直处于主导地位，在维护电网电压稳定、频率稳定、持续供应等方面相对其他能源具有更好的特性。水力发电是将水的势能和动能转化为电能的发电方式。水力发电是再生能源，对环境冲击较小，发电效率高，发电成本低，发电起动快，调节容易。核能发电是利用铀原子核裂变时产生的核能转化为热能，再将热能转变为电能的发电方式。其他新能源发电的方式主要有地热发电、风力发电、太阳能发电、海洋能发电、生物质能发电等。

从电力市场竞争角度，发电经营主要考虑三个方面：装机容量、发电量和由电源类别决定的发电成本结构。装机容量决定了发电企业在电力市场中的供给能力，发电成本结构主要受电源种类影响，例如水电与煤电比较，煤电企业因为购煤而比水电企业承担了较高的生产经营成本。

2. 输配电环节。发电厂生产的电能要通过输电系统输送至配电环节，然后再由配电系统供给用户。电能的输送一般采用高压输电，我国已形成东北、华北、华中、华东、川渝、南方四省500千伏跨省市主干网和山东500千伏电网以及西北的结构紧密的330千伏电网，并建成具有世界先进水平的特高压输电工程，电压等级达750千伏，最高可达1000千伏。配电业务基本任务是把电力从输电系统传送、分配给用户。配电环节上接输电系统，下接终端用户，配电系统本身不使用、不储存电能，只负责传送、分配电能。电能通过配电线路流向用户，并由电表记录用户使用的电量。

3. 系统调度环节。系统运行调度包括协调发电厂处理和平衡负荷需求两部分内容。电力运行调度时刻监控负荷的变化，下达电厂启动或停机指令，实时调度整个电网。电力调度机构会根据典型负荷曲线提前为电厂排定发电计划。但由于难以预测实际电力需求，电力调度需要对预测电量之外的电量进行平衡，包括增加或减少发电计划，甚至在必要的情况下，调整用户的电力需求。

电力行业未来发展的基本方针是提高能源效率、保护生态环境、加强电网建设、大力开发水电、优化发展煤电、积极推进核电建设、适度发展天然气发电、鼓励新能源和可再生能源发电、带动装备工业发展、深化电力体制改革。

第二节 电力行业内部控制建设背景

2008年以来，财政部、证监会、审计署、银监会、保监会五部委相继出台《企业内部控制基本规范》（财会〔2008〕7号）及其配套指引，对中央企业、上市公司建立健全实施有效的内部控制体系作出了要求，并提供了依据和指导方针。内部控制相关政策、基本规范和配套指引发布后，电力企业积极响应国家的要求，两大电网企业、五大发电集团以及电力建设、电力设计及辅助电力企业都在企业内部控制体系建设工作中做出了表率，积极研究、探索、实施了电力行业的内部控制体系建设。各电力企业按照管理制度化、制度流程化、流程信息化的要求，立足企业实际，倡导全员参与，注重控制实效，抓好内部控制建设的基础工作和关键环节。电力企业通过内部控制体系建设保证了企业经营管理合法合规，有效地防止了企业资产流失，保证了财务报告及相关信息真实完整，企业的经营效率和经营业绩逐年提高，有力地促进了电力企业实现发展战略。

我国电力行业正处于快速发展的重要战略机遇期，电力体制改革不断深化，促进了电力企业间的市场竞争。当前，中国经济下行压力加大、煤价波动幅度大、环境保护及社会责任要求高、跨区电力供应与结算等外部风险日益显著。随着竞争加剧，电力企业普遍选择延长产业链多元化发展，经营业务日益复杂，经营风险不断显现。电力企业经营利润空间变小、管理难度变大，尤其是积极实施"走出去"战略，电力企业逐步参与国际市场竞争，面临更多更复杂的局面，对企业风险管理和内部控制提出了更高要求。从近年的外部审计结果分析，当前电力企业在管理方面仍有薄弱环节，内部控制需要进一步完善和加强。

面对困难和挑战，电力企业积极利用风险管理思想和内部控制手段，深度挖潜，向企业内部要效益，涌现出众多典型：国家电网公司全面整合前期内控建设成果，以标准流程为载体，以风险管控为导向，以授权管理为约束，以规章制度为保障，以内控评价为手段，以信息系统为支撑，建立了覆盖全公司、贯穿各层级、具有组织结构扁平化、业务流程标准化、内控责任岗位化、控制手段信息化、监督评价常态化为特征的内部控制体系，探索走出了一条具有电网企业特色的内控建设实施道路，基本实现了全集团内控在线管理和风险实时防控；国电集团选择基建财务内控作为重点突破口，于2011年在哈尔滨热电厂成功完成试点，并在全集团90余家单位进行推广；华能集团高度重视风险管理和内部控制，由总经理任风险管理小组组长，分管副总及总会计师为副组长，制定了《全面风险管理办法》及《全面风险管理工作指引》、《风险分类总表》等配套细则，完成了公司制度制（修）订305项，成功实现了《总部流程操作手册》试运行，在全集团289家单位完成了风险管理信息化建设。

第二章　内部控制体系建设与运行

　　内部控制是由企业董事会、监事会、经理层和全体员工实施的，旨在实现控制目标的过程。内部控制的目标是合理保证企业经营管理合法合规、资产安全、财务报告及相关信息真实完整，提高经营效率和效果，促进企业实现发展战略。电力企业建立与实施内部控制，应当遵循下列原则：一是全面性原则，内部控制应当贯穿决策、执行和监督全过程，覆盖企业及其所属单位的各种业务和事项；二是重要性原则，内部控制应当在全面控制的基础上，关注重要业务事项和高风险领域；三是制衡性原则，内部控制应当在治理结构、机构设置及权责分配、业务流程等方面形成相互制约、相互监督，同时兼顾运营效率；四是适应性原则，内部控制应当与企业经营规模、业务范围、竞争状况和风险水平等相适应，并随着情况的变化及时加以调整；五是成本效益原则，内部控制应当权衡实施成本与预期效益，以适当的成本实现有效控制。

　　电力企业建立与实施有效的内部控制体系，应当包括下列要素：一是内部环境，它是企业实施内部控制的基础，一般包括组织结构、发展战略、人力资源、社会责任及企业文化等；二是风险评估，是指企业及时识别、系统分析经营活动中与实现内部控制目标相关的风险，合理确定风险应对策略；三是控制活动，是指企业根据风险评估结果，采用相应的控制措施，将风险控制在可承受度之内；四是信息与沟通，是指企业及时准确地收集、传递与内部控制相关的信息，确保信息在企业内部、企业与外部之间进行有效沟通；五是内部监督，是指企业对内部控制建立与实施情况进行监督检查，评价内部控制的有效性，发现内部控制缺陷，及时加以改进。

　　内部控制体系建设与运行一般分为内部控制体系建设、内部控制评价与审计、内部控制体系持续改进与优化。电力企业应按照《企业内部控制基本规范》和配套指引的要求，建立内部控制体系，结合本企业实际，以提高经营效率和效果为目标，以风险管理为导向，以流程梳理为基础，以关键控制活动为重点，制订内部控制整体建设实施方案，明确总体建设目标和分阶段任务；要按照管理制度化、制度流程化、流程信息化的要求，立足企业实际，倡导全员参与、全业务覆盖，注重控制实效，抓好内部控制建设基础工作和关键环节；要组织开展内部控制年度评价与审计工作，并促进内部控制体系的持续改进与优化。

第一节 内部控制体系建设

内部控制体系建设是指在企业系统化开展内部控制体系建设，包括组建内部控制组织体系、确定内部控制建设范围、开展风险评估、识别业务关键控制环节、优化完善现行制度、建立内部控制标准体系等内容。

一、组建内部控制组织体系

1. 健全治理结构。电力企业按照现代企业制度建立完善法人治理结构，依法设置董事会、监事会、经理层等组织机构，确定各自权利和义务。企业结合业务特点和内部控制要求设置内部机构，明确职责权限，将权力与责任落实到各级单位、部门和岗位。

2. 成立专门机构。电力企业应在董事会下组建全面风险管理委员会等类似内部控制管理机构，负责企业内部控制与风险管理整体工作；电力企业应在全面风险管理委员会下成立专门的内部控制管理部门或在已有部门中成立具有此类职能的专门机构，具体负责组织协调内部控制的建立、实施、评价及日常运转。该专门机构应配备适当的人员，明确权责范围，并具备以下条件：第一，配备具有内部控制与风险管理专业知识能力的适当人员；第二，具备确保内部控制体系长效运转的资源配备；第三，具备监督与评价内部控制体系工作的权利，并能够对企业职能部门的工作有直接接触和监督评价的权利；第四，归属最高管理层管理，并可直接向董事会或类似权力机构报告工作。

3. 强化专业岗位。电力企业各业务部门负责人是本部门内部控制的责任人，有责任指导和监督本专业内部控制工作开展，并配合内部控制管理部门开展风险评估、内部控制评价等相关工作。同时，各业务部门应配备专人或专岗，负责组织开展本专业内部控制相关工作。

4. 加强内控监督。电力企业内部控制管理部门以及审计部门等内部监督机构负责对内部控制建设与运行情况进行监督检查，提出持续改进完善的建议。

二、确定内部控制建设范围

电力企业内部控制建设范围包括三个层面：企业层面、业务层面和信息系统层面。

在企业层面，电力企业应开展内部环境、风险评估、控制活动、信息与沟通、内部监督建设，确保企业整体内部控制有效性。

在业务层面，电力企业应依据实现企业战略目标所需开展的业务活动，构建企业全业务流程框架。一般来说，随着企业目标的逐级分解，围绕这些目标的实现，也可以将企业业务按照业务模块、价值链环节等划分为不同等级，形成涵盖企业整体范围的全业务流程框架。电力企业应加强重点流程与特殊业务的内部控制，着力抓好资金、投资、采购、基建、销售、产权管理、人力资源管理、质量管理、安全生产等关键业务流程控制，加强境外资产、金融及其衍生业务、重大经济合同和节能减排等特殊业务的内部控制建设，确定内部控制建设业务范围。

在信息系统层面，电力企业应推进内部控制体系建设同信息化建设的融合对接，结合企业信息化建设进程，将业务流程和控制措施逐步固化到信息系统，实现在线运行。

三、开展风险评估

电力企业应基于全业务流程框架，对影响企业目标实现的风险开展识别与评估，确定各类业务风险点，评估风险承受能力，明确相应风险管理策略。业务风险点可参考并覆盖前期在电力企业执行多年的各类管理要求中的风险，如《防止电力重大事故 25 项反措》、OHSAS18000 系列职业健康安全管理体系、HSE 健康安全和环境三位一体的管理体系、NOSA 五星安健环管理体系等。

四、识别业务关键控制环节

电力企业应依据评估出的业务风险点，识别业务流程中的关键控制点，并记录在内部控制文档中。关键控制点是指在相关流程中影响力和控制力相对较强的一项或多项控制，其控制作用是必不可少或不可代替的。确认关键控制点应作为企业控制活动的重点，对其实行全面、严格的管理，可避免重大风险的产生。

五、优化完善现行制度

电力企业应以流程为基础,将关键控制点、风险点、应对措施、岗位责任等内容以制度形式固化,健全完善企业制度体系。

六、建立内部控制标准体系

电力企业应依据《企业内部控制基本规范》及其配套指引,结合企业运营管理的实际情况,建立覆盖全业务的内部控制标准体系,指导企业生产经营。内部控制标准体系一般应包括但不限于以下内容:

1. 内部控制体系建设的范围;
2. 内部控制体系建设的主体、职责分工、考核办法;
3. 内部控制体系建设的长期、短期目标;
4. 内部控制体系建设具体内容;
5. 内部控制体系评价的要求(如评价的范围及缺陷评估标准等);
6. 内部控制体系持续维护及监督的要求等;
7. 内部控制系统报告具体内容;
8. 内部控制考核管理内容。

一般情况下,电力企业内部控制记录文档包括以下种类,但企业也可以根据自身情况,制定特殊的记录文档要求:

1. 流程图:用符号和图形来表示企业业务和文件凭证在组织内部有序流转的文件。电力企业应以主业务流程的子流程为单位绘制流程图,并重点强调关键控制活动所在的环节。流程图中的关键控制活动应与控制矩阵中的关键控制活动保持一致。

2. 流程描述:用文字表述的形式来对企业的业务流程进行详细描述的文档,包括但不限于主流程及其子流程的名称、目标、范围、业务风险以及业务流程中所涉及的对管理活动之间关系的描述。

3. 控制矩阵:以表格的形式,按业务流程、二级流程分类记录企业的控制活动的文档,反映控制活动与控制目标之间的关系,一般应包括控制目标编号、控制活动、风险及风险编号、相关制度与文档等要素。同时,文档应记录具体控制措施的属性,例如控制频率、控制性质等。

4. 不相容职责表:以表格的形式来表述业务流程、二级流程中各不相容相关责任岗位的文档。描述控制活动中的不同部门、岗位之间的权责分离、相互制约、相互监督等情况。

第二节 内部控制评价与审计

一、内部控制评价

内部控制评价是指对企业内部控制设计和执行的有效性进行评价，识别控制缺陷，形成评价结论，出具评价报告的过程。

电力企业应根据《企业内部控制评价指引》建立相应的程序和组织，完成内部控制评价工作，编制内部控制评价报告。上市公司还应按照监管要求对外披露报告信息。

电力企业内部控制评价程序包括制定评价工作方案、组成评价工作组、实施现场测试、认定控制缺陷、汇总评价结果、编制评价报告等环节。

一般来说，内部控制评价工作组通常由内部控制管理部门和企业内部相关部门的业务骨干组成。内部控制评价工作组在选拔成员时，要特别关注人员的专业胜任能力和职业道德素养。内部控制评价工作组成员分工时，要注意将成员负责的评价工作范围与成员所在部门予以适当分离，确保评价工作的独立性。必要时可以委托具有相应资质的中介机构协助开展内部控制评价工作。

内部控制评价应注意以下几点：

1. 内部控制评价工作应当包括内部控制的设计与运行，涵盖企业的各种业务和事项，对实现控制目标的各个方面进行全面、系统、综合的评价。

2. 在全面评价的基础上，应重点关注重要业务单位、重大业务事项和高风险领域。对专业管理规范的电力安全生产事项，可组织相关专业专家进行内部控制评价。

3. 内部控制评价应当准确揭示企业经营管理的风险状况，如实反映内部控制设计与运行的有效性。评价工作要客观、公正，要通过内部控制评价提高管理层和员工对内部控制工作的认识。

4. 内部控制评价工作应与部门绩效考核以及员工奖金收入挂钩，通过检查、评价、考核促进企业全员认真开展内部控制体系建设工作，从而达到通过内部控制评价促进内部控制体系建设，通过内部控制体系建设提高企业管理水平的目的。

企业可以考虑将内部控制评价固化至信息系统中，提高内部控制评价的效率和效果。有条件的企业要通过建设内部控制监控信息系统,实时监控企业业务流程的执行情况,将风险控制防范在事前和事中,避免企业管理停留在事后追究的阶段。

借助于信息系统开展内部控制评价工作具有以下优点:

1. 统一管理内部控制评价工作方式、工作规范、工作模板、工作流程,辅助企业有序、高效地开展内部控制评价工作。

2. 能够将每个内部控制点有效性的责任落实到具体流程负责人的日常工作和绩效考核中,由流程负责人负责内部控制流程及内部控制点的持续更新及维护。

3. 通过建立内部控制文档数据库,统一文档格式及文档编号,收集并汇总评价过程各个阶段、不同版本的内部控制文档,便于文档管理及维护。

4. 利用信息系统功能制定更为详细的评价计划,将评价计划按照管理层级和管理部门分解,并将具体的文档编写、内部控制测试、文档审阅、整改、整改跟进等工作落实到具体的人员,由系统自动记录各项工作的完成过程及状态。

5. 可利用信息系统相关功能自动从工作底稿中获得内部控制执行的证据,汇总发现的各类问题等。企业管理层可通过信息系统搜集出现的问题,监督各方面工作的进展。

6. 将一些无须人工干预的管理标准、参数等嵌入到信息系统中,通过软件来实现标准化的节点控制,减少内部控制管理的人工控制,实现自动化管控,降低成本同时又能保障执行效率和效果。

二、内部控制审计

内部控制审计是指会计师事务所接受委托,对特定基准时间内部控制的设计与运行的有效性进行审计。内部控制审计作为内部控制体系有效实施的一项重要制度安排,能够监督、推动企业将内部控制体系落到实处,促进企业加强内部控制体系建设,提升企业风险防范能力,是企业建立健全内部控制体系不可或缺的环节。

内部控制审计并不是就企业内部控制自我评价过程及评价结论的验证,也不是对企业内部控制自我评价报告本身发表意见,而是通过对被审计单位的内部控制制度的审查、分析测试、评价,确定其可信程度,从而对内部控制是否有效作出鉴定的一种现代审计方法。

企业应该按照审计要求提供完成内部控制审计所需的充分、适当的审计证据。如果外部审计师认为审计范围受到限制，导致无法获取发表审计意见所需的充分、适当的审计证据，可以不必执行任何其他工作，即对内部控制出具无法表示意见的内部控制审计报告。

外部审计师在发表内部控制审计意见之前，需要获得经企业签署的内部控制书面声明。书面声明内容主要包括：

1. 被审计单位董事会认可其对建立健全和有效实施内部控制负责。
2. 被审计单位已对内部控制进行了评价，并编制了内部控制评价报告。
3. 被审计单位没有利用注册会计师在内部控制审计和财务报表审计中执行的程序及其结果作为评价的基础。
4. 被审计单位根据内部控制评价标准评价内部控制有效性得出的结论。
5. 被审计单位已向注册会计师披露识别出的所有内部控制缺陷，并单独披露其中的重大缺陷和重要缺陷。
6. 被审计单位已向注册会计师披露导致财务报表发生重大错报的所有舞弊，以及其他不会导致财务报表发生重大错报，但涉及管理层、治理层和其他在内部控制中具有重要作用的员工的所有舞弊。
7. 注册会计师在以前年度审计中识别出的且已与被审计单位沟通的重大缺陷和重要缺陷是否已经得到解决，以及哪些缺陷尚未得到解决。
8. 在基准日后，内部控制是否发生变化，或者是否存在对内部控制产生重要影响的其他因素，包括被审计单位针对重大缺陷和重要缺陷采取的所有纠正措施。

需要强调的是，书面声明不仅应包括企业按照内部控制评价标准完成进行内部控制自我评价形成的评价报告，还应向外部审计师披露所识别出的所有内部控制缺陷及舞弊情况。同时，企业的内部控制评价责任还应延续到报表基准日至其出具书面声明的时点，即企业应对内部控制在该期间是否发生变化做出说明。

在整合审计中，外部审计师出具内部控制审计报告，其日期应该与财务报表审计日期相同。

内部控制审计在对内部控制的有效性形成意见后，注册会计师应当评价企业内部控制评价报告对相关法律法规规定的要素的列报是否完整和恰当。如果确定企业内部控制评价报告对要素的列报不完整或不恰当，注册会计师应当在内部控制审计报告中增加强调事项段，说明这一情况并解释得出该结论的理由。

第三节　内部控制持续改进与优化

内部控制持续改进与优化是指对内部控制评价与审计发现的内部控制缺陷，制定整改计划并组织落实，促进内部控制体系的不断完善和提升。内部控制持续改进与优化一般包括以下工作：

一、记录内部控制缺陷

企业应建立内部控制缺陷认定标准，对内部控制评价与审计发现的内部控制缺陷进行记录，说明内部控制缺陷的成因、表现形式和影响程度。内部控制缺陷的认定标准应以对企业战略目标达成的影响程度为标尺予以制定。

企业内部控制缺陷认定的范围应当包括企业在日常监督、专项监督过程中发现的控制缺陷，以及企业内部控制评价及测试过程中发生的缺陷。

二、制定缺陷整改方案

内部控制缺陷认定结束后，企业应根据缺陷评价和认定结果，确定缺陷整改的先后顺序，制定缺陷整改方案。一般来讲，企业应当对每一个内部控制缺陷逐一提出整改建议，并以控制目标为核心，打破部门和流程的局限，设计符合企业运营特点的整改方案。整改方案一般包括整改目标、内容、步骤、措施、方法和期限。此外，还应明确整改责任部门与责任人，并跟进整改进度，保留整改证据。

三、完善企业制度体系

1. 版式、内容更新。一是管理制度中规定的内容符合业务现状，但依据公司内部控制的相关要求，需要对行文或格式进行调整；二是管理制度中规定的相关内容已经不适应管理运作现状，需要对相关内容进行调整更新，包括重新编写部分内容，以及对某些制度中的相关内容按照实际情况进行删减、合并或者替换等。

2. 制度新增。电力企业开展新业务后，需要相应增加管理制度，并对原有的业务流程进行梳理，视情况增加相关制度。

3. 名称更新。完善内部控制管理制度体系，根据制度覆盖面、内容和颗粒度等进行分层划分，统一制度名称。如将内部控制管理制度体系划分为准则或规则、制度、管理办法、细则或程序等。

四、优化内部控制标准体系

随着电力企业经营活动的发展，内部控制标准体系也要随之不断改进与优化。电力企业应制定内部控制标准体系更新维护机制，并由实际负责业务流程操作的业务部门负责根据业务变化实时更新内部控制标准体系，以提高内部控制标准体系的时效性和实用性。

第四节 内部控制信息化建设

内部控制信息化，通常指企业利用计算机和通信技术，设计、开发、运行和维护信息化管理平台，实现对内部控制进行集成、转化和提升的管理过程。依托信息技术，企业可以整合信息管理流程和业务流程，将风险及内部控制管理的职责、流程、标准及具体管理控制要求进行在线固化，改进内部管理信息沟通的效率效果，贯通并规范跨层级、跨部门、跨单位的内部管理行为，确保风险与内部控制体系建设成果有效落地和实际应用，实现内部控制由单一控制转变为多层次、全方位的控制系统，从单要素控制转变为多要素综合控制，打造企业经营运行的管理闭环，提升整体风险防范、应对和自我持续优化能力。

内部控制信息系统应遵循企业风险与内部控制管理的核心业务逻辑，秉承以风险为导向原则，为企业各级业务单元、管理层级和岗位人员开展风险与内部控制管理工作提供统一的信息化平台。依托该管理平台，企业各级管理层、各专业部门能够将风险与内部控制信息的收集、处理和反馈等工作流程固化，并贯通整合企业事前风险识别与评估，健全事中风险应对及内部控制措施，事后持续监督评价改进在内的全过程，构筑起企业风险的动态、闭环管理，并确保企业整体风险与内部控制管理行为的规范性、标准化和一致性。

内部控制信息系统是内部控制体系建设成果固化和推广应用的有效手段。电力企业在内部控制体系建设过程中，往往会形成丰富的规范化工作成果，包括风险数据、业务流程、关键控制点、部门职能、岗位职责、授权体系、制度规范及工作表单等各类风险及内部控制管理要素。为此，就需要依托信息化手段，将各类内部控制建设成果在企业内部固化，并通过构建关联化、集成化的数据环境，实现内部控制成果及相关数据的在线关联，从而借助自动化控制的手段确保其得到有效运行。

第三章　内部环境

内部环境确立企业风险管理的总体态度，是企业有效实施内部控制和风险管理的基础，直接影响到企业内部控制体系的有效执行以及企业经营目标乃至整体战略目标的实现。内部环境一般包括组织架构、发展战略、人力资源、社会责任、企业文化以及反舞弊管理等。电力行业作为关系到国计民生的基础产业，安全生产不仅涉及到电力行业自身效益，而且关系到社会稳定和各用电企业的生产安全。因此，电力企业在运营过程中，应全面遵守国家安全生产相关法律、法规、标准和规程的规定，以追求人、机、环境、管理等要素优化配置，促使电力企业减少安全隐患，有效控制安全事故，达到行为规范、设备先进、环境可靠、管理精细、安全高效的管理目标。电力企业应根据《企业内部控制基本规范》及《企业内部控制应用指引》的要求，在组织架构、发展战略、人力资源、社会责任、企业文化的建设中，充分认识到内部环境建设是决定控制活动能否有效开展的关键，在内部环境建设中提倡行业道德，并建立重视风险、预防为主的风险观。

第一节　组织架构

电力企业的组织架构应符合国家有关法律法规以及财政部、国务院国资委、国家能源局等监管机构的要求。股份制企业还应根据股东（大）会决议和企业章程，结合本企业实际，明确董事会、监事会、经理层和企业内部各层级机构设置、人员编制、职责权限、工作程序和相关要求。

目前，我国的电网企业主要采用层级直线制的组织架构，在董事会或类似权力机构的领导下，由经理层设置职能部门归口管理，并在地方设立省公司，每个省公司下设若干个地市（县）级供电公司，地市（县）级供电公司下设电力调控中心、运营监测（控）中心、客户服务中心等机构。

发电企业生产经营的性质决定了其所属各单位地理位置相对分散。因此，目前我国发电企业一般采用集中与分散相结合的组织架构，一方面在董事会或类似权力机构的领导下，由经理层设置职能部门进行归口管理，另一方面发电企业所属各单位在业务、资产、财务、人员和机构上具有一定的独立自主生产经营权。

一、关注要点

（一）组织机构设置是否科学以及权力集中程度

1. 组织架构应科学设计，合理分配权责，避免机构重叠、职能交叉，运行效率低下。

2. 组织机构的设置要保证与控股股东相关信息完整披露，避免监管处罚；而且要对非控股股东负责，防止侵害中小股东权益。

3. 保证董事会或类似权力机构对企业内部控制制度的建立及实施履行职责。

4. 确保经理层的工作处于监督之下，保证组织架构设置合理，权责有效分配。

5. 组织机构内部的部门权力应相互制约，避免业务活动的整体工作链条都在一个部门的内部开展，使业务管理在企业内失去监督。

（二）岗位与职责匹配

1. 部门岗位与职责分解要科学合理，体现不相容职务相分离的原则。企业的资产、财务、人力资源管理等重要岗位的设置应体现相互制衡的原则。

2. 保证董事、监事、经理及其他高级管理人员的任职资格和履职情况符合相关法律法规的规定。

3. 关键人员的知识与经营能力应符合岗位要求，特殊工种应持证上岗。

（三）组织结构运行情况顺畅、管理规范

1. 企业治理结构、内部机构设置和运行机制等符合现代企业制度要求。

2. 企业及时发现组织架构设计和运行可能存在的缺陷，并进行优化调整，使企业的组织架构始终处于高效运行状态。

（四）组织结构变化的适应性

企业随业务发展及生产经营环境的变化定期开展组织架构的评估和优化。

二、管理措施

（一）组织机构设置

1. 企业应按照《公司法》的要求，建立现代企业制度和规范的法人治理结构。企业应当按照科学、精简、高效、透明、制衡的原则，并综合考虑电力企业性质、发展战略和管理要求等因素，合理设置内部职能机构，明确各机构的职责权限，避免职责交叉、缺失或权责过于集中。

2. 企业与控股股东在资产、财务、人员等方面应实现相互独立，并制定关联交易决策制度，规范关联交易舞弊。

3. 企业内部机构应按照管理范围确定集中或分散的管理方式。企业对内部机构的设置、各职能部门的职责权限、组织的运行流程等应有明确的书面说明和规定，以防止出现关键职能缺位或职能交叉的现象。

4. 企业应建立独立的内部控制管理单位，在企业各项业务活动的最小组织机构中配备内部控制负责人，形成内部控制组织网状体系，把内部控制的各项要求体现在所有的业务活动中。

5. 企业应实行专业化、区域化、社会化的分工协作，以提高企业的劳动效率和经济效益。

（二）岗位职责匹配

1. 在《公司章程》中对董事会在战略及重大决策的权限做出规定，在企业内部控制制度中明确董事会为内部控制制度建立及实施的最终责任主体，对企业发展战略、风险评估、内部监督及自我评价工作承担最终责任。

2. 在《公司章程》及相关制度中对董事、监事、经理及其他高级管理人员的任职资格及职责作出规定，做到分工明确、权限清晰。

3. 科学合理分解各部门职能，明确各岗位名称、职责范围、岗位要求、工作内容和沟通关系等，明确具体任职条件和沟通关系等内容。

4. 企业应按照以需设岗、因事设岗的原则，结合企业的实际情况，在进行岗位劳动分析基础上，科学设置岗位。企业应当建立关键岗位员工轮换制度和强制休假制度。

5. 国有电力企业党委（党组）领导人员与董事会成员、经理层成员还应实行"双向进入、交叉任职"。

（三）组织架构运行

1. 企业应根据组织架构的设计规范，对现有治理结构和内部机构设置进行全面的梳理，确保本企业治理结构、内部机构设置和运行机制等符合现代企业制度要求。

2. 企业应关注董事、监事、经理及其他高级管理人员的任职资格和履职情况，以及董事会、监事会和高级管理层的运行效果。存在问题的，应采取有效措施加以改进。

3. 内部控制管理部门应定期检查组织机构运行情况，及时向最高管理层提出组织机构运行情况报告。

4. 企业内部组织机构的设置与运行应适应信息沟通的要求，有利于信息的上传、下达和在各层级、各业务活动间传递，有利于为员工提供履行职权所需的信息。

（四）组织架构优化

1. 企业对组织架构进行调整时，应充分听取董事、监事、经理层和其他员工的意见，按照规定的权限和程序审批通过后予以调整及优化，并及时将调整结果以适当的形式，通报给企业全体员工。

2. 企业应不断健全公司法人治理结构，持续优化内部机构设置，为内部控制管理奠定扎实基础，提升经营管理效能，以实现可持续发展。

3. 企业内部组织机构应支持发展战略的实施，并根据环境变化做出及时调整。

第二节 发展战略

电力企业的发展战略和规划，是指企业根据国家发展规划和产业政策，在分析外部环境、内部条件现状及其变化趋势的基础上，为企业的长期生存与发展所作出的未来一定时期内的方向性、整体性、全局性的定位、发展目标和相应的实施方案。电力企业发展战略和规划一般包括3~5年中期发展规划和10年远景目标，编制重点为3~5年中期发展规划。

电力企业制定的发展战略必须服从国家经济建设大局，符合国家整体利益和总体发展战略，同国民经济和社会发展协调一致，保障安全可靠供电，维护社会公共安全，服务经济社会发展。

一、关注要点

（一）环境因素对发展战略协调性的影响

1. 电力企业的外部环境、内部资源等因素是影响公司发展战略制定的关键因素。企业应当综合考虑宏观经济政策，国内外市场需求变化、技术发展趋势、行业及竞争对手状况、可利用的资源水平等影响因素，不同时期的发展战略应与企业管理模式和市场运作方式的快速变化相协调。

2. 电力企业在制定发展战略时，应综合平衡各级政府主管部门及上下游产业的制约条件，适应国民经济和社会发展的平衡发展及调控机制，符合国家经济发展布局和经济结构战略性调整方向，确保重大投资决策符合相关战略目标和政策。

（二）发展战略的执行与调整

1. 企业发展目标应层层分解落实，确保企业战略规划同各经营计划一致。

2. 企业定期持续监控战略的实施效果，确保发展战略在执行中出现偏差时能及时诊断并适时进行调整。

二、管理措施

（一）机构设置与工作要求

1. 企业董事会或类似权力机构应下设战略委员会等类似机构，负责战略目标和发展规划的可行性研究和科学论证，制定明确的发展目标。

2. 企业的发展战略方案应经过企业最高决策机构批准。

3. 战略委员会成员的履历、任职资格及人数应符合有关法律法规规定。

4. 战略委员会应定位明确、职责清晰，并按规定流程任命战略委员会成员。

5. 战略委员会成员的能力应达到相应要求，并按规定履行相应职责。

6. 企业应制定战略委员会议事规则，明确会议召开程序、表决方式、提案审议、保密和会议记录等内容，满足企业管理要求。

7. 企业董事会或类似权力机构在审议方案时，应重点关注其全局性、长期性和可行性，如果发现重大问题，应当责成战略委员会对方案作出调整。

（二）发展战略的环境因素研究

1. 国内政策因素。深入研究国家相关政策、规划和体制改革战略，对宏观经济环境、行业整体发展水平、发展趋势等进行认真分析，对导致企业发展战略不符合国家发展规划和产业政策、国有经济布局和能源结构的方案应及时调整，避免企业长期发展目标和战略规划不合理、重大决策失误、导致企业资源严重浪费或企业经营陷入困境。

2. 海外政治军事因素。电力企业在海外发展时，要综合分析所在国政权更替、暴乱、战争等因素，防止企业蒙受损失。

3. 经济环境因素。包括利率因素、汇率因素、通胀因素等，要特别注重研究发展战略与经济发展趋势的对应关系，防止因盲目追求规模效益，当电力需求下滑波动时，导致发电资源与网架资源浪费。

4. 社会环境因素。电力建设项目属于基础设施建设，往往涉及能源安全、环境保护、移民安置等问题,为此,发展战略的制定应适应当地的社会人文环境。

5. 自然环境因素。电力项目对所在地的自然环境,如气象、地质、自然资源、水文条件等有较高的要求,发展战略要综合考虑电力项目可能带来的环境污染、生态破坏等因素,制定妥善措施,以取得更好的发展。

6. 市场因素。电力投资项目因建设、运行周期长,往往在项目开发环境、产业配套、竞争格局、电价、电量需求、筹资及合同履约等方面存在较多的不确定性,在制定发展战略时,要对市场因素做好前瞻性预测。

(三)发展战略方案的调查、研究、制定

1. 企业在制定发展战略时应广泛征求意见,在企业内部充分沟通,并履行相应的审批程序。

2. 各相关部门与单位在制定发展战略和规划过程中,应进行详尽的研究和评价,保证其科学性、前瞻性,并按要求将规划方案上报相关电力主管部门。

3. 企业在制定发展战略过程中应实行集体决策制度,并建立决策实施责任制度和决策责任追究制度。

4. 企业应建立发展战略制定的授权审批制度,明确相关机构或负责人的审批权限。发展战略与发展规划制定的决策过程应保留完整的书面记录。

(四)发展战略的落实及优化

1. 电力企业应根据发展战略,制定发展规划与年度工作计划,将年度目标分解、落实。企业战略委员会应加强对发展战略实施情况的监控,定期收集和分析相关信息。对于明显偏离发展战略的情况,应及时报告。

2. 企业所属各级单位及部门应将发展战略方案层层细化落实至企业相关生产经营计划,避免企业生产经营计划与发展战略的实施路径有较大偏差,导致发展战略无法有效实施。

3. 企业经理层通过制定年度工作计划和全面预算将发展战略进行分解,细化到季度、月度,并将责任落实到部门和岗位。

4. 各相关部门对企业战略执行情况进行及时监控和分析,避免工作偏离目标方向,影响企业发展战略目标的实现。

5. 企业应定期召开发展战略工作会议,组织分析生产经营情况,对实施计划的完成情况和存在问题进行检查落实。

6. 企业发展战略归口管理部门应定期组织检查实施计划的完成情况,编写发展战略总结。

7. 当外部环境、内部条件发生重大变化时，企业应及时修正企业发展战略，企业发展战略应适应外部环境变化。

8. 因经济形势、产业政策、技术进步、行业状况以及不可抗力等因素发生变化，对企业发展战略实现有较大影响，或是企业内部经营管理发生较大变化，确需对发展战略做出调整优化甚至转型时，企业应按照规定权限和程序，调整发展战略或实现战略转型。

第三节 人力资源

电力行业的人力资源是指电力企业组织生产经营活动而任用的各种人员，包括董事、监事、经理层和全体员工。

总体来看，电力行业人才密集，管理规范，员工忠诚度高，人员流动率低，劳动关系和谐，培训体系健全。但是，当前我国电力企业仍存在一些制约企业竞争力的人才瓶颈问题，主要包括：人力资源战略与规划管理需要强化系统性与前瞻性；人员配置机制不能完全市场化，人才短缺与人员富余并存的结构性矛盾突出；人才评价机制和公开公平的竞争机制有待强化；薪酬分配机制不尽合理，绩效管理精细化水平有待提高；高度集成的人力资源管理信息系统尚未成熟，培训、考核、晋升、待遇、发展一体化的人才成长机制亟待完善；等等。

一、关注要点

（一）人力资源政策与程序

1. 人力资源规定符合政策，遵守人力资源的相关法律法规。

2. 人力资源工作程序流程清晰，员工招聘、培训、晋升、退出、考核和薪酬等程序规范。

（二）人员招聘与退出

1. 人员数量、结构应与业务发展需求相匹配。

2. 企业应建立合理的人力资源退出机制，防止可能导致的法律诉讼或企业声誉受损。

3. 企业规范办理离职的依据、流程、条件等，签订保密协议，与退出员工约定保守商业秘密和禁止在同业就业的期限，以确保企业知识产权和商业秘密的安全。

（三）员工培训

1. 企业应制定培训制度，每年制定员工培训计划。

2. 企业应建立员工培训档案，按照制度规定和计划组织实施员工培训，并进行考核和评估。

（四）绩效考核

1. 建立绩效考核制度，考核范围应覆盖全员，考核结果应具有客观性，并防止绩效考核对关键岗位的激励或约束不足，从而影响员工的积极性和创造力。

2. 对关键员工离职进行审查或离任审计，并安排足够时间进行工作交接。

3. 对各岗位员工胜任能力进行客观评估，作为绩效考核的依据之一。

（五）薪酬管理

1. 人力资源部门根据企业薪酬管理办法进行薪酬管理，并结合年度绩效考核结果进行控制。

2. 确保人力资源激励约束制度合理、关键岗位人员管理完善，防止因薪酬可能导致的人才流失、经营效率低下或关键技术泄密等问题。

二、管理措施

（一）人力资源的政策与程序

1. 企业应按照精干高效的原则，规范机构设置和中层管理人员职数，减少管理层级，控制管理幅度，提高管理效率，形成规范有序、信息畅通、运转协调、控制有力的管理体系。

2. 企业应参照用工标准，核定员工人数，并按定员组织生产。

3. 企业应按照以需设岗、因事设岗的原则，结合企业的实际情况，在岗位劳动力需求分析的基础上，科学设置岗位。

4. 企业应完善岗位规范，明确工作内容、工作职责、工作标准、工作流程、任职条件。

5. 企业应统一规范岗位级别区间，明确典型岗位的级别。各级单位按企业的统一要求，规范岗位级别。对新增岗位和岗位劳动要素发生明显变化的，重新进行岗位劳动测评和定级。

6. 企业应在平等自愿、协商一致的基础上，依法与员工签订劳动合同，规范签约双方的行为。企业可参照劳动合同文本，结合本地区、本单位的实际情况，完善劳动合同内容，增强劳动合同的针对性，强化履约监督，突出违约责任，充分发挥劳动合同对于吸引、稳定和留住关键岗位优秀人才的作用。

7. 企业应依法开展劳动合同的签订、变更、续订、终止、解除等工作，并视实际情况，依法与员工签订上岗、待岗等有关补充协议。

（二）人员招聘与退出

1. 企业应当根据人力资源总体规划，明确各岗位的职责权限、任职条件和工作要求，并结合生产经营实际需要，制定年度人力资源需求计划。

2. 企业招聘应遵循德才兼备、以德为先和公开、公平、公正的原则，通过公开招聘、竞争上岗等多种方式选聘优秀人才。

3. 招聘工作应由企业人力资源部门统一负责，进行筛选与录用，并依法签订劳动合同。企业应建立选聘人员试用期和上岗前培训制度，试用期满考核合格后，方可正式上岗。

4. 企业应按照有关法律法规规定，结合企业实际，建立健全员工辞职、退休等退出机制，明确退出的条件和程序，确保员工退出机制得到有效实施。

5. 企业关键岗位人员离职前，应根据有关法律法规的规定进行工作交接或进行离任审计。

（三）员工培训

1. 在职企业领导人员应定期参加培训，企业后备干部应在任职前参加岗前培训。

2. 集团公司委派、推荐的董事、监事，应结合其岗位职责和能力要求，在上岗前参加相关培训。

3. 企业应按照统一规划、统一标准、分级管理、各负其责的原则，制定教育培训规划，建立健全"先培训后就业、先培训后上岗、先培训后转岗"和在职定期培训制度。

4. 企业应严格执行持证上岗制度。对需要取得资格证书上岗（转岗、晋升）的员工，应进行岗前资格培训，合格并取得资格证书后方可上岗；已经在岗的员工，要限期取得资格证书。在国家规定实行"资格准入"的专业和岗位上工作的人员，应参加职业资格培训，并在规定的期限内取得职业资格证书。从事特种作业的员工，必须按照国家规定经过培训考核，并取得特种作业资格证书后方能上岗。

5. 员工取得岗位资格证书上岗后，还应定期参加岗位所需知识更新和技能提高的培训。在日常工作中，生产技能人员必须按照培训制度的要求，完成技术问答、事故预想、应急演练等培训项目。

6. 生产技能人员应按照《职业技能鉴定规范》的要求，经过相关培训，参加职业技能鉴定，取得技能等级证书后方可上岗。企业应坚持职业技能培训与职业鉴定考核相分离的原则，保证鉴定考核结果的客观公正。

7. 企业应定期组织专业技术人员和管理人员参加以知识和技能更新、补充、拓展为重点内容的教育培训。高、中、初级专业技术人员和管理人员应按要求接受继续教育。

8. 企业应采取必要措施提高员工队伍的文化教育水平，不断改善员工队伍的专业知识结构。技能人员一般应达到技校及以上学历，专业技术人员和管理人员一般应达到大专及以上学历，其中，中、高级经营管理人员和专业技术人员一般应达到大学本科及以上学历。

9. 企业应建立和完善培训与使用相结合的制度，将教育培训与薪酬待遇、职位晋升、评先创优挂钩。

10. 企业应改革教育培训方式，坚持以岗位培训为主，大力开展岗前培训、岗位培训、转岗培训和再就业培训，广泛进行岗位练兵、技能竞赛和技术交流，鼓励员工自我培训，倡导岗位成才，努力创建学习型企业。

（四）绩效考核

1. 企业应在完善绩效考评制度的基础上，全面推行岗位绩效工资制度，实行以岗定薪、岗变薪变、上下浮动，把员工的收入同企业经济效益和员工承担的岗位责任及个人的工作业绩挂钩。

2. 企业应简化工资结构，合理拉开收入差距。企业薪酬分配应向关键岗位和优秀人才倾斜，使其收入水平与所在区域人才市场水平相适应，不断提高企业薪酬水平的市场竞争力。

3. 企业应将绩效考核结果作为干部任免、晋升、交流、奖惩的重要依据，并作为其他类考核的参照基础。

4. 考核指标一般分为年度考核指标和中（长）期考核指标（一般为三年）。企业应根据被考核单位的业务性质、类别，实行基本指标加分类指标的方法，设定考核指标体系。

5. 绩效考核应由相关部门制定方案，依据工作完成程度进行绩效考核。相关部门将绩效考核结果予以公告后，人力资源部门应运用考核结果计发绩效工资。

（五）薪酬管理

1. 企业薪酬管理应以按劳分配为主，按劳分配与按生产要素分配相结合，效率优先，兼顾公平；企业的工资水平应与其所在地劳动力市场价位相适应。

2. 企业可根据国家的有关政策，结合自身实际情况制定具体分配办法，采用灵活多样的工资支付形式和分配方法。

3. 企业应建立有效的薪酬管理机制，合理设计薪酬体系，合理安排薪酬支付资金，确保薪酬基数具有激励作用，增强企业的市场竞争力。

4. 企业推进企业内部分配制度改革，改进和完善现行工资分配制度，逐步建立以岗位工资为主的基本工资制度，探索适应电力行业特点的岗位工资实现形式（如岗位绩效工资制、岗位薪点工资制、岗位等级工资制等），使职工工资收入体现其岗位职责、工作业绩和实际贡献。

5. 企业应对所属企业实行资产经营、安全生产、党风廉政等责任制，并按考核结果对下属企业的经营者进行奖励，使其收入水平反映其承担的责任、业绩、风险。

6. 提倡企业对专业技术人员实行按岗位、按任务、按业绩（科技成果）确定薪酬的分配办法。

7. 提倡在具备条件的企业积极探索按劳分配和按生产要素分配相结合的薪酬分配方式，使管理、技术、资本等生产要素参与分配。对为企业做出重大贡献的人员，可探索建立项目成果奖励、新增净利润提成、关键技术折价入股、奖励股份期权等制度，形成对优秀人才、紧缺人才的有效激励。

8. 实施人才强企战略，企业可对列入人才库的有关人才发放适当津贴。

9. 对社会招聘的特殊人才和社会通用工种，企业应按劳动力市场价格确定工资。

10. 企业应将工资总额与经济效益挂钩，建立企业工资总额随企业经济效益变动的管理机制。

第四节　社　会　责　任

社会责任是指企业在发展过程中应当履行的社会职责和义务，主要包括安全生产、产品质量、环境保护、资源节约、促进就业、员工权益保护等。电力行业所承担的社会责任主要包括电力生产、安全监察、用电监察、电能质量、环境保护、电力交易、电网运行、促进就业、员工权益等活动。

电力是社会生活中不可缺少的资源，电力的可靠供应关系到社会的各个方面。电力的特点决定了电力行业属于生产高危行业，安全生产成为重中之重。

电力行业内部控制操作指南

电力安全生产管理是一个系统工程,涉及电力企业管理工作的诸多方面,本指南第五章第八节对此进行了详细描述。

一、关注要点

(一)安全生产

企业应强化安全生产的法制观念,规范安全生产管理工作,落实各级人员的安全生产责任制和事故责任追究制,完善各项应急处置措施,有效防止重大恶性事故的发生,提高安全生产水平,安全生产措施到位,责任落实,防止企业发生安全事故。

(二)产品质量

电力行业产品质量是指电能质量的有关参数。电能质量参数中电网频率、电压参数等不符合要求,可能导致企业巨额赔偿、形象受损甚至破产。电力企业应对电网频率合格率、主网电压合格率、电压波动与闪变合格率、三相电压不平衡度合格率、电压正旋波畸变合格率等数据进行重点监控,建立电能质量监督管理组织,专门开展电能质量技术监督工作,提高产品质量,为社会提供安全合格的电能,满足社会用电需求。

(三)环境保护

环境保护投入不足,资源耗费大,容易造成环境污染或资源枯竭,可能导致企业巨额赔偿、缺乏发展后劲或停业。电力要与环境保护协调发展,坚持可持续发展战略,实现环境保护与电力建设和生产同步规划、同步实施、同步发展。电力建设和生产应依法保护环境,遵守国家和地方环境保护法律、法规,并依法保护企业合法权益。依靠科技进步,采用新技术,推行文明清洁生产,减少有害物质排放,防治环境污染和其他公害。

(四)促进就业和员工权益保护

促进就业和员工权益保护不够,可能导致员工工作积极性受挫,影响企业发展。企业应严格执行国家劳动法律法规,与在岗员工签订劳动合同,坚持同工同酬、男女平等、民族平等的用工政策,保持企业工作岗位稳定,促进充分就业。

(五)提高企业管理者社会责任意识

企业管理者对企业落实社会责任发挥领导示范作用,自觉将内部工作转化为社会贡献和综合价值,以回应社会期望提升工作质量。企业应提高管理者的社会责任意识,积极履行社会公益方面的责任和义务,关心帮助社会弱势群体，支持慈善事业。

二、管理措施

（一）安全生产

1. 电力企业应建立企业主要负责人为核心的安全生产责任制和三级安全网、安全技术劳动保护措施计划、反事故措施计划、工作票管理、操作票管理、个人防护用品规定、动火作业安全管理制度、紧急救灾预案等一系列安全保障制度。

2. 为保证安全生产制度的有效实施，企业应建立安全大检查、事故调查、定期安全活动、隐患整改、事故演练、检查违章作业等落实、检查、监督和评价体系。

3. 企业应当落实安全责任制、生产责任制、安全网责任制等。电力企业各级人员应坚持"安全第一，预防为主"的原则，提高安全生产意识，严格执行有关安全生产的规定。

4. 对于发生的事故、障碍、异常等不安全情况，企业应坚持事故原因没有查清不放过、事故责任者没有严肃处理不放过、广大职工没有受到教育不放过、防范措施没有落实不放过的原则，认真调查分析，做出正确的事故分析结论。各生产部门对内承包的生产任务和对外承包的经营项目，应遵照有关规定明确各自的安全责任，执行安全措施。

5. 企业应充分考虑社会环境因素，科学开展电力建设，全面落实电力建设项目安全与健康管理体系，全面落实电力建设项目环境影响评价和项目竣工环保验收制度。

6. 企业应改变传统的周期性检修方式，变以往的"逢停必修"为"应修必修"，实现设备状态检修，节约人力物力，全面提升检修效率。企业应加强与利益相关方的沟通，向社会及时发布检修的相关信息，增强检修工作的透明度，尊重和维护广大用户的利益，赢得各方面的理解和支持。

7. 企业应最大限度地保障电网安全稳定运行，杜绝大面积停电事故；最大限度地发挥电网的电力资源优化配置功能，消除安全隐患、提高供电可靠率；最大限度地推进节能环保调度，保证资源的高效利用。

8. 企业应制定各级各类安全事故应急救援预案，并定期演练。

9. 企业应落实安全生产标准化，促进企业主体安全责任的落实。

10. 企业应加强安全生产教育培训，使安全知识成为员工应掌握的基本知识。

(二) 产品质量

1. 企业应贯彻电力生产的方针、政策,并组织实施电力运行方面的各项规程、规章制度,建立各级电力运行管理的责任考核制度和电力运行技术监督管理制度,并组织和督促实施。

2. 企业应加强对各级运行管理人员的培训和考核,掌握运行部门管理人员及技术人员的配备情况,根据生产需要设置运行机构,调配相应的人员。

3. 企业应健全现场生产指挥系统,确保各级人员履行其职责和权限。

4. 各级管理人员应以身作则,深入现场,定期组织有关人员进行现场巡视,掌握主要设备的运行状况及存在问题,促进文明生产。

5. 对于重要操作和重点工作,管理人员应现场监护和监督指导重要操作及复杂性操作,组织大修后的验收、启动和特殊运行试验等工作。

6. 为保证和提高电能质量,电力企业应用信息化手段加强数据管理。

(三) 环境保护

1. 电力企业应广泛宣传和贯彻执行国家及地方环境保护法律、法规、方针、政策。

2. 企业应建立健全企业环境保护管理和环境保护设施设备运行管理制度,确保各类环境保护设施设备安全、有效、正常地运行。

3. 企业应定期制订环境保护、资源综合利用的规划和计划并组织实施。

4. 企业应组织开展企业环保技术监督、污染源监测、环境统计、排污费缴纳等工作。

5. 企业应及时处理企业环境污染事故和污染纠纷,制定防止环保突发事件预案。发生污染事故或其他突发性污染事件时,应立即采取防治污染的应急措施。对重大、特大环境污染事故应在发生事故后24小时内上报。

6. 企业应负责各类排放污染物的治理,包括固体废弃物综合利用的实施;应负责开展企业生态保护和水土保持工作,防止发生环境污染事故。

7. 企业应统筹能源与经济社会环境协调发展,推动能源结构由高碳转向低碳、能源利用由粗放转向集约、能源服务由单向供给转向智能互动,大力发展核电、风电、太阳能等清洁能源。

(四) 促进就业和员工权益保护

1. 企业应建立科学的薪酬管理体系,并按规定为员工足额缴纳养老、医疗、工伤、生育和失业等社会保险。

2. 企业应建立健全劳动关系协调机制,定期检查劳动合同、集体合同及有关劳动法规的落实情况。企业应健全完善劳动争议调解委员会,加强群众法律监督,依法维护职工的合法权益。

3. 企业应认真做好职工代表大会和工会会员代表大会的各项工作,按时召开大会,确保职代会、工代会各项职权的贯彻落实。企业应切实维护职工的合法权益,开展职工代表述职评议工作,做好职工代表提案征集处理落实工作,做好职代会民主评议企业领导干部工作。

4. 企业应尊重员工个人尊严和自由,反对强迫劳动。企业应保护员工个人信息与隐私。对于员工个人关键信息应实施加密管理,确保员工个人信息安全。

5. 企业应采取适当措施安置富余人员,保护员工权益,防止出现企业不稳定因素。

6. 企业应推进和完善集体合同平等协商工作,定期或不定期对集体合同的履行情况进行监督评价,积极进行平等协商,维护集体合同的严肃性和权威性。

7. 企业应建立信息公开机制,拓宽信息公开渠道,充分发挥对信息公开工作的监督评价,落实职工的知情权、参与权、监督权。

8. 企业应定期开展对职工劳动生产现场高温、噪声、粉尘、有毒等有害部位的巡视检查,对严重危害职工人身安全健康的重大设备隐患及工业危害,应进行专门调查,并将检查情况及解决措施及时报告有关主管部门。

9. 企业在生产中发生工伤、死亡事故后,应及时报告有关主管部门,同时组织开展事故调查和处理工作。

10. 企业应严格执行《劳动法》有关规定,保障员工的劳动时间,确保员工合法权益。

11. 企业应按要求定期进行员工体检工作,切实提高有毒有害工种职工的体检频率,并建立健全有关档案资料。

12. 企业应建立健全女职工保护制度和保护措施,根据女职工的生理特点,切实解决她们在生产、工作、学习和生活中的特殊困难,维护女职工的合法权益。

(五)提高管理人员社会责任意识

1. 企业应将社会责任的指标与各级管理人员的经营绩效考核指标挂钩。

2. 企业应定期在管理层进行社会责任的培训与宣传。

3. 企业应推动社会责任融入决策管理,并组织管理人员按期开展社会责任管理学习讨论活动。

4. 企业应促进社会责任理念与专业管理融合，开展社会责任管理提升，推动综合价值最大化成为专业工作新目标。

5. 企业管理人员应组织开展部门、单位及岗位社会责任工作评价考核。

6. 企业应定期编制企业社会责任报告，披露社会责任信息。

第五节　企业文化

企业文化，是指企业在生产经营实践中逐步形成的、为整体团队所认同并遵守的价值观、经营理念和企业精神，以及在此基础上形成的行为规范的总称。电力行业的企业文化建设主要包括：企业文化规范建设、企业文化的贯彻落实与评估，企业愿景、宗旨、价值观、经营理念、企业精神的制定与宣传，以及企业品牌建设与维护等。

一、关注要点

（一）企业文化的建立

建立积极向上、开拓创新、团结合作的企业文化，增强员工对企业的认同感、提高企业综合竞争力。高度重视并妥善处理企业并购重组中的文化差异和理念冲突，促进文化沟通融合。

（二）企业文化的贯彻

企业文化应融入生产经营全过程，增强管理层与员工的责任感和使命感，促使其自身价值在企业生产中得到充分体现。企业应加强对管理层与员工的企业文化教育和熏陶，关注企业文化在企业管理中的影响。电力企业并购重组后，要注重并购重组后的企业文化建设，促进并购双方的文化沟通与融合。

（三）企业文化的评估

缺乏企业文化评估，可能导致企业文化向不良方向发展，影响企业声誉。电力企业不同的管理层理念、经营风格和风险偏好，会极大地影响企业运营。电力企业管理层若忽视企业文化认同的风险，则会造成制度流于形式，可能导致企业发展目标难以实现，影响可持续发展。

二、管理措施

（一）企业文化的建立

1. 企业管理层应在企业文化建设中发挥主导和垂范作用，在企业文化纲要制定修订、组建企业文化宣讲团、开展企业文化活动、建立企业形象识别等方面作为牵头人、督导人、把关人,将企业的积极向上、创新进取、诚实守信等文化通过工作和日常行为点滴传输给企业员工,让企业员工感受到企业文化的影响力,增强对企业的认同感。

2. 企业应加强文化建设,建立企业核心文化,明确企业精神、战略、经营理念和管理理念。

3. 企业应重视并购重组后的企业文化建设,为新加入企业提供企业形象识别和企业文化宣讲,加强与并购重组企业的沟通联系,组织企业之间的学习交流,促进并购企业间的沟通融合。

(二)企业文化的贯彻

1. 企业应加强企业文化的宣传贯彻及企业文化在内部各层级的有效沟通,确保全体员工共同遵守。企业文化建设应当融入生产经营全过程,切实做到企业文化与发展战略的有机结合。

2. 企业应建立思想宣传工作体系,通过报刊、杂志、局域网等媒介,积极宣传贯彻企业的发展愿景、价值观、经营理念等企业文化内容。

3. 企业应规范企业品牌标识,加强品牌管理,加强企业精神文化建设,推动形成先进的企业文化。

4. 企业管理层到基层检查指导工作时,应把宣传和推动企业文化建设作为工作的一部分。

5. 企业应编制员工手册,定期组织企业文化培训,全面提升员工文化素质及道德修养。企业应加强对新员工的企业文化培训,提升新员工对企业文化的认知。

(三)企业文化的评估

1. 企业应制定企业文化建设评价体系,明确评价指标、分值、计分方法和评价方法等内容,通过查阅资料、实地考察及问卷调查的方法,实行定量评价和定性评价相结合,对指标进行评价打分。

2. 企业应重视企业文化的评估结果,结合实际,对照评价体系及操作要求,进行自查,对评价过程中发现的问题,应研究影响企业文化建设的不利因素,分析深层次的原因,及时采取措施加以整改。

3. 企业应评估企业文化建设融入生产经营过程的情况,记录企业各种内部媒体宣传企业文化的情况,包括宣传优秀员工事迹、发布企业组织的各项活动和比赛安排、比赛结果等,评估企业文化是否传播到每个部门、每位员工。

第六节 反舞弊管理

舞弊是指使用欺骗手段获取不当或非法利益的故意行为，主要表现为：虚假财务报告、资产的不适当处置、不恰当的收入和支出、不当关联方交易、税务欺诈、贪污以及收受贿赂和回扣等方面。有效的反舞弊机制，是企业防范、发现和处理舞弊行为、优化内部环境的重要制度安排。有效的信息沟通是反舞弊程序和控制成功的关键。如果信息交流机制不畅通，就会产生信息不对称的问题，舞弊行为产生的机会就会增大。企业应当建立反舞弊机制，坚持惩防并举、重在预防的原则，明确反舞弊工作的重点领域、关键环节和有关机构在反舞弊工作中的职责权限，规范舞弊案件的举报、调查、处理、报告和补救程序。

一、关注要点

（一）建立反舞弊机制
企业制定标准的程序，对证实的或怀疑的舞弊进行跟踪、反馈、调查。
（二）反舞弊情况的信息沟通
企业定期召开反舞弊情况的通报会，通报反舞弊工作情况。
（三）舞弊风险评估
企业成立专门的舞弊风险评估分析小组，负责舞弊风险的分析与评估工作。

二、管理措施

（一）建立反舞弊机制
1. 企业应建立预防、识别舞弊风险的内部控制措施与程序，明确有关机构在反舞弊工作中的职责权限，规范舞弊案件的举报、调查、处理、报告和补救程序。
2. 企业至少应当将下列情形作为反舞弊工作的重点：
（1）未经授权或者采取其他不法方式侵占、挪用企业资产，牟取不当利益。
（2）在财务会计报告和信息披露等方面存在的虚假记载、误导性陈述或者重大遗漏等。

（3）董事、监事、经理及其他高级管理人员滥用职权。

（4）相关机构或人员串通舞弊。

（二）反舞弊情况的信息沟通

1. 建立与外部关系方（包括供应商、客户等）的信息沟通渠道，使外部关系方能够对企业可能的舞弊行为进行投诉及举报。

2. 建立内部员工的投诉、举报等沟通渠道，如员工可以通过信访、电话、手机短信和电子邮件等方式反映问题及意见。

3. 企业对发现的问题应建立处理和报告机制。对通过各种渠道上报的可能不当行为应进行复核和调查，并依据调查结果和企业相关规定进行处理，对处理结果保留存档记录。

（三）舞弊风险评估

企业应不定期开展舞弊风险评估，通过内部审计、专项调查等形式，对可能的舞弊行为进行调查，并依据调查结果和企业相关规定对相关责任人进行处理，对处理结果保留存档记录。

第四章 风险评估

第一节 对风险和风险管理的认识

一、风险的定义

本指南所述之风险,是指未来的不确定性对企业实现其经营目标的影响。

二、风险的特征

一般来说,风险具有如下特征:

客观性:风险的存在取决于决定风险的各种因素,完全消除或完全控制风险是不可能的。只有认识风险、承认风险,并采取相应的控制措施,才有可能降低或化解风险。

突发性:风险的产生往往突如其来,因而也加剧了风险的破坏性。

多变性:风险会受到各种因素的影响。随着影响因素的变动,风险在性质、破坏程度等方面呈现动态变化的特征。

相对性:企业对风险的承受能力,因拥有资源和管理经验的差异而各不相同,其造成的相对损失及后续影响也不尽相同。

无形性:风险需要运用不同的概念和方法予以界定和估计,使用定性和定量的方法综合分析。

三、风险分类

风险一般可分为战略风险、财务风险、市场风险、运营风险、法律风险等。结合电力行业的行业特点,上述五类风险可以进一步细分。其中:

战略风险中较为典型的风险包括:宏观经济与社会政治风险、政策风险、自然环境与地质风险、电力体制改革风险、电力监管风险、行业竞争风险、公司治理和管控结构风险、战略规划风险、投资决策风险、电源规划风险、备用容量风险、电网规划风险、产能淘汰风险、节能减排风险等。

财务风险中较为典型的风险包括：预算风险、资金及流动性风险、成本管理风险、关联交易风险、融资风险、担保风险、短期投资风险、产权风险、税收策划风险、会计政策、报告及披露风险等。

市场风险中较为典型的风险包括：竞价上网风险、电力市场需求风险、供求平衡风险、信用风险、电煤价格波动风险、燃料价格风险、产业链风险、汇率及利率风险、金融市场波动风险。

运营风险中较为典型的风险包括：市场营销风险、电力交易风险、电力市场辅助服务风险、安全生产风险、输电阻塞风险、输电能力风险、备用率风险、电力可靠性风险、电力稳定性风险、电能质量风险、健康安全环境（HSE）风险、工程建设风险、供应链风险、人力资源风险、技术研发与创新风险、信息系统风险、信息安全与传递风险、部门协作风险、运营监控风险、维稳风险、品牌与舆情风险。

法律风险中较为典型的风险包括：制度合规风险、环保合规风险、合同风险、法律诉讼与纠纷风险、知识产权风险、审计与监察评价风险、信息披露风险、道德与廉政风险。

四、全面风险管理

全面风险管理是指企业围绕总体经营目标，通过在企业管理的各个环节和经营过程中执行风险管理的基本流程，培育良好的风险管理文化，建立健全全面风险管理体系，包括风险管理策略、风险管理措施、风险管理的组织职能体系、风险管理信息系统和内部控制系统，从而为实现风险管理的总体目标提供合理保证的过程和方法。风险应对主要是针对不同的风险级别采取相应的应对措施。风险程度高或中等不可控的重大风险，企业应建立重大风险解决或危机与应急预案方案，落实责任部门的风险管理职责；风险程度低或风险程度高但可控的风险，企业应对照内控制度，评估是否已纳入日常管理范畴，判断制度与流程是否需要优化或修改。企业应将风险应对措施融入业务流程，并在制度中予以固化。不同业务类型的单位可根据自身特点，科学设计风险应对的工作流程。

五、风险管理流程

风险管理流程主要包括信息收集、风险识别、风险分析、风险评估四个步骤。企业应根据实际情况，明确风险管理流程，确定风险识别、评估、应对的周期，原则上每年至少识别、评估风险一次。风险评估是指用规范的语言描述识别出的风险，依据风险度量标准（风险矩阵）进行定性或定量评价，确定风险发生的可能性和影响程度，形成风险分值，排序后初步确定风险等级，形成风险事件库，绘制风险图的过程。

（一）信息收集

在风险管理过程的所有阶段，企业应与内外部利益相关方沟通，制定沟通计划。该计划应阐明与风险本身、风险原因、风险后果有关的事项，以及对其所采取的应对措施。沟通的目的是得到实施风险管理过程的责任人和利益相关方的理解。

风险管理须考虑内、外部环境。在明确环境因素时，企业可以从以下几方面入手：

1. 外部环境。如社会、政治、法律；自然环境和竞争环境；对组织目标有影响的关键驱动因素和发展趋势；外部利益相关方；等等。

2. 内部环境。如治理结构、内部机构、角色和责任；方针、目标、与内部利益相关方的关系；组织的文化、信息系统、信息流和决策过程；等等。

3. 风险管理过程。包括确定风险管理活动的目的和目标；风险管理职责；开展风险管理的范围、深度和广度；风险评估方法；风险管理绩效考评；等等。

4. 风险准则。如风险的特性和发生原因的种类、可能出现的后果，以及如何测量；如何确定风险发生的可能性、风险等级、风险可接受或可容忍的等级；等等。

（二）风险识别

风险识别是发现、辨识和表述风险的过程，包括对风险源、风险事件、风险原因和它们的潜在后果的识别。风险识别应重点关注风险识别的全面性、重要性、风险与风险源的关系。风险识别的基本内容包括：潜在的风险事件、风险源、风险原因、潜在的后果、影响范围、控制措施和风险清单等。

（三）风险分析

风险分析是理解风险特性和确定风险大小（定性或定量）的过程，它为风险评价和风险应对提供基础。风险分析的主要内容包括：分析潜在的风险事件、分析风险后果、分析风险发生的可能性、分析控制措施、确定风险等级。风险分析的方法主要有危险与可操作性分析法、危险分析与关键控制点法、因果分析法、事件树分析法、决策树分析法、风险矩阵法等。

（四）风险评估

风险评估是把风险分析的结果与风险准则相比较，以决定风险及其大小是否可以接受或可容忍的过程。风险评估的输出是风险应对的输入。风险评估的主要内容包括：组织的风险偏好、风险后果、可能性的测试指标、风险等级、风险带、风险的可接受性、风险的时间敞口、利益相关方的意见、风险是否需要应对等。风险评估的方法主要包括头脑风暴法、德尔菲法、情景分析法、因果分析法、事件树分析法等。

第二节　风险评估的方法与步骤

一、风险评估的组织管理

企业董事会或类似权力机构决定企业风险管理体系。董事会或类似权力机构下设的公司风险委员会或审计委员会等类似机构，为董事会风险决策提供咨询、建议，对董事会负责，定期听取风险管理部门的汇报，解决风险评估中的重大事项。

企业管理层负责审核风险评估的方案，接受董事会或类似权力机构的授权，指导、协调风险评估工作，定期向董事会或类似权力机构汇报风险管理总体工作进展及重大事项。

企业风险管理部门负责制定并向管理层报告风险评估工作计划或实施方案，负责审核各业务部门风险评估结果的质量，与业务部门建立并保持畅通的沟通机制，具体协调、组织、推进风险评估工作，定期向管理层汇报风险评估工作情况。

二、风险评估的基本方法

（一）确定风险度量标准

企业应根据自身特点，首先确定风险分类，进而明确风险度量标准，可采用定性的方式，也可以采用量化的方式。风险度量标准代表本单位的风险容忍度，其表现形式是风险矩阵。风险矩阵是围绕重要业务领域设定的指标，由风险发生的可能性、影响程度两个维度构成。风险矩阵确定后，企业应根据自身发展状况和外部环境变化定期修正。

在对风险发生可能性的高低进行分析时，可采用定性和定量相结合的方法，将发生可能性分为"低、较低、中等、高、极高"五个级别，依次对应 1~5 分。表 4-1 为评估风险发生可能性举例。

表4-1 风险发生可能性评估表

评估方法	风险发生可能性	低	较低	中等	高	极高
定量方法	分值	1	2	3	4	5
定性方法	文字描述	未来5年内可能不发生	未来3~5年内，可能出现1次	未来1~2年内，可能出现1次	未来1年内，极可能出现1次	未来1年内，会出现至少1次

在分析风险发生后对目标的影响程度时，采用定性、定量相结合的方法，从企业关注的重点项目，如可以从"产出"、"资金"、"健康安全环保"、"成本"、"储量"等方面将风险影响严重程度分为"不重要、较小、中等、较大、重大"五个级别，依次对应1~5分。

对于每一个影响程度的指标，都应设定定量标准。对应关系举例如表4-2所示。

表4-2 风险影响程度定量标准示例表

评分	影响程度	产出	资金	健康安全环保	成本	……
		1	2	3	4	……
1	未来5年不发生	对当年发电量影响在1%以下；或对当年收入影响在1%以下，约10亿元以下	当年自有现金流量/当年资本支出额>0.1	对员工健康（身体和心理）有轻微损害；或在环保上极少部分没有达到国家和企业的要求	对当年总成本影响在1%以下，约8亿元以下	……
2	未来3~5年发生1次	对当年发电量影响在1%~5%；或对当年收入影响在1%~5%，约10亿~70亿元	当年自有现金流量/当年资本支出额，在0~0.1之间	对员工健康已造成一定程度的伤害，如职业病，但未形成事故；或环保上没有达到国家环保要求，但不会对环境造成显著影响	对当年总成本影响在1%~5%，约8亿~40亿元	……
3	未来1~2年发生1次	……	……	……	……	……
4	未来1年内发生1次	……	……	……	……	……
5	未来1年内至少1次	……	……	……	……	……

风险发生可能性与影响程度的对应关系举例如表 4-3 所示。

表 4-3　　风险发生可能性与影响程度对应关系表

风险发生可能性	风险影响严重程度				
	1	2	3	4	5
	不重要	较小	中等	较大	重大
5（极高）	中等风险	中等风险	高风险	高风险	高风险
4（高）	低风险	中等风险	中等风险	高风险	高风险
3（中等）	低风险	低风险	中等风险	中等风险	高风险
2（较低）	低风险	低风险	低风险	中等风险	中等风险
1（低）	低风险	低风险	低风险	低风险	中等风险

（二）定性与定量评估

企业风险评估方法包括定量和定性方法。两种方法均需明确风险事件的概率和风险损失。定量评估法一般准确度较高，但比较复杂，通常需设定数学模型。定性方法相对简单，但对评估人员的知识、经验及风险事件的背景要求较高。

企业可同时选择一种或多种风险评估方法。常用的方法有：

1. 事件库法：详细列出同类型企业常见的潜在事件及本企业曾经发生过的事件，总结出按相关属性分类的风险事件列表。

2. 访谈法：风险管理机构制订详细的访谈计划，访谈熟悉业务流程、有经验的管理人员，讨论、评估风险情况，形成访谈记录。

3. 头脑风暴法：组成讨论小组，充分发挥集体智慧，对潜在事件提出各自的意见，通过自由、宽松的讨论，汇总、整理有价值的信息，从而正确、全面地识别风险及其相互关系。

4. 德尔菲法：又称专家调查法，针对某个风险同时咨询多个专家，专家们根据自己的经验作出各自的评估，再综合这些评估得出结果，专家据此修改，直至达成一致。

5. 风险临界法：将当前交易或事件对照预先定义的风险标准，并在风险达到临界时引起管理层的警觉。一旦发现事件达到临界值，企业则需进一步评估或作出反应。

6. 讨论会法：通过组织讨论，综合管理层、员工和其他利益相关者的知识、经验识别风险事项。讨论会主持人应引导与会者，讨论可能影响实现企业或某一业务单元目标的风险事项。

7. 流程分析法：通过综合考虑影响流程的内、外部因素，识别出影响实现流程目标的事件。

8. 故障树分析法：遵循从结果找原因的原则，通过分析可能造成项目失败的各种因素，画出逻辑框架图，从而确定可能导致项目失败的原因。该方法还可与其他定量分析方法结合使用。

9. 事件重要指标法：通过监测与事件相关的资料，识别是否存在引发风险事件的条件。

10. 损失事件数据法：结合以往各个损失事件的数据库，识别风险事件发生原因或发展趋势。

11. 问卷调查法：通过事先设定的问卷，收集不同级别的人员对风险的态度、认识和经验，并收集风险事项。

三、风险评估实施步骤

（一）风险评估流程如图 4-1 所示。

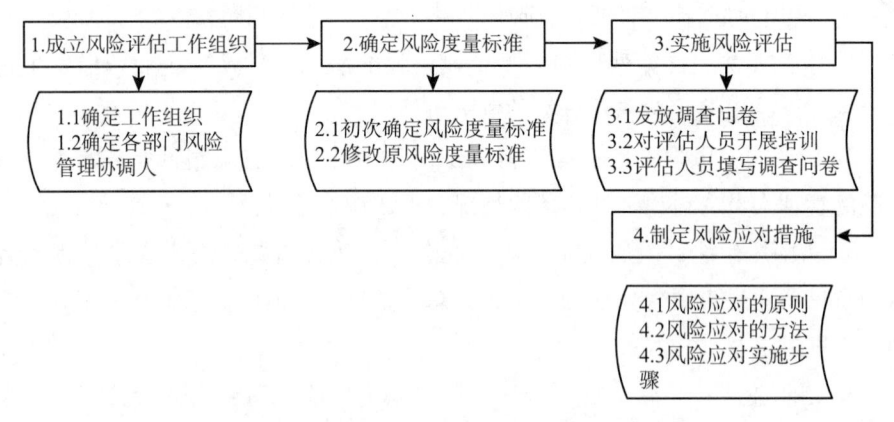

图 4-1 风险评估流程

（二）风险评估主要步骤如下：

1. 成立风险评估工作组织。由企业风险管理机构牵头，各业务部门确定风险协调人，共同组成工作小组。

2. 确定风险度量标准。企业初次开展风险评估，尚无风险度量标准的，可向部门经理以上人员发放调查问卷（或访谈），拟订形成风险矩阵，交管理层审定。再次评估风险前，由风险管理部门审核原有风险矩阵，提出修改方案。

3. 实施风险评估

（1）风险管理机构向业务部门发放"风险评估调查问卷"，内容一般包括风险编号、风险描述、风险事项发生可能性打分标准、风险评估指标的影响严重程度打分标准及评估人、日期等。

（2）风险管理机构统一对各部门风险评估人员开展风险评估前的培训，培训内容一般包括风险分类、风险评估标准、风险模板、应对策略制定原则等。

（3）部门风险评估人员填写"风险评估调查问卷"，分析风险源、制订初步的应对方案。具体工作程序如下：

①本部门评估人在经过相关培训后收到"风险评估调查问卷"，按"风险矩阵"中对应的风险度量标准对识别的风险事项打分；

②评估人根据风险发生可能性评估表判断该风险发生的可能性，并将对应的风险级别分值填入"风险发生可能性"栏内；

③评估人根据风险发生影响程度评估表判断该风险对所列指标的影响程度，并将对应的风险级别分值填入相关的指标栏内，不影响该项指标的，该栏分值不填，影响多项指标的，应分别填列分值；

④对风险影响程度涉及多项指标的，最终分值的确定标准为取最大值作为最终分值；

⑤评分完成后，评估人应填写姓名、日期等内容，并将风险应对方案的具体建议填入备注栏中；

⑥对选定多个评估人评估的，应明确各评估人的分值在最终分值中的权重（可以按评估人的职务高低或专业职务设定不同的权重，也可以采用取平均值的方式）；

⑦各业务部门风险协调人收集评估结果，按权重计算综合评估结果（不设权重的，也可采用集体讨论的方式确定最终评估结果），并在"风险评估调查问卷"上签字后，交由风险管理机构组织工作小组审查，对不合格的，应退回重新评估；

⑧"风险评估调查问卷"经审查合格后，由业务部门风险协调人汇总，报风险管理机构；

⑨风险管理机构应计算、汇总、排序各业务部门提交的风险评估结果，根据评估分值确定风险等级，汇总、整理出风险评估初步结果；

⑩根据整理出的风险评估结果，列入风险事件库，录入风险管理信息平台，自动生成风险坐标图；

⑪风险管理机构将问卷、汇总表等原始资料整理后归档。

4. 制定风险应对措施。根据风险评估结果，选择相应的风险应对策略和具体方法。

（1）风险应对的原则

一是成本效益原则。企业应充分利用并优化内控制度应对风险，对于评估为高中低级别但可控的风险点，按照"效益、效率、风险平衡"的原则，优化现有内控制度，在确保制度和流程的可操作性的同时，定期检查、持续改进以保证内控制度体系的有效性。

二是风险与回报平衡原则。企业应在充分考虑风险容忍度的基础上，分析风险带来的机遇因素。

三是谨慎性原则。对于评估为高中级别但不可控的风险点，企业应建立风险解决方案或危机与应急预案，明确工作步骤、责任人、完成时限等，确保方案或预案的有效实施。

（2）风险应对的方法

企业应根据自身条件和外部环境，围绕企业发展战略，确定风险偏好、风险承受度、风险管理有效性标准，选择风险承担、风险规避、风险转移、风险转换、风险对冲、风险补偿、风险控制等适合的风险管理工具的总体策略，并确定风险管理所需人力和财力资源的配置原则。

在风险应对时，企业应根据不同业务特点统一确定风险偏好和风险承受度，即企业愿意承担哪些风险，明确风险的最低限度和不能超过的最高限度，并据此确定风险的预警线及相应采取的对策。确定风险偏好和风险承受度时，要正确认识和把握风险与收益的平衡，既要防止完全忽视风险，片面追求收益的不当做法，也要纠正单纯为规避风险而放弃发展机遇的错误观念。

企业应根据风险与收益相平衡的原则以及各风险在风险坐标图上的位置，进一步确定风险管理的优选顺序，明确风险管理成本的资金预算和控制风险的组织体系、人力资源、应对措施等总体安排。

另外，企业还应定期总结和分析已制定的风险管理策略的有效性和合理性，结合实际不断修订和完善。其中，应重点检查依据风险偏好、风险承受度和风险控制预警线实施的结果是否有效，并提出定性或定量的有效性标准。

（3）风险应对实施步骤

①各部门根据风险评估的结果，对不可控风险建立风险解决方案或应急计划，落实责任部门，进行专项追踪。责任部门应拟定具体的实施方案并根据专项追踪的结果制定风险追踪表。

②对于风险评估后高、中、低级别且可控的操作类风险,各部门可以通过持续优化内控制度来应对。

③风险管理机构负责风险应对的总体指导和协调,各业务部门完成应对策略及应对方案后,应汇总报风险管理机构。

④风险管理机构汇总形成风险库,并整理重大风险应对方案或应急计划,定期上报主管领导或风险管理委员会批准。

四、风险评估应当关注的问题

1. 在风险评估的实际运用中,定量方法和定性方法应结合使用。定量评估要求明确各变量之间的相关关系,并要求有高度可靠的数据。在定量评估所需的可信数据无法获得,或者获得可信数据不符合成本效益原则时,应采用定性评估方法。

2. 企业风险大多不是孤立的,相互之间会存在较多的关联关系。对于这些存在高关联关系的风险事件组合,应综合考虑、综合评估。

五、风险管理报告

在深入开展风险管理工作的基础上,企业可以总结风险管理工作经验,编写风险管理年度报告,并报告企业管理层。

风险管理报告的主要内容可以包括如下事项:一是上一年度企业全面风险管理工作回顾,具体包括企业全面风险管理工作计划完成情况、企业重大风险管理情况、风险管理体系建立运行情况、风险管理信息化有关情况等;二是本年度企业风险评估情况;三是下一年度全面风险管理工作安排。

企业编制风险管理报告可以获得行业发展前景、产业结构、上中下游企业的投资机会、市场行情等方面的信息,提升企业风险识别、评估和应对能力,加强重大风险的全过程管理,将风险管理与日常经营管理有机融合,提高风险管理工作的制度化、规范化水平。

第三节 电力行业主要风险

各类电力企业所面临的宏观政治经济环境、行业监管标准、产业链布局、技术工艺相似,特别是新中国成立后长期实行全国统一管理所沿袭下的管理方式和手段基本类似,为此,电力行业所面临的风险有较多的共性。现阶段电力行业面临的风险主要表现为电力体制改革风险、境外投资风险、流动性风险、电煤价格波动风险、电力市场需求风险、安全生产风险和环保合规风险等。

一、战略风险

战略风险在电力行业中有多种表现形式，主要是电力体制改革风险、境外投资风险、电力监管风险、投资决策风险、行业风险等。这里主要对最具有行业特色的电力体制改革风险和境外投资风险进行阐述。

电力体制改革风险：电力体制改革影响着未来发电、电网企业的经营模式、上网电价和销售电价的定价模式，进而影响各电力企业在行业中的地位，导致各电力企业的发展战略将作出较大调整。

应对策略参考：（1）积极与监管机构进行沟通，争取使电力体制改革既能体现行业发展趋势，又能保护既有投资；（2）研究国外电力体制改革先进成果，积极主动应对，在投资领域和标的选择方面顺应国际先进趋势，主动应变；（3）设立专门的政策研究机构，联合相关科研机构，主动研判未来改革趋势，确定应对策略。

境外投资风险：在国家"走出去"战略的鼓励下，电力企业积极寻求海外投资机会，充分利用国内外市场及资源。但由于意识形态、价值取向、政治制度存在差异，境外投资比国内投资面临着更为复杂的政治、经济和法律环境。在政治环境方面，当前，电力企业大部分海外业务都在发展中国家和政局不稳定的地区开展，极有可能因项目所在国政局的变动，导致项目无法顺利进行；在经济环境方面，经济危机和汇率波动风险在海外工程承包业务中普遍存在，市场经济不发达国家经济结构单一、市场机制不完善、产业链不完整导致经济风险发生的可能性较大，国际汇率市场会因各类政治、军事、经济事件发生很大冲击，在汇率兑换、折算上造成企业经济损失；在法律环境方面，由于缺乏了解当地市场情况、项目核心内容、当地法规和语言的综合型人才，且电力企业往往对项目所在国当地知名律师等司法资源掌控不足，导致国际争端等法律风险较为突出。

应对策略参考：（1）关注项目所在国政治变化，尤其关注政权更迭、军事政变等异常因素，积极将政治因素可能导致风险向国家有关监管机构汇报，获取政府支持和保护；（2）尽可能选择经济环境良好的国家进行投资，若在市场经济不发达国家进行投资，可选择当地实力雄厚的电力公司作为合作伙伴，共同投资；（3）通过汇率互换、汇率期货、汇率期权等手段锁定风险；

(4) 在正式投资前需对投资国当地法律环境进行全面的风险评估，并与当地知名法律机构建立长期稳定的合作关系，以便随时得到法律援助。

二、财务风险

财务风险在电力行业中有多种表现，主要表现为流动性风险、预算控制风险、融资风险、短期投资风险等。在此，主要对最具有行业特色的流动性风险进行阐述。

流动性风险：电力行业资金流动较其他行业更具同质化特点。对于电网企业而言，从全年的资金变动趋势来看，每年11月到次年3月，企业资金往往供不应求，资金缺口增大，易出现流动性风险，5~9月，企业资金往往供大于求，资金环境相对宽松；从月度的资金变动趋势来看，由于月初电费集中入账，每月下旬资金缺口较大。对于发电企业而言，由于多年成本严重倒挂，一些企业连年亏损，而随着环保投入的持续增长，无疑将进一步加大企业的资金压力。电力企业通过内外部融资提供流动性支持，但由于融资成本和融资能力受到资金市场利率波动及国家限制性政策的限制，资金供应十分有限，流动资金链断裂风险危及着电力企业的生存。

应对策略参考：(1) 研究资金变化趋势，根据历史数据进行资金缺口预测分析；(2) 提前针对资金缺口进行融资安排，将融资需求提前熨平；(3) 建立与商业银行、财务公司的战略合作关系，以便在流动性风险出现时能及时获取资金支持。

三、市场风险

市场风险在电力行业中有多种表现，主要表现为电煤价格波动风险、电力市场需求风险、产业链风险、汇率及利率风险等。在此，主要对最具有行业特色的电煤价格波动风险和电力市场需求风险进行阐述。

电煤价格波动风险：我国"多煤少油贫气"的自然资源分布特点，决定了火电企业中煤炭成本是发电成本的主要部分。煤价涨跌直接导致火电企业利润的多寡，制约火电行业的平稳发展；我国电价由国家发改委统一制定，电力企业并无电价定价权。因此，电煤价格波动风险对发电集团经营影响较大。

应对策略参考：(1) 产业布局中逐步扩大清洁能源的市场份额，逐步降低对煤炭的依赖；(2) 改进生产工艺，降低发电过程中的能耗；(3) 加强与煤炭企业的战略合作，投资战略资源，多渠道开拓市场，控制成本预算。

电力市场需求风险：经济社会发展、生产方式转变、自然气候变化、科学技术进步以及人民群众的用电习惯等因素都直接影响着电力市场需求。以经济结构调整对电力市场需求的影响为例，2001~2007年，我国经济经历了历史性高速增长，电力消费增长的主要动力来自于重工业尤其是基础原材料冶炼与制造业，呈现高耗能、低产出的重工业化阶段特征，全社会用电量年均增速达到了13.45%。目前经济发展正向工业化后期阶段转型过渡，新型制造业、信息产业、服务业引领经济发展，从电力消费来看，2008~2012年为震荡回调阶段，全社会用电量年均增速为8.8%，较上一个五年回落幅度近6个百分点；而"十二五"期间，全社会用电量年均增速不到7.5%。因此，未来电力市场需求将存在较大的不确定性。

应对策略参考：（1）主动研判经济形势，在投资新设电厂前进行风险评估，对电厂的常态化上网电量进行预估后再行投产，以避免浪费甚至无法收回成本；（2）采用节能减排技术控制发电成本，确保在电力市场需求下降时，电厂具有竞价上网优势。

四、运营风险

运营风险在电力行业中有多种表现，主要表现为安全生产风险、健康安全环境（HSE）风险、电能质量风险等。在此，主要对最具有行业特色的安全生产风险进行阐述。

安全生产风险：由于电能不能进行大规模的储存，电力必须处于即时平衡状态，因此其生产过程必须具备相当高的可靠性和连续性，任何一个环节出现问题，都会引发一系列的连锁效应。电力行业若在安全生产上出现问题，可能会出现人员伤亡或者主设备被损坏，甚至导致全电网的崩溃，引起灾难性的事故或者大面积停电；电力企业属于典型技术、资产都比较密集的企业，设备量较大、样式品种多、自动化程度高，对于设备完好性有较高要求。这些内在特征决定了安全生产风险是电力行业固有的重大风险。

应对策略参考：（1）提高危险防范意识，及时采用综合的防范措施，降低安全风险；（2）建立相关安全制度，定期依据风险评估结果对安全管理保障制度进行评价、检查，以确保相关安全制度完善有效；（3）健全安全检查方式，可在季节性大检查的基础上，根据危险源辨识、风险评估的结果增加专业检查项目；（4）建立健全企业的安全责任制，确保安全网有效运行。

五、法律风险

法律风险在电力行业中有多种表现，主要表现为环保合规风险、公司制度合规风险、合同风险、诉讼风险等。在此，主要对最具有行业特色的环保合规风险进行阐述。

环保合规风险：近年来，"雾霾"等污染问题受到普遍关注，作为污染物排放较多的火力发电企业，成为环境治理的重点领域。2011年7月，环保部和国家质监总局联合发布了新修订的《火电厂大气污染物排放标准》。新标准将烟尘、二氧化硫、氮氧化物的排放浓度缩减了一半多，并新增汞及其化合物的排放指标。2014年国家发改委、国家能源局和环境保护部三部委联合发布《能源行业加强大气污染防治工作方案》，对能源领域大气污染防治工作进行全面部署，国务院办公厅印发《2014–2015年节能减排低碳发展行动方案》，进一步明确节能减排降碳指标、量化任务、强化措施。随着国家环保标准的提高，各省也纷纷提出PM2.5年均浓度控制标准，电力企业的环保合规要求越来越高，火电企业为控制烟气、废水、固体废物以及噪声排放，必须逐年增加环保设施技术改造、环境治理方面的投资。

应对策略参考：（1）加强对节能减排技术的投资，确保环保合规；（2）投资建厂时需对当地环保政策进行评估，并作为是否投资的重要依据；（3）从使用煤炭等一次性能源发电逐步向清洁能源发电转变。

第五章 控 制 活 动

本章内容共分为十八节,重点说明电网企业和发电企业的主要业务流程。具体如图 5-1 所示。

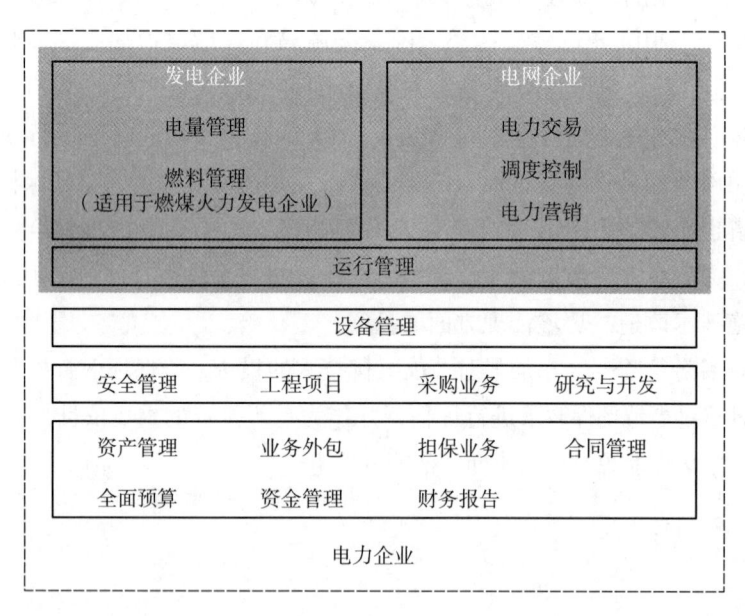

```
┌─────────────────────────────────────────────────────┐
│  ┌──────────────────────┐  ┌──────────────────────┐ │
│  │      发电企业         │  │      电网企业         │ │
│  │      电量管理         │  │      电力交易         │ │
│  │      燃料管理         │  │      调度控制         │ │
│  │ (适用于燃煤火力发电企业)│  │      电力营销         │ │
│  └──────────────────────┘  └──────────────────────┘ │
│  ┌─────────────────────────────────────────────────┐│
│  │                    运行管理                      ││
│  └─────────────────────────────────────────────────┘│
│  ┌─────────────────────────────────────────────────┐│
│  │                    设备管理                      ││
│  └─────────────────────────────────────────────────┘│
│   安全管理    工程项目    采购业务    研究与开发      │
│   资产管理    业务外包    担保业务    合同管理        │
│   全面预算    资金管理    财务报告                   │
│                    电力企业                          │
└─────────────────────────────────────────────────────┘
```

图 5-1

(说明:本章内容仅涵盖了与发电企业、电网企业相关的部分关键流程,以及普遍适用于电力企业的部分关键流程,未能涵盖不同类型电力企业的全部业务流程。)

第一节 电 量 管 理

发电企业电量管理是指发电侧的市场营销活动,重点是在机组安全性和可靠性的约束条件下,争取更高的电价、更多的电量、保证机组利用小时数,以及合理的峰谷比。电量、电价、电费是发电市场营销工作的中心。发电企业应充分发挥主观能动性,推动并促进电力市场的发展,实现企业的营销战略。

发电企业需对电力市场环境进行研究和分析,掌握市场潜力,制定详细的市场计划。特别地,发电企业从基建期开始就应重点控制资金投入,降低基建成本,从而避免生产投运后出现经营困难的局面。在运营期,发电企业则需重点控制和降低发电成本,提高企业竞争力,以争取更多的电量,从而保障发电企业的效益。

本节适用于发电企业。

一、控制目标

1. 营销部门需深入研究分析国家电力体制改革的方针政策与发展形势,根据电力市场运作情况及其对企业收益的影响,及时调整企业的营销策略。

2. 建立电力市场重大事件报告制度,确保企业领导层能够及时获知市场运作的重大变化。

3. 建立月度电力市场分析报告制度,每月编制内容完整的电力市场分析报告。

4. 建立有效的电力竞争环境分析机制,同时增强对区域内竞争对手的分析及了解,为营销报价策略提供支撑。

5. 营销部门需密切关注电力市场的运作情况,以便及时调整相应的竞价策略。

6. 营销部门需监控并汇报企业各单位日发电量完成情况,保证发电量与实际需求相符合。

7. 按照与电网企业签订的《购售电合同》的约定和电量统计数据,及时、真实、准确地与电网企业开展电费结算和回收工作。

二、主要风险

1. 对电力行业经济环境、科技发展形势及体制改革的方针政策研究不到位、判断不准确,导致企业在营销电量竞争过程中存在较大的业务风险。

2. 电力市场重大事件报告机制不健全,导致企业无法及时获知并应对电力市场的重大变化,影响企业经济效益甚至社会形象。

3. 对电力市场及相关政策分析不准确,对电力竞争环境和竞争对手分析不准确,导致企业不能有针对性地制定合理的营销策略及报价,使企业面临营销业务风险。

4. 各单位发电量完成情况统计不及时，存在的发电量偏差得不到适当处理，导致发电量与实际需求不符。

5. 电量结算政策和策略不合理、市场变化预测不准确、结算渠道维护不够等，导致电费结算困难、经营难以为继。

三、电量管理业务流程

（一）业务图解

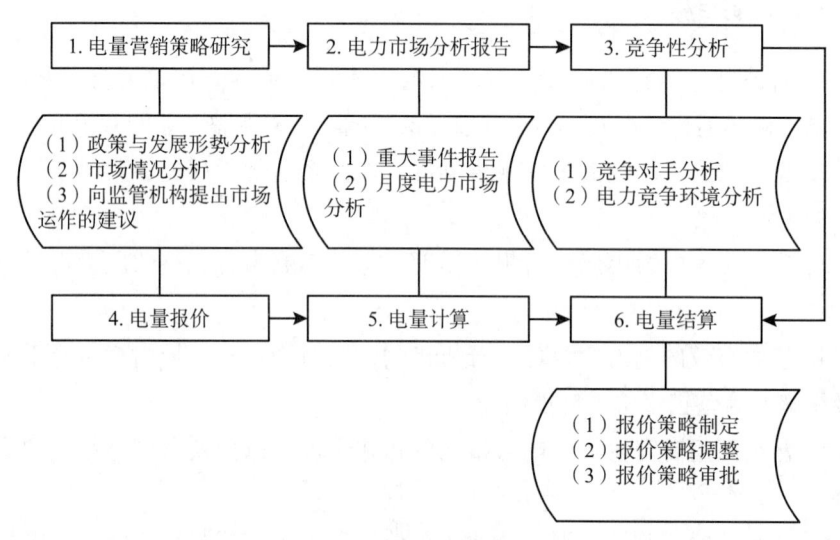

```
1.电量营销策略研究 → 2.电力市场分析报告 → 3.竞争性分析
       ↓                    ↓                    ↓
(1)政策与发展形势分析   (1)重大事件报告      (1)竞争对手分析
(2)市场情况分析        (2)月度电力市场分析   (2)电力竞争环境分析
(3)向监管机构提出市场
   运作的建议

4.电量报价 → 5.电量计算 → 6.电量结算
                              ↓
                        (1)报价策略制定
                        (2)报价策略调整
                        (3)报价策略审批
```

图 5-2　电量管理业务流程

（二）关键节点及控制方法

1. 电量营销策略研究

（1）营销部门应不断研究分析国家有关电力体制改革的方针政策与发展形势，分析预判改革的不同阶段对电力市场运作情况与本企业收益的影响，及时调整企业的营销策略。

（2）营销部门营销管理人员应经常通过电力实时调度系统或电力市场浏览系统密切注意电力市场的运作情况，包括市场价格走势、发供电平衡形势、系统外受电情况等，进行市场情况分析，调整相应的竞价策略。

（3）营销部门负责召集各有关职能部门研究讨论电力市场方案、相应的市场规则及市场运作时出现的问题，积极向市场监管机构与电力市场交易中心提出本企业的建议与意见。

2. 电力市场分析报告

（1）建立电力市场重大事件报告制度，在市场运作发生以下情况时，营销部门应及时向企业领导及集团公司营销部门汇报：

- 由于网络系统或技术等原因导致电力市场竞价中止运行达 12 小时及以上。
- 由于自身设备原因发生非计划停运等，无法完成合约电量超过 24 小时。
- 由于系统供求关系严重失去平衡，日平均市场价格持续 3 天出现异常的低价或高价。

（2）建立月度电力市场分析报告制度，每月营销部门提交电力市场分析报告，报告的内容应包括：

- 月平均市场算术清算价与加权清算价、上网电量、销售收入、合约电量完成情况、竞价电量电价、实际结算电价等。
- 市场运作中出现的问题及原因分析。
- 市场辅助服务的支出与收入等。
- 市场竞价策略的调整变化与建议等。

预期收益状况分析，预测市场对本企业所带来的影响，并研究本企业应采取的应对措施。预测可能会出现的合约电价变化情况，分析电价变化对企业收益的影响。

3. 竞争性分析

（1）营销部门应增强对区域内竞争对手的分析和了解，及时搜集和分析竞争对手发电量、装机容量、成本等信息的变化，针对不利于企业的信息及时制订相应的风险规避措施。

（2）营销部门应协调各部门建立一套有效的电力竞争环境分析机制，为营销报价策略提供支撑。竞争环境应重点关注以下内容：

- 发电机组性能的分析，包括基荷、腰荷及峰荷。
- 能源类型划分。
- 人员数量和质量。
- 发电固定成本。
- 影响成本的折旧政策、金融政策。
- 国家和地方的相关扶持政策等。

4. 电量报价

（1）企业负责人组织相关部门及人员召开报价决策会议，讨论并制定报价策略。

（2）每年/季/月一次，制定下一年/季/月度报价策略，如遇市场规则变化等特殊情况，分管负责人可决定临时增开报价决策会议。

（3）在报价决策会议召开以前，营销部门要做好制定报价策略的准备工作。

（4）报价决策会议上相关人员对报价策略参考方案进行讨论、修改并做出最终决策，报价策略应包括：报价指导思想，机组发电的组合排序，最低报价段容量，最低技术出力等内容。

（5）通过《购售电合同》或政府部门发文、超发、竞价、双边购电协议等方式，尽可能满足企业计划发电量指标的要求。

5. 电量计算

营销部门实时监控企业各单位日发电量完成情况，如有较大偏差，营销管理部门会同相关单位分析情况，研究解决方案，并根据具体情况及时汇报，制定相应措施。

6. 电量结算

（1）企业应明确电量销售收款的责任，建立清收奖惩制度，并严格执行。

（2）按时、准确地与电网企业结算电量。

（3）严格禁止与电网企业签署风险转嫁的电费回收合同。在日常经营过程中，应建立信息反馈机制，一旦出现电费回收不及时或者使用汇票、本票结算的情况比例较高时，则将信息及时反馈至市场营销部门。市场营销部负责同相关单位与电网企业协商，完成电费的催收。

（4）企业应当按规定定期向电力监管机构报送电费结算情况。

四、监督评价

1. 电量营销策略研究

（1）检查营销部门是否深入研究国家有关电力体制改革的方针政策与发展形势，并分析其对本企业收益的影响。

（2）检查营销部门是否关注电力市场的运作情况，进行电力市场情况分析，并相应地调整竞价策略。

（3）检查营销部门是否参加企业经济分析活动。

2. 电力市场分析报告

（1）检查企业是否建立电力市场重大事件报告制度，报告是否及时。

（2）检查企业是否建立月度电力市场分析报告制度，报告内容是否齐全。

3. 竞争性分析

（1）检查营销部门是否对区域内竞争对手的重要生产信息进行搜集与分析，对不利于企业的信息是否及时制订相应的风险规避措施。

（2）检查营销部门是否已建立一套有效的电力竞争环境分析机制，为营销报价策略提供支撑。

4. 电量报价

（1）检查企业的电量报价策略流程是否有效，报价是否具有竞争力。

（2）检查企业是否按时召开报价决策会议，市场营销管理部门制定的报价策略是否准确有效。

（3）检查企业是否制定了《购售电合同》，超发、竞价、双边购电协议是否满足公司计划发电量指标的要求。

5. 电量计算

检查市场营销管理部门是否实时监控公司各单位日发电量完成情况。

6. 电量结算

（1）检查企业是否明确电量销售收款的责任，是否建立清收奖惩制度，并严格执行。

（2）检查企业是否按时与电网企业结算电量。

（3）检查企业是否建立信息反馈机制，对于电费回收不及时的情况，是否将信息及时反馈至市场营销部门，并由市场营销部及时进行电费的催收。

（4）检查企业是否准时向电力监管机构报送电费结算情况。

五、案例解析

（一）案例简介

某火电厂为了进一步强化主业经营管理，推动电力市场营销管理工作，根据电力监管机构制定的《关于发电厂并网运行管理意见》和《电网统调电厂运行管理考核办法》，结合企业实际情况，及时制定出台了《某火电厂电量管理奖惩办法》，将电量管理细化、量化，并落实到各有关责任部门，将异常少发电量与发电量计划值相挂钩，明确各部门异常少发电量允许值。每月发生异常少发电量由相关部门分机组进行汇总并认定责任，根据机组的电价折算出经济损失，进而折算出考核金额，列入月度经济责任制考核，当月兑现、年底总结算。同时要求在实施过程中做到广度与深度相结合，将异常少发电量目标分解到专业、班组，实施对象覆盖全厂主业，不仅涉及生产一线，还涉及管理部门,使管理部门也与全厂异常少发电量奖惩相挂钩。

2012年以来,该发电厂始终保持对抢发电量工作的管理力度,并借鉴上一年项目管理成功经验,以严密的管理措施确保全年电量指标的全面完成。

一是提升安全管理水平,夯实安全生产基础。该厂围绕创建本质安全型企业的要求,将安全生产的长效机制有机融入到人员、设备、环境、管理各要素中,不断加强具有特色的安全生产管理工作。

二是加强设备管理,提升设备健康水平。继续加强安全点检制,提高点检管理水平,进一步完善自动化点检管理体制机制建设,提升设备管理水平。同时,实施有效的激励政策,将点检人员工资收入的一部分和点检专项奖励纳入绩效考核,实现差异化管理,充分调动点检人员的工作积极性。加强设备检修、消缺的全过程管理,严格责任追究,切实提高检修质量,确保机组长周期安全稳定运行,为争取更多电量奠定坚实基础。

三是强化设备运行管理,细化运行技术措施。集控运行在确保机组安全运行的情况下,严格执行调度命令,机组成员参考控制机组飞灰可燃物的技术措施,全面提高机组效率,结合1、2次风的合理配比及燃烧器执行机构的活动情况,认真调整,总结经验,不断优化机组绩效。同时,为保证电量配煤要求,加强对原煤仓煤位的检查,防止原煤仓漏粉和断煤,做好汽车煤的接卸和燃煤配烧工作。此外,还制定确保全厂生水(生产补充水)系统安全稳定运行技术措施,对电除尘、干灰、脱硫、废水回收处理系统等环保设备进行周密检查,保证环保设备出力满足达标排放的要求,不发生厂内和社会环境污染事件。

四是提升项目管理,全力抢发电量。苦练内功,加强培训,提高集控运行人员技术水平,确保抢发电量工作全年、全过程不放松,做到平时时段"抢得着"、关键时段"顶得满"。继续寻找和争取外部有边际利润的替代电量,加强与电网企业的沟通,树立良好形象和信誉,利用一切机会最大程度地争取计划电量。继续发挥项目管理优势,进一步提高盈利能力。根据燃煤价格走势,继续做好经济时段的抢发电量工作。

(二)案例分析

随着国家能源政策和电煤市场化改革的不断深入以及大气污染物排放标准的提高,火电企业发电成本将逐步攀升,盈利空间将进一步压缩。如何最大限度地提高盈利能力,已成为各火电企业亟待解决的问题,此公司的电量管理具有以下特点:

一是增加电量计划。对于热电联产机组,可以充分利用国家节能、环保、以热定电的政策，加强与地方政府沟通、协调，从而增加年度电量计划；二是增加替发电量。根据节能调度"以大代小"的原则，电量要向节能、高效的大机组转移。火电企业可通过内部替代、外部替代、来煤加工等方法，实现大容量机组多发电量（边际收益>0），小容量机组多争取被替代电量；在电网负荷、热负荷允许的条件下，小容量火电企业亦可将高能耗供热机组的部分计划电量参与市场交易，既符合节能减排政策，又能多创造效益，实现互赢；三是增加结算电量。通过提高节能装置投运率、优化公用系统辅机调度、加强非生产用电管理等措施，进一步降低厂用电率，增加上网结算电量；四是减少电量损失。生产部门要密切跟踪设备健康状况，及时发现缺陷，及早消除缺陷，科学合理地安排检修工期，努力提高发电设备的可靠性，最大限度地降低减负荷消缺、机组启停以及非计划停运次数，将电量损失降至最低；五是降低煤炭价格。火电企业首先要完善煤炭采购相关制度，选择优质供煤单位，采购适烧煤种；大容量火电企业还可通过掺烧进口煤，进一步降低发电煤炭成本；六是提高结算电价。加强与调度部门的联系、协调，争取多接带高峰时段负荷，提高上网电价结算系数；七是降低财务费用。财务部门要密切跟踪资金使用情况，采取先急后缓、延时付款等方法，确保资金周转，最大限度地压缩企业可控费用支出。

（三）案例启示

火电企业在电量管理上可采取多种手段扩大效益，总结以下几点：

1. 电量管理求"精"。坚持"精细化"的电量管理，寻找每一个可以增加利润的环节，争取到更多的具有边际收益的电量，才能提高火电企业盈利能力，实现电量收益的最大化。

2. 价格管理求"细"。以综合效益最大化为准则，细化煤价、电价管理，坚持算好每笔"账"，让有限的电量产生最大的效益。

3. 费用管理求"严"。降低管理费用不仅体现企业的管理水平，而且已成为各火电企业提高盈利能力的另一条重要途径。只有进一步细化各项费用管理措施，加大管理力度，方可有力地促进企业效益的进一步提升。

第二节 燃料管理

燃煤火力发电厂的燃料费用是发电的主要成本，燃料的管理水平直接关系到电力企业的经济效益。不合格的燃料会引发设备损坏、爆管、泄漏、烟气不达标、燃烧结焦等一系列事故，火力发电厂燃料管理的成效不仅仅关系到经营成本，更关键的是会对设备产生巨大影响。燃料管理失控会使电厂难以进行最基本的安全生产活动。本节的燃料特指煤炭，对于燃气、核能、生物质等其他燃料发电企业要制定专门的燃料管理控制活动。

燃料管理业务包括计划、采购、运输、验收、存储、耗用、结算等环节。本节适应于燃煤火力发电企业。

一、控制目标

1. 燃料管理部门职责明确、燃料管理制度规范。
2. 燃料计划满足电力生产需要，满足锅炉设备安全稳定运行，符合资源和运力平衡要求的原则，满足燃料综合成本最低的原则。
3. 燃料采购价格合理，燃料参数符合要求。
4. 燃料调运及时，按时按量供应，保证发电正常生产。
5. 严格执行燃料验收流程，保证进场燃料的数量及质量符合标准。
6. 燃料接卸、储存管理规范，符合国家燃料管理规定。
7. 燃料费用必须在税法规定的期限内进行结算，发票齐全并符合相关规定。
8. 实现燃料管理信息化智能化，减少人工控制。

二、主要风险

1. 燃料管理制度不健全，执行不严格，缺乏考核机制，导致员工为个人利益损害企业利益。
2. 燃料计划不科学，采购不规范，煤源供应单一，导致供应不及时，价格不合理。
3. 燃料采购价格不合理，导致燃料成本上升损害企业经济效益。
4. 燃料调运不及时，导致企业无法按时按量供应电能，影响用电企业的正常生产。
5. 入厂计量、验收标准不明确，验收程序不规范，导致不合格燃料流入企业，损害企业经济利益。
6. 接卸管理不规范，导致选煤品质不合格，供应商掺假、计量化验不严格导致的疏漏经常发生，损害企业经济利益。
7. 燃料存储管理不规范，导致燃料热值损失严重，损害企业经济利益。

8. 燃料费用结算不及时，导致履约风险，发票凭据不齐全，导致企业蒙受经济损失。

三、燃料管理业务流程

（一）业务图解

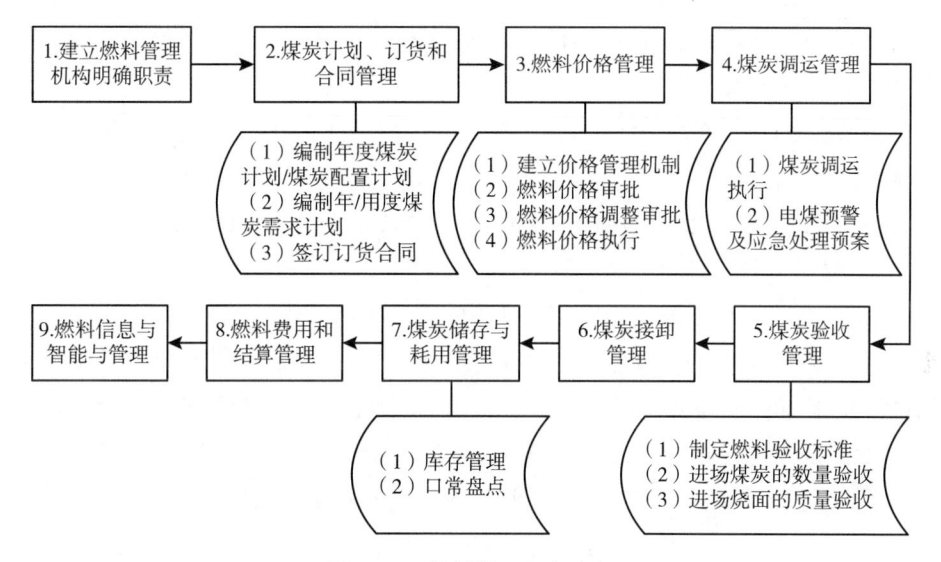

```
1.建立燃料管理          2.煤炭计划、订货和        3.燃料价格管理          4.煤炭调运管理
机构明确职责    →       合同管理          →                    →
                        (1)编制年度煤炭        (1)建立价格管理机制      (1)煤炭调运
                        计划/煤炭配置计划       (2)燃料价格审批         执行
                        (2)编制年/月度煤        (3)燃料价格调整审批     (2)电煤预警
                        炭需求计划             (4)燃料价格执行         及应急处理预案
                        (3)签订订货合同

9.燃料信息与     ←   8.燃料费用和    ←   7.煤炭储存与    ←   6.煤炭接卸    ←   5.煤炭验收
智能与管理           结算管理           耗用管理           管理              管理
                                      (1)库存管理                          (1)制定燃料验收标准
                                      (2)日常盘点                          (2)进场煤炭的数量验收
                                                                          (3)进场煤面的质量验收
```

图 5 - 3　燃料管理业务流程

（二）关键节点及控制方法

1. 建立燃料管理机构明确职责

（1）设立燃料管理机构设置，配置专职管理干部和专业管理人员。

（2）燃料管理部门主要职责包括：

• 贯彻落实国家有关煤炭供应和管理方面的方针政策和法律法规，制定和修订燃料管理办法和相关制度。

• 负责向有关部门反映煤炭供应和煤炭价格方面的突出问题以及有关建议。

• 编制年度煤炭需求计划和煤炭资源配置计划，开展全国和地方煤炭订货工作，并开展商务谈判和合同签订工作。

• 管理煤炭采购合同、价格以及年度燃料管理指标的测算、汇总，制定实施燃料管理考核制度。

• 负责检查和指导燃料管理工作，规范火力发电企业燃料采购、运输、验收、储存、耗用、结算等环节的管理。

● 负责燃料管理信息系统、燃料管理智能化系统建设、燃料管理信息收集与分析、燃料管理人员的培训等工作。

● 负责煤炭计量、采制化验收管理和燃料基础管理工作。按规定配置、维护计量和采制化设备。

● 负责到厂煤炭车船的接卸、排空组织工作，提高车船周转效率。

● 负责煤炭储存、耗用管理，降低储存损失，防止自燃、流失、失窃，控制入厂、入炉煤热值差。

● 负责入厂煤炭结算工作，对亏吨和质价不符的来煤进行商务索赔，维护企业正当利益。

● 负责燃料管理统计数据的报送工作和燃料经济活动分析工作。

2. 煤炭计划、订货和合同管理

（1）按管理权限编制年度煤炭计划的综合平衡和煤炭资源配置计划。

（2）煤炭年度需求计划应与电力生产计划同步编制。煤炭年度需求计划编制的依据包括：下年度发电量、供热量、供电煤耗、供热煤耗、综合厂用电率、煤炭的平均发热量、定额内损耗、其他耗用、库存煤量等。

（3）协调落实月度煤炭供应计划，落实煤炭资源，跟踪相应的运力配置。

（4）公司燃料管理部门统一组织与全国重点计划供应商开展商务谈判，签订订货合同。

（5）煤炭采购必须签订书面订货合同，并实行档案化管理。煤炭订货合同的签订必须严格按照企业有关规定执行。

3. 燃料价格管理

（1）燃料管理部门统一管理和控制所属火力发电企业的燃料价格，建立科学、合理的价格管理机制，并严格执行燃料价格审批流程。

（2）煤炭采购价格确定后，如果价格、质量等主要条款需要调整，必须重新签订合同或签订补充协议，价格的确定按流程重新审批。

4. 煤炭调运管理

（1）公司燃料管理部门负责对煤炭调运工作的指导和跨区域调运工作的协调，协助下属单位做好重点监控电厂、告急电厂的煤炭调运工作。

（2）所属火力发电企业做好本区域及跨区域煤炭调入、调出工作。

（3）火力发电企业负责本单位煤炭调运工作，建立与煤矿、铁路和地方政府部门等单位的有效联系，确保煤炭调运工作有序开展。

（4）当火力发电企业出现煤炭供应紧张状况时，应及时向上级公司、地方政府有关部门和集团公司燃料管理部门进行书面报告，并执行电煤预警及应急处理预案。

5. 煤炭验收管理

（1）火力发电企业按照国家标准和集团公司有关规定，制定相应的燃料验收管理规定、工作流程及工作标准，其中包括：进厂煤炭验收的设备配置应符合国家或行业有关标准要求，计量、检质、验收人员按规定持证上岗等内容。

（2）铁路进厂煤炭采用轨道衡验收，发生亏吨时，应与铁路部门共同做好商务记录，经车站或铁路驻厂员审核盖章后，及时向矿方索赔亏吨煤款和运费。汽运进厂煤炭使用地中衡验收，以火力发电企业过衡数量为准。船舶进厂煤炭通过水尺计量或电子皮带秤计量验收，验收中发现货物明显不足的，需要求航运部门出具证明并按有关规定进行索赔。

（3）进厂煤炭的采样、制样按有关规定和工作程序应由两人以上同时作业，采样、制样、化验过程均建立严密的编码制度。进厂煤炭的采样、制样及化验过程根据不同的运输方式分别执行国家相关标准。当进厂煤炭化验结果与矿方化验结果有较大争议时，双方可共同委托具有检测资格的第三方煤质检测机构进行权威检测，第三方检测结果须得到双方的认可。

6. 煤炭接卸管理

（1）各火力发电企业负责与运输单位衔接和协调，与运输单位签订货车（船）接卸协议，接卸协议应明确影响正常接卸的责任划分。

（2）未经企业同意的计划外煤炭车/船，应予以拒卸。

7. 煤炭储存与耗用管理

（1）根据本区域煤炭供应、运输、耗用、季节特点等因素变化核定所属火力发电企业警戒煤量，保持煤场的合理经济库存。

（2）火力发电企业应按照正平衡计算标准煤耗。入炉煤计量装置要保持完好准确，入炉煤应每班进行原煤采样化验。

（3）火力发电企业每月组织煤场盘点，向上级公司提报盘点报告，当煤场库存出现非正常盈亏时，应组织核查分析，并向企业燃料管理部门提交分析报告。未经公司批准，不得随意处置。

8. 燃料费用和结算管理

（1）燃料费用结算必须在合同主体之间，在税法规定的期限内及时进行结算，发票凭据齐全并符合相关规定。

（2）各火力发电企业进入燃料成本的各项开支必须符合关于燃料费用的有关规定。

9. 燃料信息与智能化管理

（1）燃料信息管理工作应严格遵守有关规章制度，各级燃料信息管理人员应按照统一规定和要求及时、准确、完整填报。

（2）各火力发电企业燃料管理部门要建立健全各种燃料管理信息数据库，做好原始记录的收集、整理、存档工作，所有原始记录必须真实、完整、准确。

（3）尽快开展燃料智能化建设，减少人员人为干扰因素，维护企业利益。

四、监督评价

1. 建立燃料管理机构明确职责

（1）检查是否设立燃料管理机构。

（2）检查燃料管理部门的职责是否明确，管理是否规范。

2. 煤炭计划、订货和合同管理

（1）检查煤炭年度需求计划与电力生产计划是否同步编制。

（2）检查是否编制本企业的月度煤炭供应计划，是否落实煤炭资源，并跟踪相应的运力配置。

（3）检查煤炭采购是否签订书面订货合同，是否实行档案化管理。

3. 燃料价格管理

（1）检查是否控制燃料价格，是否建立科学、合理的价格管理机制及燃料价格审批流程。

（2）检查煤炭采购价格确定后，如果价格、质量等主要条款需要调整，是否重新签订合同或签订补充协议，价格的确定是否重新审批。

4. 煤炭调运管理

（1）检查煤炭调运工作是否职责明确。

（2）检查是否建立与煤矿、铁路和地方政府部门等单位的有效联系，是否确保煤炭调运工作有序开展。

（3）检查是否建立电煤预警及应急处理预案。

5. 煤炭验收管理

（1）检查煤炭验收是否制定相应的管理规定、工作流程及工作标准。

（2）检查煤炭验收的设备配置是否符合国家或行业有关标准要求，是否按照国家和行业规定进行定期校验、检定,并取得检定合格证。计量、检质验收人员是否按规定持证上岗。

6. 煤炭接卸管理

(1) 检查是否与运输单位衔接和协调,是否与运输单位签订货车/船接卸协议。

(2) 检查是否有计划外煤炭车/船接卸。

7. 煤炭储存与耗用管理

(1) 检查是否根据本区域煤炭供应、运输、耗用、季节特点等因素变化核定所属火力发电企业警戒煤量,是否保持煤场的合理经济库存。

(2) 检查火力发电企业是否每月组织煤场盘点。

8. 燃料费用和结算管理

(1) 检查燃料费用结算是否符合相关规定并获取发票凭据。

(2) 检查火力发电企业进入燃料成本的各项开支是否符合燃料费用的有关规定。

9. 燃料信息与智能化管理

(1) 检查燃料信息管理工作是否建立健全各种燃料管理信息系统,是否做好原始记录的收集、整理、存档工作,所有原始记录是否真实、完整、准确。

(2) 检查开展燃料智能化建设情况。

五、案例解析

(一) 案例简介

2014年以来,某热电厂坚持"价值思维,效益导向"核心理念,以解决影响目标利润的突出问题为主线,转变思想观念,在重点严控采购成本、严控库存和严控热值差上采取有效措施,打出燃煤精益管理"组合拳",提高成本控制能力。

1. 强化对标管理。

该厂在其省燃料公司的统一领导下,采取统一合理控制统配煤和地方煤采购比例,坚持最低价采购原则,与同流向、同区域单位对标,认真分析铁路运距、采购来煤方向等因素的影响,制定详细措施,为降低煤价腾出空间,从而提升效益目标。

2. 严控采购成本。

该厂多方收集信息，广泛开辟煤源，培养稳定客户，尽最大努力降低标煤价格；与当地煤矿建立了稳定的供煤关系，供煤单位从2013年的平均10家增加至今年的平均12家；凭借正确研判市场，科学合理执行询价制度，实施阳光采购，该厂有效地降低了采购成本。

3. 严格控制库存。

该厂以月度电量目标、机组检修情况和煤炭形势为依据，确定月度煤炭采购额度；应用"有效热值"理念，建立煤炭评价体系，合理安排月度计划结构，加强与铁路部门沟通协调，确保计划得以落实；积极构筑稳健、可靠的煤炭供应关系，赢得充足运力和煤源，确保将库存目标控制在合理目标范围，有效降低存煤财务成本。

4. 严控入厂入炉热值差。

该厂优化煤场库存，实施常态化置换，减少煤炭储损，实现煤炭自然提质，优化燃料指标，获得管理收益；成立燃料质量管理部，严格规范采制化各个关键环节，发挥检验人员的作用，及时、准确地进行化验，为煤炭结算、存储和燃用提供依据；同时不断完善燃料管理基础设施，及时发现恶意掺杂使假行为，确保入厂煤炭不亏吨亏卡，使热值差控制在0.3兆焦/千克以内。

（二）案例分析

该厂重视燃料管理，严格控制发电成本，为实现提效增盈目标奠定了坚实基础。

一是坚持最低价采购原则，与同流向、同区域单位对标。通过对标管理不断优化供煤结构，同时加大重点电煤的催交催运力度，保持了煤炭价格的区域优势；加大市场煤的比价采购和调运力度，与多家煤炭集团和电煤运输公司建立了长期合作关系；通过加大港运输力度和有序调度，最大限度降低电煤运输费用，形成了调运、接卸、搀烧的良性互动，有效地减少了煤炭汽运和倒跺费。

二是严格控制库存，有效降低存煤财务成本。根据月度电量目标、机组检修情况及本区域煤炭供应、运输、耗用等因素的变化核定本厂的警戒煤量，结合发电需求制定相应的采购计划，科学地实施"丰存枯用"。同时，与煤炭集团及电煤运输公司积极建立稳健、可靠的煤炭供应关系，赢得了充足运力和煤源，确保将库存目标控制在合理目标范围，有效地降低了存煤财务成本。

三是加强燃料管理创新，增强提效增盈能力。加强电煤入厂验收，派调运员现场监质监装；重视煤场管理，以保安全、保输煤为目标，加强运行及调度管理，减少厂内热量损失；加强入炉煤质量监督，根据煤炭市场变化，不断优化炉前燃料监督管理模式，通过优化煤炭调运、堆存、掺配方式，满足锅炉运行调整对煤质变化的预知预警需求；加大低质低价褐煤的掺烧力度，在确保机组安全的前提下，提高盈利水平。

（三）案例启示

众所周知，燃料是火力发电厂的主要生产成本。在我国电和煤都处于计划经济向市场经济的过渡时期，经营管理中稍有不慎就会导致发电成本大幅上涨。燃料成本已成为发电厂最大的可变成本，也是火力发电厂经营最大的风险所在。通过对标管理的方式，严格控制采购成本及库存成本，并且不断优化煤场监管与管理模式，会为企业带来很好的效益。与此同时，燃料的管理要求发电企业须采用科技手段合理计算、预测、分析影响其成本的各个因素，制定有效的应对措施，保证在市场竞争中处于优势地位。

第三节 电力交易

电力交易管理是指为促进能源资源大范围优化配置，保障各地电力电量供应，在政府指导和能源监管机构监管下，在统一的电力市场交易平台上开展电力交易、合同签订、计划编制、电量结算、信息发布及市场服务等电力电量经营管理活动。

电力交易管理的原则是坚持电力市场化改革方向，坚持以促进能源资源大范围优化配置为重点，坚持公开、公平、公正对待市场主体，严格依法合规开展电力交易，为交易市场主体提供真诚、优质、规范、方便的服务，促进社会经济发展。

电力交易管理适用于电网企业。

一、控制目标

1. 规范电力交易管理，按照国家相关法律、法规、政策要求，组织做好跨区、跨省交易、发电权交易等各类电力交易，确保交易过程公开、公正、公平、依法合规。

2. 规范电力交易合同管理，按照能源监管机构要求，在规定时间内做好各类电力交易合同（含电能交易单）、购售电合同（年度、中长期等）的签订和备案工作。

3. 维护电力电量动态平衡，根据电力供需、电网结构、潮流等实际情况，准确、合理地编制电力交易计划。

4. 按照能源监管机构关于发电企业和电网企业电费结算的管理要求，及时、准确地核对和结算发电企业的上网电量。

二、主要风险

1. 未按照交易规则组织开展电力交易，导致电力供应无法满足用电需求。

2. 未及时准确地汇总交易组织相关信息，或未及时向各市场主体发布公告信息，有损交易过程公开、公正、公平。

3. 交易过程中未进行全面、准确的安全校核，导致电力交易难以兑现。

4. 交易结果未经正式书面确认，导致相关部门无法执行。

5. 合同主体资格、资质等审核不严，导致合同法律失效；合同内容不符合国家或行业合同管理要求，造成合同纠纷和电网企业经济损失。

6. 合同未按时签订，未按能源监管机构要求进行备案，不能按时供电。

7. 电力交易计划编制不及时、不准确、不合理，未考虑网络检修或电厂机组供电能力，电力交易计划调整不及时、不合理，导致电力供应与计划偏差大。

8. 在电量结算管理中，未能正确、及时地进行抄见校核和电量核算，导致抄表单、系统采集的电量数据、系统内结算电量记录等数据采集不准确、不全面，出现偏差、疏漏。

9. 电量退补方案不合理，导致各电力交易类型电量结算不及时、不准确，以及向发电企业支付购电费不准确。

10. 电量结算月报表编制不及时、不准确，导致电量结算月报数据错误，无法准备反映当月实际电量结算情况，不利于决策部门统筹管理。

11. 未按能源监管机构规定及时、准确地发布相关电力交易信息导致电力交易不符合公开、公平、公正原则；电力交易年报、季报等未按规定程序进行审核导致存在疏漏或不合适内容。

第五章 控制活动

三、电力交易业务流程

（一）业务图解

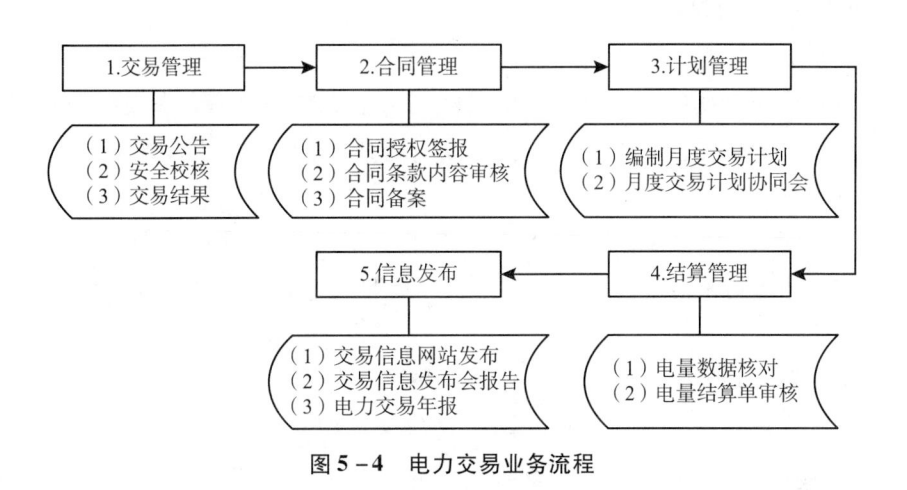

图 5-4 电力交易业务流程

（二）关键节点及控制方法

1. 交易管理

（1）企业获取输电价格、输电能力和运行方式及区域、省内电力电量预测情况后，通过电力市场交易平台向各市场主体发布交易公告。公告内容包括交易各方、交易时段、交易电量、交易电力、交易价格等。

（2）根据交易组织情况，由调控中心负责对输电通道、运行方式的安全情况进行安全校核。

（3）安全校核通过后，电力交易中心将交易结果递交给交易各方正式书面确认，并通过电力市场交易平台发布电力交易结果，主要包括：售电方、购电方、输电方、交易时间、交易电量、交易电力、交易通道等内容。

（4）及时将交易结果报送能源监管机构备案。

2. 合同管理

（1）根据合同管理规范要求，加强对合同的主体资格、资质以及授权情况的审核。

（2）根据合同管理规范要求，按照国家有关部门制定的购售电合同示范文本规范下的电网企业编制的统一合同文本起草电力交易合同，并按规定程序在交易中心部门内部对合同条款对等性、文本适应性、范围全面性、内容合理性进行逐级审核并通过经法部审核后，由被授权人与相关合同主体签订合同。

（3）合同签订后，根据能源监管机构关于合同备案工作要求，在规定时间内向能源监管机构备案。

3. 计划管理

（1）根据年度购售电合同、检修计划及通道限额，综合考虑线路检修、发电企业的机组供电能力后，合理安排发电企业上网电量，科学编制季度、月度电力交易计划。

（2）每月召开交易计划协调会，征求相关部门电力市场交易计划建议。

（3）若电力供需情况发生较大变化，按照规定程序及时对电力交易计划进行调整。

4. 结算管理

（1）在电量查询系统中收集跨区跨省交易电量数据，通过调度计划管理应用系统收集调控中心日交易计划数据，做好相关电量数据信息的核对工作。

（2）根据规定程序对电量结算单审核，发现错误要及时反馈给相关电力交易方。

（3）根据规定程序审核购电退补结算单，确认相关数据正确性，审核无误后通过交易平台向各发电企业发布电量结算单。

（4）每月及时编制电量结算月报表，并对电量结算月报表中的相关数据进行准确性、完整性、一致性校核，确保电量结算月报准确。

5. 信息发布

电力市场交易信息发布包括：电力市场交易信息网站发布、电力交易大厅信息发布、电力市场交易信息发布会、电力市场交易年报编制与发布等工作。

（1）在电力市场交易网站信息发布系统中审核电力交易网站发布信息，检查是否存在疏漏或不合适内容，经审核通过后予以正式发布。

（2）每日，依据国家电力市场月度交易计划、特高压日交易计划及调控中心运行日报等数据编制并发布交易大厅发布信息。

（3）每季度召开电力市场交易信息发布会，在会上发布电力市场交易信息报告。

（4）每年编制电力交易年报，履行相应的审批程序，电网企业向发电企业和社会公众正式发布。

四、监督评价

1. 交易管理

（1）检查交易全过程是否按照交易规则执行。

（2）检查交易公告信息发布是否及时准确。

（3）检查是否按规定程序对电力交易进行了安全校核。

（4）检查电力市场交易单中的交易电量、交易电价、交易电费是否计算准确，并经过交易各方签字确认。

（5）检查交易结果是否包括：售电方、购电方、输电方、交易时间、交易电量、交易电力、交易通道、交易各方签字表等内容。

（6）检查交易结果是否及时报送能源监管机构备案。

2. 合同管理

（1）检查是否对合同的主体资格、资质进行审核。

（2）检查交易合同文本是否使用国家或行业合同范本或电网企业电网企业统一合同文本或其他参考文本，合同内容是否恰当。

（3）检查购售电合同的签订和备案是否符合能源监管机构相关管理要求。

3. 计划管理

（1）检查月度电力交易计划编制是否存在疏漏或不合适内容。

（2）检查月度交易计划编制过程中，是否征求了相关管理部门的建议，是否按规定程序进行审核。

（3）检查调整电力交易计划工作是否及时。

4. 结算管理

（1）检查抄表单、系统采集的电量数据、系统内结算电量记录等电量信息是否和结算单上的电量结算数据互相匹配。

（2）检查电量结算单是否经过规定程序审核。

（3）检查是否按规定程序对购电退补结算单进行审核。

（4）检查是否及时、准确地编制电量结算月报表。

5. 信息发布

（1）检查电力市场交易信息网站发布是否符合能源监管机构有关信息发布工作管理要求，是否按规定程序审核后发布。

（2）检查电力市场交易信息发布报告等材料是否有错误或疏漏的内容，

是否经过规定程序审核。

（3）检查电力市场交易年报内容是否准确、全面，是否经过规定程序审核。

五、案例解析

（一）案例简介

A省电力交易中心和周边B省电力交易中心在7月底洽商电力交易事宜。由于A省在夏季高峰期间的空调负荷特别大，综合可调容量已不能满足省内电力负荷的需求，故经双方友好协商，A省决定向B省购买月度高峰电力50万千瓦，低谷电力30万千瓦。

由于时间在月底，这笔交易电量并不是特别大，双方电力交易员一时疏忽，忘记让调控中心对该笔交易电量进行安全校核，就匆匆忙忙的签订了交易协议。

8月份，受区域内潮流稳定限额的制约，A、B两省之间的交易联络通道输送功率已不足，最终50万千瓦的电力交易在高峰期间只能输送30万千瓦。

（二）案例分析

在跨区、跨省电力交易中，省际联络线的输送功率受区域内电网潮流分布影响非常大，购售双方交易主体在商洽电力交易时，必须做好相应的安全校核工作。只有在安全校核通过后，才能组织签订相关的电力交易协议，提交相关部门实施电力交易。

通过分析该案例发现，A、B两省电网企业电力交易中心在电力交易购电管理中存在着一定程度的控制风险。主要表现为：

（1）两省电力交易员不熟悉相关电力交易业务的流程环节，风险控制意识薄弱，对一些重要风险点的风险防范能力不够，导致在实际交易过程中产生较大的风险。

（2）两省电力交易中心内部控制管理不严，对存在重大风险点的关键环节把控不严。譬如在签订电力交易协议前，无专人检查并审核安全校核结果及相关材料，导致交易不能按期进行。

（三）案例启示

本案例中，由于疏忽了安全校核这个流程控制环节，电网企业产生了较大的电力供应风险。因此，在电力交易管理过程中必须严格履行内部控制程序，做好风险点防范，抓好关键点控制，贯彻落实各项内部风险控制措施，切实做好内部控制检查监督管理工作，发挥内部控制检查监督的作用。

第四节 调度控制

电网调度控制是指为保障电网安全、稳定、优质、经济运行，对电网运行进行组织、指挥、指导和协调。电网调度控制具体工作内容包括依据各类信息采集设备所采集到的电网运行实时数据信息或监控人员提供的信息，结合电网实际运行参数，综合考虑各项生产工作开展情况，对电网安全、经济运行状态进行判断，通过调度电话或自动化系统发布操作指令，指挥现场操作人员或通过自动控制系统进行运行方式调整，从而确保电网安全稳定运行。

电网调度控制机构是电网运行的组织、指挥、指导和协调机构，各级调度机构分别由本级电网管理部门直接领导。调度机构既是生产运行单位，又是电网企业的职能机构，代表本级电网企业在电网运行中行使调度权。我国电网运行实行统一调度、分级管理原则。凡并入电网的各发电、供电、用电单位，必须服从统一调度管理，遵守调度纪律。电网调度机构分为五级：国家级调度机构、区域级调度机构、省级调度机构、地区级调度机构、县级调度机构。各级调度机构在电网调度业务活动中遵循上、下级管理模式，下级调度机构必须服从上级调度机构的调度。各级调度机构按照分工在其职能范围内实施调度管理，依靠法律、经济、技术并辅之以必要的行政手段，指挥和保证电网安全稳定经济运行。

本节适用于电网企业。

一、控制目标

1. 确保调度管辖范围内电网安全、稳定、优质、经济运行，确保电网及其设备的操作管理和事故处理正确。

2. 调度管辖范围内运行方式的编制、实施及管理工作符合规范。

3. 确保调度管辖范围内系统运行稳定，无功、电压、网损及安全自动装置管理符合相关标准。

4. 调度控制中的设备监控，包括监控验收、监控信息表管理、集中监控许可、监控运行统计分析、在线监测信息接入与统计分析等符合规范。

5. 调度管辖范围内电力设施新建、扩建、技改工程建设审查和设备启动投运管理有序，新设备启动投运方案的制订、协调等工作按要求开展。

6. 继电保护和安全自动装置设备配置合理，继电保护整定计算、定值在线校核准确，及时认定发布继电保护设备家族性缺陷。

7. 调度自动化管理规范、系统运行良好，包括主、备调调度自动化主站系统、调度管辖范围内的子站系统和终端、调度数据网以及二次安全防护设备等的专业管理和运行维护，保证调度信息的实时性、准确性和可靠性。

8. 各级通信运行管理部门提供可靠、满足数据传输质量和带宽要求的通信通道，保证调度信息传输通道的质量和可靠性，满足调度控制运行要求。

二、主要风险

1. 未建立有系统、分层次的调控安全生产保障体系，导致安全保障不力，存在安全隐患。

2. 未及时全面掌握异常或事故信息，导致事故处理时误判断、误操作。

3. 安全分区、安全隔离措施和检测手段不完备，遭到外来攻击时造成自动化系统瘫痪。

4. 调控运行值班人员配置不足，导致各班人员工作时间延长，工作强度加大，值班人员易疲劳，可能引起误调度、误操作。

5. 进行电网重大方式调整前，未能进行全面详细的安全校核，未做好相应的事故预案，导致处理事故过程中，可能出现断面超稳定限额运行、扩大事故影响范围或电网稳定水平恶化。

6. 未建立有系统、分层次的调控安全生产监督体系或体系未发挥应有作用，监督网络不健全，导致调度安全风险失控。

7. 调度机构各项安全生产流程不清晰，各节点的安全责任不明确，工作界面和标准不统一，导致安全生产隐患。

8. 变电站监控信息采集不全、不规范，造成信息紊乱，或因此造成漏监视或监视错误。

9. 在许可电气设备开工检修和恢复送电时，不按规程规定操作，造成误操作或人身伤亡事故。

10. 运行方式安排有疏漏，新设备启动管理不到位，安全自动装置管理不规范，导致电网运行安全风险。

11. 继电保护定值整定错误，造成继电保护误动风险。

12. 直调厂站继电保护工程设计审查不细，造成继电保护配置错误，导致电网运行风险。

13. 设备家族性缺陷认定错误，造成缺陷设备长期运行，导致电网运行风险。

14. 调度自动化信息采集、传输存在缺陷，导致调度信息误采集、误传输,给电网实时运行带来风险。

15. 未建立调度机构与通信部门联系制度,导致调度业务通道故障得不到及时修复,影响电力系统正常运行。

三、调度控制业务流程

(一) 业务图解

1. 调控运行
(1) 电网实时运行监视;
(2) 调度倒闸操作,日内计划执行与调整,无功电压控制;
(3) 在线安全稳定分析,异常及事故处理故障预案编制,开展反事故演习;
(4) 专业培训及运行人员持证上岗。

2. 设备管理
(1) 监控运行统计分析和业务评价,跟踪分析监控信息处置情况;
(2) 集中监控许可管理,监控信息管理,输变电设备状态在线监测管理,监控缺陷管理及监控运行分析评价。

3. 调度计划
(1) 日前电能和停电计划,日前计划安全校核;
(2) 跨区短期交易,电量统计分析,交易计划制定,负荷预测管理;
(3) "三公"调度管理,并网调度协议管理,联络线功率控制管理。

电力调度控制

4. 运行方式
(1) 电网安全稳定计算分析,日常运行方式稳定校核,安自装置策略制定,新设备启动;
(2) 制定有关技术标准、规章制度、业务流程及标准操作程序,统筹制定电网年度运行方式。

5. 继电保护
(1) 继电保护整定计算、定值校核、设备运行分析评价,故障分析,继电保护和安全自动装置专业检测;
(2) 设备家族型缺陷认定发布,继电保护和安自装置统计分析与评价。

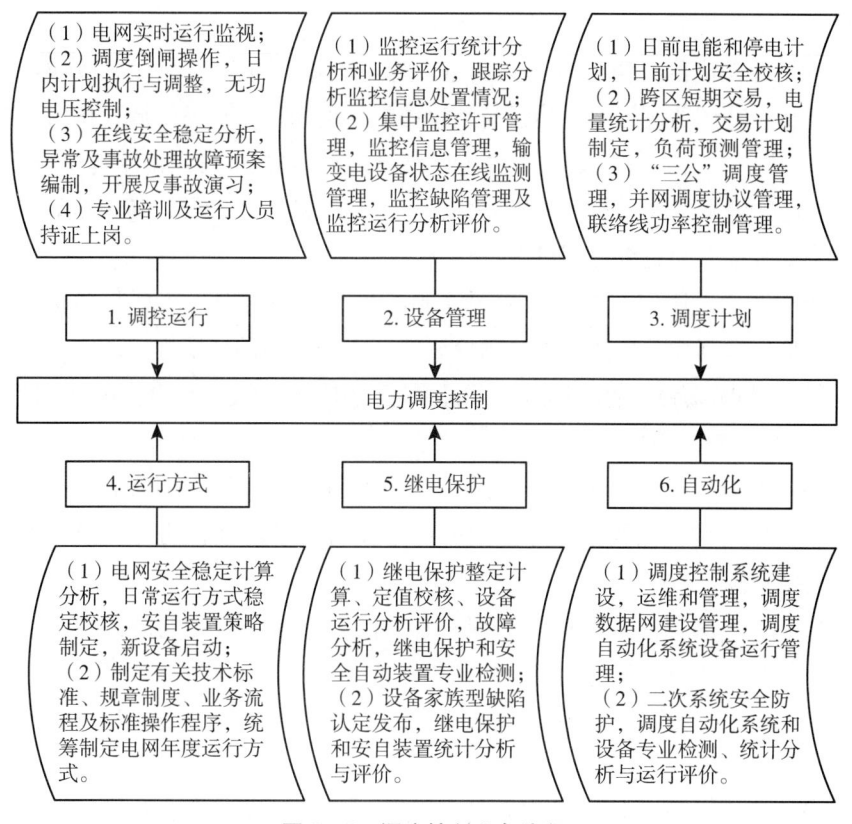

6. 自动化
(1) 调度控制系统建设、运维和管理,调度数据网建设管理,调度自动化系统设备运行管理;
(2) 二次系统安全防护,调度自动化系统和设备专业检测、统计分析与运行评价。

图 5-5 调度控制业务流程

(二) 关键节点及控制方法

1. 调控运行管理

(1) 调控运行规划应以电力调度控制中心和公司战略、发展规划为指引,确保中心调控运行规划与电力调度控制中心和公司规划、地方经济社会发展规划充分衔接,充分贯彻落实电力调度控制中心和公司发展思路和目标,服务地方经济社会发展。

（2）开展调控运行实时运行值班，包括调管范围内的运行监视、调度倒闸操作、日发输电计划执行与调整、无功电压控制、在线安全稳定分析、异常及事故处理等实时调控运行工作。

（3）按照规定定制（修订）调控运行有关技术标准、规章制度、业务流程及标准操作程序。

（4）进行在线安全稳定分析，统计分析调控运行相关数据，包括电量、负荷、电压、功率等。

（5）编制电网故障处置预案和重要保电方案，开展联合反事故演习。在平衡编制停电计划过程中应加强与基建部门、检修单位沟通协调，按照"变电结合线路"、"二次结合一次"、"生产结合基建"的原则优化停电工作方案；加强对地区电网影响分析及检修方式下风险预控措施的安排，确保本地区电网的安全稳定运行和连续可靠供电。

（6）电力调度控制中心加强调度业务技术水平培训，认真开展事故预想分析，精心编制相关事故预案，确保调度操作任务票的正确性。

（7）开展调控运行业务培训工作及调管范围内相关运行人员持证上岗考试。

2. 设备监控管理

（1）开展设备监控运行统计分析和业务评价，跟踪分析监控信息处置情况。

（2）电力调度控制中心加强调度业务技术水平培训，明确各级调度电气设备管辖范围。

（3）变电站集中监控许可管理、监控信息管理、输变电设备状态在线监测管理、监控缺陷管理及监控运行分析评价管理。

（4）定制/修订设备监控有关技术标准、规章制度、业务流程及标准操作程序。

（5）应建立设备运行日志和设备缺陷、异常处理记录，并做好"调度数据网络故障异常分析报告"。各单位应定期对网络设备进行检查维护、备份重要数据、清除无用数据，并做好维护记录。

（6）组织开展监控运行业务培训工作。

3. 运行方式管理

（1）电网安全稳定计算分析、日常运行方式稳定校核、安全自动装置控制策略制定等。

（2）开展调管范围内新设备启动调试调度准备工作。参与主网规划设计的前期审查和调管范围内安全自动装置方案、策略实施工作。

(3) 根据电网运行情况制定调管范围内稳定运行规定。开展电网稳定管理、安全自动装置策略管理、网源协调管理、无功电压运行管理和技术监督。

(4) 定制/修订运行方式有关技术标准、规章制度、业务流程及标准操作程序。

(5) 统筹制定电网年度运行方式，组织电网2~3年滚动分析校核。

(6) 组织开展运行方式业务培训工作。

4. 继电保护管理

(1) 调管范围内继电保护整定计算、定值在线校核、继电保护和安全自动装置设备运行统计分析与运行评价。

(2) 参与直调厂站继电保护工程的设计审查。

(3) 参与直调厂站继电保护故障分析。

(4) 制定调管范围内继电保护运行规定，继电保护整定计算管理、继电保护和安全自动装置设备管理、运行管理。

(5) 参与年度、月度、日前停电计划制定，参与调管范围内工程前期审查、调试，制定新设备启动继电保护方案。

(6) 制定/修订继电保护有关技术标准、规章制度、业务流程及标准操作程序。

(7) 组织开展继电保护和安全自动装置专业检测、软件版本及设备家族性缺陷认定发布、继电保护和安全自动装置统计分析与运行评价。

(8) 监督网络实行例会制度，每季度或半年召开一次全体成员参加的网络例会。加强沟通联系，认真审核所收集资料以及工程联系单的正确性、完备性。

(9) 组织开展继电保护业务培训工作。

5. 自动化管理

(1) 电网调度控制系统的建设、技术改造、运行维护和应用技术支持。

(2) 参与直调厂站自动化工程的设计审查、调试和验收。

(3) 建设电网调度控制系统及其集中运维体系、调度数据网建设管理，调度自动化系统设备运行管理，电力二次系统安全防护管理。

(4) 定制/修订调度自动化相关的技术标准、规章制度、业务流程及标准操作程序。

(5) 组织开展调度自动化系统和设备专业检测、统计分析与运行评价。

自动化系统检修过程中，在确认具备开工条件后，按所属关系向自动化当班值班员申请开工。自动化当班值班员对检修申请单进行签发，并通知相关处室和部门。

（6）严格落实电网风险预控措施，加强现场安全风险管控，确保责任到位、工作到位、措施到位。

（7）组织开展调度自动化业务培训工作。

6. 电力通信管理

（1）建立并完善调度机构与通信部门联系制度，明确职责界面，理顺工作流程。电力通信部门建立24小时值班制度，受理电力通信业务故障报修。

（2）对电力通信业务运行情况进行实时监视，对影响自动化数据传输的通道异常或故障迅速处理。

（3）履行检修工作计划和申请票填报手续，并严格履行相关专业会签、审批流程。

（4）通信部门每年结合通信大修、技改等工程编制检修计划，及时通报调度部门；通信检修计划应与一次系统、继电保护、调度自动化等工作协调一致。

四、监督评价

1. 调控运行管理

（1）检查调控运行人员是否严格执行停送电操作工作票制度，是否通知各用电单位，是否提前做好各项安全停电的准备工作。

（2）是否制定/修订调控运行有关技术标准、规章制度、业务流程及标准操作程序。

（3）检查调度业务联系时，是否使用规范的调度术语。

（4）检查调控运行值班人员配备是否充足，是否存在疲劳值班现象。

（5）检查针对重大设备停电或风险，是否开展安全校核、编制事故预案。

（6）检查调控运行值班过程中，是否严格按照稳定规定要求进行异常或故障处置。

（7）检查是否定期统计分析与运行评价。

（8）检查是否定期组织开展专业培训。

2. 设备监控管理

（1）检查是否在监控范围内开展运行统计分析和业务评价。

(2) 检查是否按要求开展监控信息管理、缺陷管理等工作。

(3) 是否制定/修订设备监控技术标准、规章制度、业务流程及标准操作程序。

(4) 检查监控信息表管理是否符合相关规定要求。

(5) 检查是否定期统计分析与运行评价。

(6) 检查是否定期组织开展专业培训。

3. 运行方式管理

(1) 检查电网安全稳定管理、安全校核结果是否准确,检查安全自动装置控制策略是否合理。

(2) 检查调管范围内稳定运行规定是否满足实际需求。

(3) 检查是否按要求开展新设备启动调试、主网规划前审查等工作。

(4) 是否制定/修订运行方式技术标准、规章制度、业务流程及标准操作程序。

(5) 检查是否统筹制定电网年度运行方式,是否按要求组织开展电网 2～3 年滚动分析校核。

(6) 检查是否定期统计分析与运行评价。

(7) 检查是否定期组织开展专业培训。

4. 继电保护管理

(1) 检查继电保护定值单的执行情况,定值单的执行、变更是否按定值通知单和调度命令执行。

(2) 检查是否定期对继电保护装置设备进行检查,是否设立专人进行定值整定,是否按定值单核对保护定值,并定期核查。

(3) 检查是否定期更新完善调管范围内继电保护运行规定。

(4) 检查是否制定调管范围内继电保护运行规定。

(5) 在发生设备或电网故障时,检查继电保护设备是否正确动作,相关定值是否满足实际需求。

(6) 检查是否定期开展继电保护和安全自动装置统计分析与运行评价。

(7) 检查是否定期组织开展专业培训。

5. 自动化管理

(1) 检查是否定期对自动化设备进行运维、检查和切换实验。

(2) 检查电网结构变化时,是否及时维护自动化系统模型、参数。

(3) 检查调度控制系统、调度数据网建设是否严格按照相关规定、标准要求执行。

（4）检查电力二次系统安全防护管理符合相关规定、标准要求。

（5）检查是否制定/修订调度自动化相关的技术标准、规章制度、业务流程及标准操作程序。

（6）检查是否定期统计分析与运行评价。

（7）检查是否定期组织开展专业培训。

6. 电力通信管理

（1）检查是否建立并完善调度机构与通信部门联系制度，是否明确职责并建立 24 小时值班制度。

（2）检查是否做好影响自动化数据传输的通道异常或故障处理记录，建立典型预案和预防措施。

（3）检查是否履行检修工作计划和申请票填报手续。

（4）检查通信部门是否每年结合通信大修、技改等工程编制检修计划，是否及时通报调度部门。

五、案例解析

（一）案例简介

某日，220 千伏 A 变电站 110 千伏母差失灵保护动作，110 千伏 1 母上所有开关跳闸，因该变电站所供出线全部为双回线并列运行方式，110 千伏 1 母上开关跳闸后，未造成负荷损失，导致运行的 2#主变严重过载，调度下令立即转移负荷。

14 时 43 分监控员发现事故后立即检查，监控副值着重查看事故告警、开关变位、遥测数据等重要信息，监控正值对故障信息分析判断，各专业人员协同分析判断事故。因 110 千伏母差保护动作，110 千伏 1 母上所有回路跳闸、开关分位闪光，220 千伏、10 千伏母线电压正常，110 千伏母线电压为零判断为 110 千伏母线故障，14 时 48 分监控立即通知运维人员到站检查，并按汇报规定向省调和地调汇报初步故障情况。

事故发生后，地调立即对管辖电网开关跳闸情况、失电情况及负荷情况进行检查，协同监控分析判断事故，主动与省调取得联系，询问主变过载情况后，根据省调命令对 220 千伏花园站所供 110 千伏变电站进行限电。14 时 53 分地调首先采取备自投方式转移负荷 4 万千瓦，14 时 58 分地调采取停电换电方式转移负荷 4.5 万千瓦，2#主变实际负荷降至额定负荷下。

由于调度处理及时,有效地避免了事故影响,电网迅速稳定运行,达到了可靠供电的目的。

(二)案例分析

调度单位通过强化电网调度控制的规范化和精益化管理,提高了调控系统应急处置能力,尽可能地缩短了在事故下对供电用户停电时间,最大限度降低了电网故障对用户供电影响,保证了服务水平。对于电网企业,从风险预控、分析判断、事故处置三个阶段完善应急处置流程,量化处置环节标准,制定应急评价指标,对于事故处理至关重要。电网事故分为三类,即调度、监控和运维事故。对上述事故执行检查、判断、汇报、处理提出规范要求,需采用建章立制、督察考核等手段健全应急评价保障体系。同时,由调控中心牵头组织,搭建多维一体平台,共同强化管理职能,创建闭环深化机制,提升管理控制水平。从而大幅缩短调控应急处置时间,切实有效提升电网应急处理能力。

电网发生事故后,调度、监控、运维协同处置,上、下级调度紧密配合,能够做到快速反应、统一指挥、联合行动、协调处置,事故信息能够迅速上报,调度指令能够迅速下达,最大限度地确保广大电力用户在电网故障情况下所受影响最小,为地区居民生产及生活提供更优质的供电服务,在积极履行社会责任的同时,提升企业社会效益。

(三)案例启示

1. 完善的应急处置流程,使调控事故处置每个阶段衔接更好,处置环节标准的量化,使每个调控人员更加清楚应急处置流程中的每个环节应该如何应对,事故处置过程更加清晰,针对性更强。

2. 应急评价指标是根据应急处置流程各个环节的标准来制定的,明确了在事故处置过程中每个环节需用的时间,达到切实缩短停电时间的目的。而应急评价保障的建立,可以分析调控人员在事故处置过程中对流程每个环节的执行情况,对违规进行追究,对不足进行改进,更加合理的规范调控事故应急处置。

3. 多位一体平台整合了各个部门信息资源,达到资源共享,强化管理职能,可以使各个部门配合更加协调。闭环深化机制强调管理层与作业层闭环管理控制,相互促进,提升成效,提升应急管理控制水平。

第五节 电力营销

营销是指企业出售商品(或提供劳务)及收取款项等相关活动。电力营销是指电网企业以电力客户需求为中心,通过供用关系,使电力用户能够使用安全、可靠、合格、经济的电力商品,并得到周到、满意的服务。电网企业电力营销包括市场管理、营业管理、计量管理、客户服务、智能用电等。

在一定的时间内电力网络比较稳定,即在一个确定的电力网络内,电力客户的数量、用电能力的大小是一个确定的量,因此电力营销市场的范围也比较明确。电力用户要参与电力市场的交易活动,按照相关程序办理用电手续,得到使用电能的权利。电力商品的流通是借助电力网络和仪器、仪表来交易和计量的。这使得电能的计量与电费的结算缴纳在时间与空间上都是分开的。由于电力商品的无形性以及在交易过程中时空上的分离,给电费的回收增加了复杂性。经营者如不加以重视,采用有效的措施,将会给电力经营者和用户带来损失,甚至会引发社会纠纷。

本节适用于电网企业。

一、控制目标

1. 建立与企业实际相适应的电力营销处理机制,保障及时响应服务。

2. 规范电力营销市场的分析与预测工作,建立电力营销市场开拓的长效工作机制,提高电力市场占有率,维护平稳的供用电秩序。

3. 规范电力营业管理工作,确保营销业务有序开展,实现销售电量和电费收入的稳定增长。

4. 通过电能计量综合管理,执行电能计量管理标准流程,确保计量值的准确可靠,实现计量资产生命周期管理,提高计量装置运行水平,保障计量量值传递的准确性、可靠性,为营销业务提供有力的数据支撑。

5. 规范客户关系管理,提高客户服务水平和客户满意度。

6. 加强智能充换电服务网络建设,智能小区、楼宇、园区和光纤到户建设,提升智能用电服务水平,满足客户多样化、个性化的用电需求。

二、主要风险

1. 有序用电管理不当,有序用电方案未充分考虑地区电网运行、经济发展、用电负荷、产业结构等特性,有序用电措施和调度控制容量不合理,可操作性不强,不能反映本地区当前电力供应情况,导致有序用电工作未有效服务于公司运营目标和当地经济社会发展需求,给电力企业和客户带来经济损失。

2. 节能服务管理不到位，节能项目选取未充分考虑国家节能政策导向、节能效益、投资回收期等因素，随意性大，导致项目实施难度较大，工作无法正常开展，给企业和客户带来经济损失。

3. 业扩报装流程及服务不规范，服务承诺条款不符合企业业扩管理要求。业扩报装管理办法内容不符合企业发布的对外承诺要求。业扩报装流程和服务要求检查评价不准确、不全面，导致业扩报装服务出现质量问题，造成用电安全隐患或客户不满。

4. 供电方案制定不合理，对客户用电类型判断不准确，供电电源配置与客户负荷重要性不符，供电方案各要素不满足技术规程规范要求、资料不齐全、不准确，导致客户用电安全受影响。

5. 抄表管理不当，电费抄核收管理办法和标准、实施细则不完善、存在明显疏漏或缺乏操作性，导致电量数据差错，给企业和用户带来经济损失。电价执行不到位，出现由于执行偏差或某种人为的因素造成高价低接等现象，给企业造成经济损失或影响公司社会形象。

6. 电能计量装置设计方案不合理、现场安装的关口电能计量装置情况与相关标准规范不一致或者设备安装不正确、日常运维不符合要求，导致计量不准确和存在安全隐患。

7. 用电信息采集系统管理不当，用电信息采集系统各项功能设计不完善、设备选择不合理或与实际需求不切合，导致售电数据采集不成功。

8. 突发事件应急机制不到位，突发事件应急服务预案未准备充分，应急处理流程冗余复杂，不具备实际指导性，导致客户服务不到位，使企业声誉受损。

9. 窗口服务不规范，窗口服务标准未充分结合实际业务开展情况，缺乏可操作性、不够人性化，导致窗口服务中的问题无法得到及时、全面识别和整改，导致客户不满，产生不良的社会影响。

10. 用电检查人员技能欠缺或未按规范实施检查，周期用电检查计划确定的检查对象、检查内容缺乏针对性，不能覆盖主要风险客户或存在明显疏漏，导致不能及时发现安全隐患。

11. 智能用电建设项目管理不当，智能用电项目需求调研不充分，项目进度缺乏监督管理控制手段，项目实施过程中的问题得不到及时发现并未经有效分析、整改，导致项目实施产生的经济效益、社会效益等未能达到预期目标。

12. 智能充换电服务网络运行管理不当，智能充换电服务设施运营方案实施无序，工作开展不及时，服务异常发现不及时、处置不到位，导致电动汽车无法充换电和使用，降低客户满意度。

三、电力营销业务流程

（一）业务图解

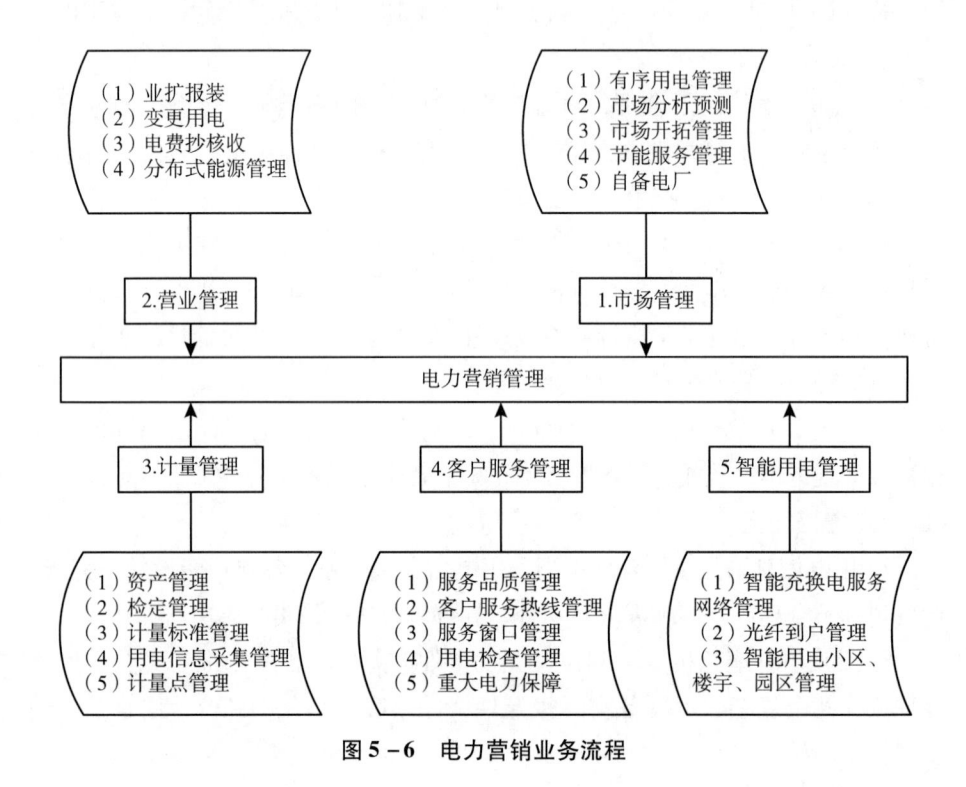

图 5-6 电力营销业务流程

（二）关键节点及控制方法

1. 市场管理

（1）建立有序用电管理机制，优化电力资源配置。具体内容包括有序用电基础信息管理、方案制定、预警管理、方案实施、监督评价及统计分析等工作。

（2）完善市场分析、预测机制。采用各种分析模型或方法，对市场变化、特点及异常进行分析、预测，主要包括短期电力市场分析预测管理、迎峰度夏（冬）电力供需分析预测管理等。

（3）建立市场开拓管理机制。开展潜力客户类型筛选、市场调研、营销业务渠道收集等多种方式，确定具有用电潜力的供电区域、行业、客户群体，并通过客户走访、专家判断等方式挖掘潜在项目，主要包括能源替代项目管理、市场开拓电量计划管理等。

（4）拓展节能服务渠道和方法。开展能效服务网络建设运行管理、节约电力电量指标管理、电能服务管理平台建设与管理、节能服务项目管理等工作。

（5）规范自备电厂机组并网与电力供应行为，包括签订自备电厂机组并网与电力供应协议等。

2. 营业管理

（1）规范业扩报装业务，建立并完善业扩报装申请处理机制、业扩报装流程与服务要求制定、各电压等级的业扩报装管理、国家重点工程业扩报装协调管理。

- 依据客户服务质量管控需求及公司发展规划建立业扩报装管理工作标准及规范。
- 按照国家产业发展政策的要求供电，加强对政府规定限制的用电项目的审批力度。
- 建立客户资料的审查制度和程序，依照规程开展现场勘查、拟定供电方案、组织设计审查并按照规定程序开展施工、验收、配表、装表、现场送电等工作。

（2）为已接电的各类用户，在用电过程中办理业务变更和服务，包括减容、减容恢复、分户、并户、移表、改压、申请校验、批量销户等业务的申请审核及办理。

（3）建立规范的电费抄核收工作流程及业务规范，准确、及时对用户实施抄表、核算及电费回收。

- 抄表管理：规范抄表段、抄表周期、抄表日维护及变更管理、严格按照规定程序实施抄表设备的采购、下发、维护。加强抄表数据核对工作，及时发现并纠正抄表错误。
- 核算管理：加强电量电费的计算、修正、复核及录入工作，规范电量电费退补的申请、审批流程。
- 电费回收：明确电费收费管理相关制度及工作流程；按照规定程序开展电费充值卡的申请、制作、入库、领用、激活、作废；规范供电企业自助售电缴费设备的申请、审批、安装调试、运维、报废；严格把控电费呆坏账的确认和核销流程；加强电费催缴力度，降低企业经济利益损失。
- 电价执行管理：严格按照国家规定执行电价，加强电价执行情况检查力度，对电价执行不到位或人为因素造成的偏差及时纠正。

（4）规范管理分布式电源，建立完善的分布式电源并网服务和分布式电源发用电合同管理机制。

（5）完善营销业务系统的需求调研管理、开发过程管理，加强后续设备运维管理和实用化评价，保障系统的稳定运行和数据质量。

（6）根据公司内外部运营情况，准确编制营销检查方案、提升在线监控水平，并通过扎实的营销现场稽查工作识别工作中的各种不足之处。

3. 计量管理

（1）跟踪计量器具生命周期状态变化，包括计量器具采集终端的需求审核、出入库、配送、运行、淘汰、丢失、停用与报废等。

（2）建立计量检定检测管理机制，包括电能表及采集终端质量监督管理，电能计量封印管理以及电能计量器具申请、校验、检定管理等。

（3）开展保障计量量值传递的准确性、可靠性相关工作，包括对计量标准器具的需求审核、建标、复查、封存（撤销）、更换、量值溯源、报废、运维、期间核查等。

（4）借助现代技术手段，为客户侧、关口和公用配变电能信息远程采集，为营销管理提供数据支持，同时为电网安全运行提供必要的保障，包括用电信息采集系统的建设，主站设备新增、消缺、更换管理，终端设备消缺、更换管理等。

（5）规范计量点管理，开展针对用电客户计量点和关口计量点的设计方案审查、竣工验收、现场检验、周期检验、故障处理、更换、轮换等工作。

4. 客户服务管理

（1）围绕企业形象、客户期望、客户对供电服务品质的感知、客户满意度等因素，对供电优质服务应急处置、品牌实施、品质评价管理等工作做出具体、明确的要求。

（2）通过服务热线管理向客户提供优质、高效、方便、快捷的供电服务，包括故障报修、投诉举报、信息查询、订阅服务等。

（3）加强电力行业供电营业窗口标准化建设、服务规范化建设和供电营业窗口硬件设施建设，服务质量监督评价考核管理，提高工作人员服务标准。

（4）根据国家有关规定，对客户的用电情况进行检查，并对违约用电及窃电的客户依法追责，包括高危及重要客户用电安全管理、周期检查服务管理、专项检查服务管理及自备电厂巡视检查管理、违约用电、窃电工作的查处等。

（5）针对重大活动或重要场所提供用电指导，确保活动期间用电安全，包括重大活动用电隐患排查、督促整改和向有关部门备案等。

5. 智能用电

（1）开展智能充换电服务网络建设和运营，为电动汽车提供优质的充换电服务，包括智能充换电服务网络规划制定修订、项目储备与计划管理、项目实施管理、项目验收与评价管理、技术标准规范管理，开展智能充换电设施运营维护和对外服务等工作。

（2）实施光纤到户项目建设，为客户智能用电提供稳定通道，并适时开展个性化增值服务，包括光纤到户建设项目储备与计划管理、项目实施管理、设备运营管理、项目验收与评价管理等工作。

（3）推广并规范智能小区、楼宇和园区建设和设备运维工作，提高电网设备利用效率，为客户提供多样化用电服务，包括智能小区建设项目储备与计划管理、项目实施管理、项目验收与评价管理和智能小区运营管理等工作。

四、监督评价

1. 市场管理

（1）检查有序用电基础信息管理是否到位，是否编制有序用电方案并执行，检查是否有效开展有序用电预警管理、方案实施、监督评价及统计分析等工作。

（2）检查短期电力市场分析预测管理、迎峰度夏（冬）电力供需分析预测管理等是否规范。

（3）检查能源替代项目管理、市场开拓电量计划管理等制度、流程、规范是否有效执行。

（4）检查能效服务网络建设运行管理、节约电力电量指标管理、电能服务管理平台建设与管理、节能服务项目管理等制度、流程、规范是否有效执行。

（5）检查自备电厂并网与电力供应是否合规，是否签订自备电厂机组并网与电力供应协议等。

2. 营业管理

（1）检查各电压等级的业扩报装管理流程、国家重点工程业扩报装协调工作流程是否有效执行。

（2）评估变更用电业务的资料收集、现场勘察和方案编制等工作相关的制度、流程是否有效执行。

（3）检查抄表管理、核算管理、收费方式、抄表设备管理以及电费账务管理等各项制度、流程是否有效执行。

（4）检查分布式电源并网项目申请与审批环节、系统接入方案编制与审批环节、并网工程设计审查环节、并网验收和调试环节是否符合规范要求。

（5）检查营业管理所需各业务信息系统需求调研程序是否规范、确保数据质量和稳定运行的日常维护流程是否得到有效执行。

（6）检查营销稽查工作方案的编制、核心资源和关键指标的在线监控以及营销稽查现场工作和评价管理等各项制度、流程是否有效执行。

3. 计量管理

（1）检查计量器具采集终端的需求审核、出入库、配送、淘汰、丢失、停用与报废等制度、流程是否有效执行。

（2）检查是否建立并实施电能表及采集终端质量监督管理，电能计量封印管理以及电能计量器具申校检定等制度、流程。

（3）检查用电客户计量点和关口计量点的设计方案审查、设备安装、竣工验收、现场检验、周期检验、故障处理、更换、轮换等工作是否规范。

（4）检查是否建立计量标准器具的需求审核、建标、复查、封存（撤销）、更换、量值溯源、报废、运行维护、期间核查等工作制度和流程，以及相关流程是否得到有效执行。

（5）检查用电信息采集系统建设是否完善，主站设备新增、更换、消缺管理，终端设备消缺、更换管理等工作制度、流程是否有效执行。

4. 客户服务管理

（1）检查是否编制突发事件应急服务预案。

（2）检查是否开展供电服务品质评价体系相关工作。

（3）检查是否对供电服务热线开展质量监督评价考核管理。

（4）检查是否开展营业窗口标准化建设标准编制并落实。

（5）检查是否建立高危及重要客户用电安全管理、周期检查服务管理、专项检查服务管理及自备电厂巡视检查管理规范并组织实施。

（6）检查是否编制重大活动保障供电客户端方案并组织实施。

5. 智能用电管理

（1）检查智能充换电服务网络规划是否合理，项目实施过程管理控制是否到位，充换电设施技术标准和服务质量能否满足客户电动汽车充换电需求。

（2）检查智能充换电服务网络运行过程中的日常维护、定期巡视、设备异动管理等相关规范是否得到有效落实。

（3）检查智能小区、楼宇、园区项目储备是否与客户需求切合，项目实施过程管理控制是否到位，项目投入运行后是否实现电力设备利用效率和客户差异化用电需求。

（4）检查智能小区、光纤到户项目立项依据是否充分合理，项目实施过程管理控制是否到位，运营方案可行性是否充分论证，项目竣工后产生的效益是否达到预期。

五、案例解析

（一）案例简介

某供电公司在 2013 年开展超容用电整治活动和反窃电专项活动中，发现某单位疑似私自启用封停变压器。该单位是 10 千伏单电源用电客户，计量方式高供高计，按容量收取基本电费，原容量 595 千伏安（315 千伏安、200 千伏安、80 千伏安变压器各一台），2012 年 7 月 18 日增容至 1475 千伏安（增加 630 千伏安、250 千伏安变压器各一台）。

检查过程发现如下问题：

1. 该单位于 2012 年 7 月 3 日申请暂停 200 千伏安变压器。但经查负荷曲线，申请暂停期间，变压器正常运行，且现场未按规定实施封停，客户私自启用。

2. 该单位新增变压器于 2012 年 7 月 18 日送电，因负控装置费用问题，增容传票于 8 月 30 日归档。归档后，因未及时维护负控系统倍率，造成负控系统显示负荷只有实际负荷的一半。

3. 装接人员在现场更换 CT 时，未能及时抄录表底码，后现场补抄，造成少计电量及少收电费。

4. 经查，该户 2012 年以来的负荷曲线均存在超容用电现象。

（二）案例分析

1. 因增容传票归档不及时，且用电检查员对现场暂停施封、启封不到位，造成客户私自启用变压器，漏收基本电费。

2. 装接人员未能及时抄录表底码，造成少录电量，少收电费。

3. 负控监测分析不力。对客户的超容用电行为不能及时示警，对私自启用变压器行为不能开展正常分析。

（三）案例启示

1. 基层供电单位要细化日常客户用电巡视检查的内容，高度关注各类违约用电、窃电行为，并对客户厂区进行必要的延伸检查，以确保安全、有序供用电。

2. 要严格规范现场暂停启用管理，用电检查员必须到现场加封、启封。

3. 加强内部业务技能培训，提高人员现场检查、负荷监测、抄录表、电费核算能力，有效降低营销差错。

4. 基层供电单位要加强营销稽查监控管理，查找、梳理并及时纠正工作漏洞。

第六节 运 行 管 理

运行管理是电力企业生产管理的重要组成部分。电力运行管理要严格执行安全、环保、公平调度、流域调度等监管要求，保证电力设备处于安全、环保、稳定、经济、可靠的运行状态，社会和企业的综合效益得到持续提升。

运行管理包括运行管理体系、运行安全管理、运行经济管理、运行调度管理、运行培训管理等方面的工作。电力运行管理工作要结合本企业的具体情况，实行规范化、标准化管理。

本节适用于电网企业和发电企业。

一、控制目标

1. 建立高效的生产运行指挥和管理系统，健全有效的规章制度、运行规程及考核办法，长期维持合格、稳定的运行队伍，保证正当操作和合理的安全经济运行方式，保证电力设备处于安全、环保、稳定、经济、可靠的运行状态，社会和企业的综合效益得到持续提升。

2. 建立健全各项经济运行管理考核办法，利用先进手段进行经济性分析，组织安排最佳经济运行方式。

3. 保证电力生产指挥系统畅通无阻，严格执行调度纪律，认真履行调度公约，按照《并网调度协议》规范组织生产，并实行环保、经济调度。

4. 严格执行安全运行管理的各项基本制度，如操作票制度、工作票制度、交接班制度、巡回检查制度和设备定期试验与轮换制度，并制定相应的安全运行管理监督考核机制。

5. 运行人员和运行管理人员能够认真落实和执行安全规程、规定和反事故措施。

二、主要风险

1. 运行管理体系不健全，导致生产过程中发生异常运行时，职责不清楚、生产指挥混乱，导致事故。

2. 运行管理中安全管理不到位，执行运行管理规章制度不认真，导致电力出力降低，发供电不正常，对安全生产构成威胁。

3. 经济运行管理分析不认真，导致电力企业生产不符合安全、环保、公平调度、经济效益等要求，市场竞争力减弱。

4. 运行岗位人员及其相关管理人员不能胜任电力生产运行工作，影响电力安全、稳定、环保、经济、合规运行。

三、运行管理业务流程

（一）业务图解

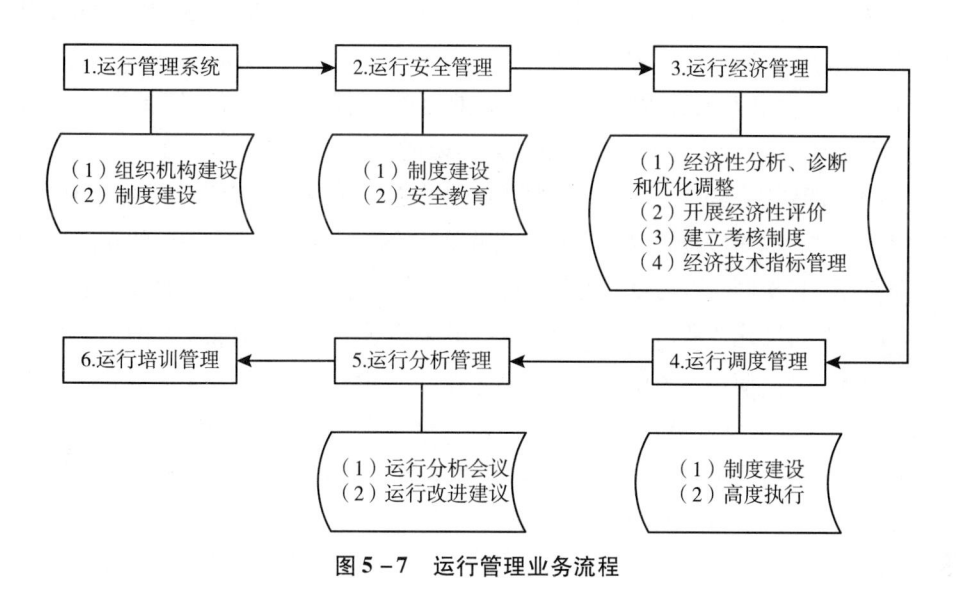

图 5-7 运行管理业务流程

（二）关键节点及控制方法

1. 运行管理系统

（1）建立与运行管理相关的制度体系，明确对电力生产企业运行管理机构、职责、权限及运作流程，建立健全运行相关的标准体系，形成高效的运行管理机制。

（2）电力生产企业的生产负责人和运行管理机构应指导协助进行安全生产指挥和运行管理工作，确保生产指挥系统畅通无阻，令行禁止。

（3）严格执行运行管理规定及程序，对于初次制定或修订完善的运行规章制度、运行规程的应履行分级审查、批准流程，确保使用中运行规章制度、运行规程的正确性和有效性。严格执行运行管理考核制度和运行技术监督制度，对运行人员实施考核和资格准入，定期或不定期进行培训。严格执行生产运行调度会议制度。

2. 运行安全管理

（1）严格遵守《安全生产法》和环保监管法规与标准，完善电力运行的安全体系和环保体系的各项要素，保证体系有效运转，接受内外部安全和环保监察，及时改进，实现闭环管理。电力企业应当严格执行国家环保有关法律法规和现行的技术标准，加强建设项目可研、初设和施工各阶段环保和安全管理，充分考虑环保和安全因素，认真开展建设项目环境影响评价，抓好初设、建设以及竣工环节的环保和安全验收，对环境和安全因子超标的设施进行治理改造，做到依法建设、依法运行。

（2）开展电力设备运行分析活动，把运行指标分析和可靠性指标分析以及技术监督指标、行业标准有机结合，实现运行设备的安全、可靠、在控。

（3）严格执行安全运行管理的各项基本制度，如操作票制度、工作票制度、交接班制度、巡回检查制度和设备定期试验与轮换制度，并建立相应的安全运行管理监督考核机制。电力企业首先应通过电力线路巡视、光缆巡视等措施尽可能发现由于环境变化等所产生的安全隐患，并采取适当的措施消除安全隐患，当隐患不能排除时，应当尽力做好安全警示工作，尽可能减少事故发生的可能性。

（4）保证运行人员及其管理人员认真落实和执行安全规程、规定和反事故措施，杜绝违章操作，特别要做好电力设备启停和工况、运行方式、天气等异常变化情况下的事故预想和运行记录。

3. 运行经济管理

（1）电力企业应认真开展运行分析，促进各级运行管理人员及一线运行人员掌握设备性能及其变化规律，提高安全经济运行水平。利用先进技术手段预测发电负荷，主动优化经济运行方式。

（2）积极利用先进手段对电力设备及其系统进行经济性分析、诊断和优化调整，实时指导运行操作。

（3）以行业内先进水平为参照，分解过程指标，定期开展经济性评价工作。

（4）建立节能考核奖励制度，将节煤、节水、节电、节油活动切实落实到运行岗位。

（5）严格执行运行信息沟通制度，按照标准要求填报日、月、年度经济运行技术指标报表及分析报告，对存在的风险、共性问题深入分析，及时落实应对措施。

4. 运行调度管理

(1) 严格执行运行调度管理的各项基本制度,如调度运行方式管理标准、调度指令票管理流程等,并建立相应的运行调度管理监督考核机制。

(2) 发电企业生产运行应服从电网的统一调度管理,设备的启、停及重大操作、试验等必须实行全厂统一调度,以确保全厂安全经济运行。

(3) 当值值长/调度人员是全厂/电网运行操作的直接指挥者,组织全厂/电网生产系统完成各项操作调整任务,优化运行方式,推行经济调度,充分发挥设备潜力,使全厂/电网生产运行处于最佳经济状态。供电企业应当重视电网运行方式的合理安排,当电网运行方式发送改变,尤其是在自然灾害、电网故障等特殊情况下,应当充分考虑设备供电能力,使电网按照有关规定连续、稳定、正常运行,保证供电可靠性,确保电网供电质量(频率、电压、谐波分量等)指标符合国家标准,保护供用电双方的合法权益。

(4) 通常情况下,主管领导不应干预值长/调度人员的正常生产指挥,火电机组启、停,重大操作和事故处理,生产领导和运行技术人员应对运行人员进行现场指导和监督。

(5) 凡设备发生重大异常或故障跳闸,除按调度渠道报告外,应尽快将故障情况报告集团公司相关部门。企业应建立完善的规章制度和工作机制,各部门、各机构之间能够相互配合,彼此协调,流畅运作,不断提高工作效率,形成协调流畅的收发机制。

(6) 发电企业值长和机组人员都应保证机组按照调度部门下达的负荷及电压曲线运行,不应偏离其规定的允许范围。投入 AGC 运行的电厂,按照电网调度的要求投、退 AGC。

(7) 电力企业应保证继电保护、安全自动装置、计量装置、远动装置、通信系统处于完好状态。

5. 运行分析管理

(1) 定期召开运行分析会议,其主要内容包括:

• 通报上期生产计划和包括节能项目在内的经济指标完成情况,对上期及年度累计经济指标完成情况进行分析,提出改进运行的措施。

• 通报上期机组、电网可靠性指标完成情况,研究提出到年底完成可靠性指标在运行管理上所采取的措施。

• 对各专业运行情况、技术监督指标、设备系统存在的问题、与设计值进行分析比较,提出建议措施。

(2) 有针对性地开展专题分析,对影响机组安全性、经济性和可靠性的问题提出改进运行操作、加强运行管理的措施,并提出设备维修和改造建议。

(3) 电力企业运行人员应根据运行方式、运行参数的变化,及时分析和调整,使机组、电网始终处于安全、经济运行状态。

6. 运行培训管理

(1) 电力企业员工的制度观念和操作技能直接影响到用电主体的生命安全和财产安全,因此应强化电力企业员工的工作态度和增加相应的风险控制意识,并将对运行人员的培训纳入企业领导任期目标和人力资源培训计划,保证培训资源,建立培训的检查、考核和奖惩机制。

(2) 运行人员应先培训、后上岗,运行岗位人员的操作能力、事故分析和处理能力应达到考核要求,运行人员经过仿真培训合格后方可上岗。每年进行一次动态考核,维持稳定、合格、专业化的运行队伍。

(3) 如果全部或者部分运行业务外包,或实施特许经营,应严格履行运行合同和特许经营合同,并纳入业主安全运行管理体系。外包单位安全运行管理体系应与业主单位严格对接,保持流畅的运行日常管理机制,维持稳定、合格、专业的运行队伍。

四、监督评价

1. 运行管理系统

(1) 检查企业是否建立运行管理机构,职责是否明确,运行管理部门是否认真履责。

(2) 检查企业管理层的运行管理职责是否明确。

(3) 检查运行管理是否严格贯彻电力生产监管规定。

(4) 检查各项运行规程、规章制度是否完备、适宜、有效。

(5) 检查运行相关的管理人员、技术人员和岗位操作人员配备是否充分满足、能力是否胜任。

(6) 检查生产运行调度会议机制是否发挥规定作用。

2. 运行安全管理

(1) 检查电力企业是否严格遵守《安全生产法》和环保监管规定。

(2) 检查电力企业是否严格执行安全运行管理的各项基本制度,如操作票制度、工作票制度、交接班制度、巡回检查制度和设备定期试验与轮换制度，是否严格执行安全运行和环保运行监督考核管理规定。

（3）检查是否对运行人员和运行管理人员进行安全教育。

（4）检查是否严格执行安全规程和反事故措施。

3. 运行经济管理

（1）检查电力企业是否进行运行分析。

（2）检查电力企业是否定期开展运行经济性评价工作，是否提出运行节能降耗措施。

（3）检查电力企业是否建立节能考核奖励制度，节煤、节水、节电、节油活动是否落实到运行岗位。

（4）检查电力企业执行日、月、年度经济运行技术指标报表及分析报告制度是否规范。

4. 运行调度管理

（1）检查电力企业是否严格执行运行调度管理的各项基本制度，是否严格执行运行调度监督考核管理规定。

（2）检查发电企业生产运行是否服从电网的统一调度管理。

（3）检查当值值长/调度人员对全厂/电网运行操作的直接指挥是否受到不正确干预。

（4）检查投入AGC、AVC等自动调度系统的发电企业是否按照电网调度的要求投、退。

（5）检查电力企业继电保护、安全自动装置、计量装置、远动装置、通信系统是否处于完好状态，完好率是否达到规定要求。

5. 运行分析管理

（1）检查电力企业是否定期召开运行分析会议。

（2）检查电力企业是否有针对性地开展专题分析，分析影响机组安全性、经济性和可靠性的问题，是否提出改进运行操作和运行管理的措施。

6. 运行培训管理

（1）检查电力运行人员的培训是否纳入企业领导任期目标和人力资源培训计划，是否维持比较稳定的专业化运行队伍。

（2）检查培训资金、设施、教师等资源是否充分。

（3）检查运行人员是否实行培训、考核、上岗资格准入制，运行人员是否定期接受仿真培训。

（4）检查如果全部或者部分运行业务外包或实施特许经营，是否严格履行运行合同和特许经营合同，外包单位安全运行管理体系是否与业主单位严格对接，运行日常管理机制是否顺畅，是否维持稳定专业的运行队伍。

五、案例解析

（一）案例简介

××电厂2号机组在大修后的启动过程中，因漏掉对高压缸法兰加热左右侧回汽门的检查，左侧汽门实际开度很少，使高压缸左右法兰温差严重超限，监盘又较长时间没有发现，造成高压转子大轴弯曲事故。造成这起事故的直接原因是运行人员责任心不强，严重失职，运行管理薄弱与规章制度不健全也是造成事故的重要原因。××电厂对这起事故的调查处理是严肃认真的，及时查明了原因，分清了责任。

1. 设备规范

汽轮机为亚临界一次中间再热、单轴三缸三排汽、冲动凝汽式汽轮机，型号为 k-300-170-3，额定出力为300MW。高压缸主汽门前蒸汽压力为16.2MPa、温度540℃，高压缸排汽压力为3.88MPa、温度333℃。汽轮机高中压汽缸分缸布置，高压缸采用双层缸加隔板套型式，蒸汽的流向设计成回流式，高中压缸设有法兰和螺栓加热装置，高压转子采用整体锻造式结构。

2. 事故前工况

#2汽轮机用中压缸冲转，机组的转速为1200转/分，#2机B级检修后第一次启动，处于中速暖机状态；高压缸正在暖缸。高压缸法兰及螺栓加热已投入；主汽及再热蒸汽温度压力正常，各缸体膨胀、差胀、振动值均在正常范围。

3. 事故经过

4月11日，#2机组B级检修结束后，经过一系列准备与检查后，#2机于4月12日15时55分开始冲转，15时57分机组冲转至500rpm，初步检查无异常。16时08分，升速至1200rpm，中速暖机，检查无异常。16时15分，开启高压缸倒暖电动门，高压缸进行暖缸。16时18分，机长吴×令副值班员庄××开高压缸法兰加热进汽手动门，令巡检员黄×开高、中压缸法兰加热疏水门，操作完后报告了机长。16时22分，高压缸差胀由16时的2.32mm上升2.61mm，机长开启高压缸法兰加热电动门，投入高压缸法兰加热。16时25分，发现中压缸下部金属温度高于上部金属温度55℃，机长安排人就地检查中压缸及本体疏水门，无异常，经分析认为温度测点有问题，联系热工处理。17时13分，热工人员将测点处理完毕，此时中压缸上下缸温度恢复正常。17

时 27 分，投中压缸法兰加热装置。17 时 57 分，主值余××在盘上发现#2 机#2 瓦水平振动及大轴偏心率增大，报告值长。13 时 02 分，经就地人员测量，#2 瓦振动达 140μm，就地明显异音。机手动打闸，破坏真空停机。18 时 08 分，#2 机转速到零，投盘车，此时转子偏心率超出 500μm，指示到头，#2 机停炉，汽机闷缸，电动盘车连续运行。18 时 18 分至 24 分，转子偏心率降至 40~70μm 后，又逐渐增大到 300μm 并趋向稳定，电动盘车继续运行。

在 13 日的生产碰头会上，经过讨论决定：鉴于 14 小时的电动盘车后，转子偏心率没有减少，改电动盘车为手动盘车 180 度方法进行转子调直。并认为，高压转子如果是弹性变形，可利用高压缸上、下温差对转子的径向温差逐渐减少，使转子热弯曲消除。经讨论还决定，加装监视仪表，并有专人监视下运行。

13 日 12 时 40 分起到 18 时 30 分，三次手动盘车待转子偏心率下降后，改投电动盘车，转子偏心率升高，并居高不下，在 300μm 左右。15 日 19 时 20 分，高压缸温度达 145℃，停止盘车，开始做揭缸检查工作。

4. 设备损失情况

（1）转子弯曲最大部位在高压缸喷嘴和平衡汽封处，最大弯曲值 0.44mm。

（2）平衡汽封磨损严重，磨损量约 1.2mm，磨损部位在下部左侧；高压后汽封的下部左侧磨损约 0.30mm；高压第 6、7、8 级隔板阻汽片下部左侧磨损约 0.80~1.00mm，第 9、10 级阻汽片下部左侧磨损约 0.40~0.60mm；第 1、2、3 级阻汽片下部左侧容损约 0.60~0.80mm；第 4、5 阻汽片下部左侧有少量磨损。

（3）高压缸后油挡下部左侧和上部左侧局部钨金磨损严重，钨金回油槽磨去一半约 1.00mm，高压缸前油挡钨金齿左侧磨去 0.35mm，铜齿磨去约 0.45mm。

（二）案例分析

造成事故的直接原因是运行人员没有严格按照要求对设备运行执行操作、检查及监控工作。由于运行人员漏掉对高压缸法兰加热左右两侧回汽门的检查，没有及时发现左右法兰加热回汽门开度不一致的情况，导致两侧法兰温差增大，造成高压缸缸体膨胀不均，转子偏心率增加，高压缸内动静摩擦，轴承油挡磨损，高压转子弯曲。此次事故暴露出××电厂存在如下运行管理及运行安全方面的问题：

1. 针对设备运行管理，尚未制定完善的设备使用操作规程及设备运行安全管理制度。事故现场没有正式的《机组启动前各系统检查卡》和《启动期间专用记录表》，已有的《整组启动操作卡》可操作性差。缺乏操作规程的指导及约束，导致未在#×机大修后对系统进行启动前的全面检查，而在启动高压缸法兰加热系统时，操作人员亦未对系统中的阀门状态进行细致的核查，导致事故发生。

2. 尚未建立设备运行实时监控机制，以及对设备运行异常情况快速反应机制。未及时发现#×机高压缸左右两侧法兰温差增大及转子偏心率增大的异常情况，值长也未实时跟踪监控机组启动过程中的重要参数变化，导致安全隐患未得到及时、有效反馈和处理。

3. 设备运行规程及运行安全的培训机制不健全，导致操作人员在实际执行中未能全面检查、发现并处理设备运行异常情况及安全隐患。

4. 安全生产责任制落实不力，电厂负责人对有关规章制度、规程的建立、事故检查督促力度不够，对运行管理要求不严，对事故处理方案没有仔细认真研究，导致错误的处理方案被执行。

（三）案例启示

1. 健全各项安全生产规程制度，完善技术管理，加强安全生产保证体系。规范操作记录，组织编写《机组启动前系统检查卡》、《启动期间专用记录表》，完善汽机运行规程及《机组启动典型启动操作票》。使设备使用、安全管理及事故处理有章可循。

2. 建立设备运行实时监控机制以及对设备运行异常情况的快速反应机制。及时记录设备运行情况，快速反馈设备运行异常信息，完善事故处理的应急机制。

3. 加强对运行人员及其管理人员关于安全规程、规定和反事故措施等方面的培训，对设备操作人员及相关管理人员实施考核和资格准入制度，提高各级人员的技术素质、安全意识和事故处理能力。

4. 强化安全生产的法制观念，全面落实安全生产责任制和事故责任追究制，完善各项应急处置措施，有效防止事故扩大并及时处理。

第七节 设备管理

设备是电力企业的重要资产之一。有效的设备管理是电力企业维持再生产、增加净现金流量、增加企业价值的必要条件，是实现电力高效、经济、安全、环保运营的基本保障，是服务社会、提供绿色能源的必然要求。

设备管理工作主要包括设计选型、采购、验收、安装、移交生产、分类与分级、维修、更新改造、备品备件、设备运行操作、设备退役等内容，同时设备管理还应符合资产监管、财务监督、质量监督、技术监督、可靠性监管、节能监管、环保监管、生态保护监管、职业健康防护监管、公共安全监管的要求。

本节适用于所有电力企业。

第五章 控制活动

一、控制目标

1. 促进电力企业建立和持续完善覆盖设备全寿命周期的管理制度、程序及标准，与设备管理相关的组织及人员结构、制度、程序及标准符合企业自身和电力生产经济性要求，同时符合资产、技术、质量、可靠性、可调性、安全性、环保及职业卫生与健康监管要求，为实现设备全生命周期综合效益最大化提供基本保证。

2. 规范电力企业设备管理行为，促进电力企业内部业务单元及岗位人员认真执行电力设备管理制度、程序、标准和外部监管要求，以风险为导向，合理配置设备管理资源，为生产设备在取得、运行和退出生命周期各阶段均保持合理的技术经济性能和安全环保性能提供合理保证，为设备运行时达到设计值提供保证。

二、主要风险

1. 电力企业在设计阶段对设备选型与采购的职责与权限未有效分离，相关信息沟通不充分，论证不充分，风险预控效果较差，导致设备各项性能不能满足电力运行需要，增加后续设备管理和生产运行难度。

2. 没有加强事前风险预控，没有充分组织内部不同机构充分论证设备维修和技改计划各项目的必要性、技术经济可行性、设备分级目录以及设备维修组织工作，导致维修和技改项目的范围和费用出现较大偏差，维修资源分配不合理，计划准确率较差。

3. 设备分级、分类标准不统一，未建立定期评定设备分级、分类机制，设备定级管理职责划分不清晰，未按照设备类别采用区分化的管理策略，导致设备管理混乱，设备资源使用效率低。

4. 电力企业的管理控制模式、组织结构无法满足设备管理需要，设备维护范围划分不当或模糊，相关外包合同界定不清晰，设备管理相关的人力资源配置、资金预算及供应无法满足设备管理需要，内部控制环境不足，电力企业的质量监督保证和安全环保监督机制运转效果较差，未对电力设备性能的维持和提高进行有效监督，导致生产事故。

5. 电力企业忽视电力设备的异常变动记录、设备台账、综合档案、信息化、资产等方面管理，导致设备及其系统状态记录混乱，对熟练岗位人员依赖较大，内部控制环境变差，导致设备管理失控，不利于电力设备及其生产运行的安全管理，从财务会计角度不能准确计量资产价值。

三、设备活动业务流程

(一) 业务图解

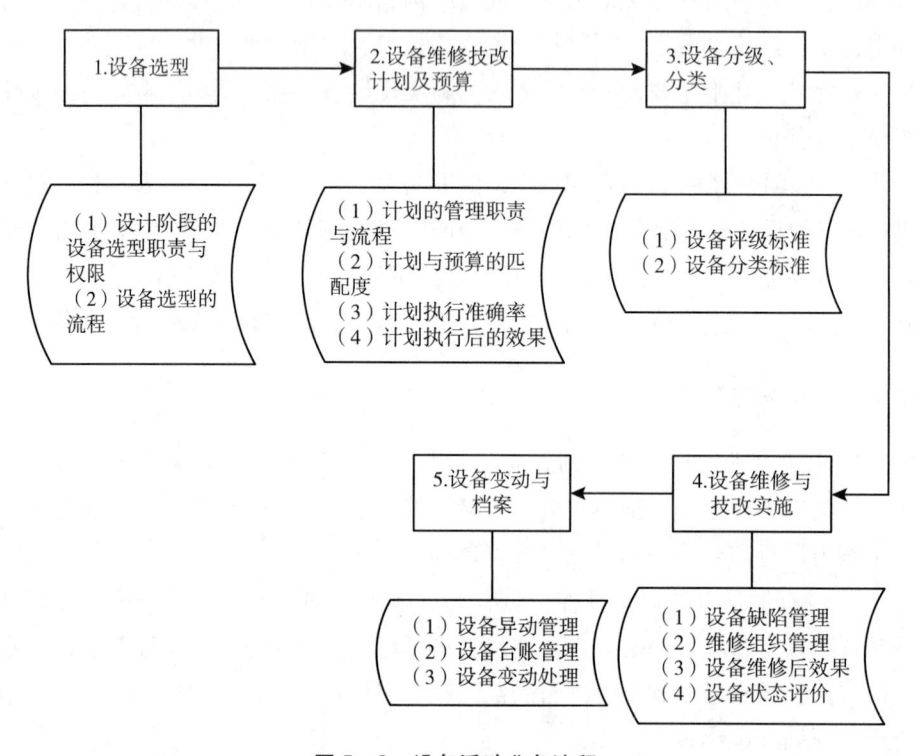

```
┌─────────────┐      ┌─────────────┐      ┌─────────────┐
│ 1.设备选型   │─────▶│2.设备维修技改│─────▶│3.设备分级、  │
│             │      │ 计划及预算   │      │  分类        │
└──────┬──────┘      └──────┬──────┘      └──────┬──────┘
       │                    │                    │
       ▼                    ▼                    ▼
(1)设计阶段的        (1)计划的管理职责      (1)设备评级标准
  设备选型职责与       与流程              (2)设备分类标准
  权限              (2)计划与预算的匹
(2)设备选型的         配度
  流程              (3)计划执行准确率
                   (4)计划执行后的效果

                   ┌─────────────┐      ┌─────────────┐
                   │ 5.设备变动与 │◀─────│4.设备维修与  │
                   │   档案       │      │  技改实施    │
                   └──────┬──────┘      └──────┬──────┘
                          ▼                    ▼
                   (1)设备异动管理       (1)设备缺陷管理
                   (2)设备台账管理       (2)维修组织管理
                   (3)设备变动处理       (3)设备维修后效果
                                        (4)设备状态评价
```

图 5-8　设备活动业务流程

(二) 关键节点及控制方法

1. 设备选型

(1) 按照不相容岗位职责分离原则对设计阶段设备选型的职责与权限进行规范,在集团公司及所属各级单位之间应按照设备价值和重要性纵向划分管理权限,在涉及设备选型的同级机构之间横向合理分割职责。

(2) 明确对设计阶段设备选型流程以及重要工作节点所要达到的工作质量和时效性要求,以及相关规范化的信息沟通要求。

2. 设备维修和技改计划及预算

(1) 明确维修与技改计划管理职责与流程,按照不相容岗位职责分离原则在纵向和横向流程中进行合理分割。

（2）依据电力设备状态监测结果和电力行业设备管理导则为依据，制定滚动维修及技改计划，综合分析市场营销情况、经济运行状况、设备实际状态等因素动态调整维修及技改计划。

（3）设备维修及技改计划与财务预算协调一致，设备维修及技改计划与预算履行论证、审查和批准程序，平衡好当期费用和投资效率与效益。

（4）制定设备维修及技改计划与财务预算管理的监督与考核办法与指标，提高设备维修与技改计划管理水平，确保计划准确率和执行效果。

（5）水电生产企业和核电生产企业在设备实施维修管理中分别严格执行水电大坝和核电设备实施的安全监管规定。

3. 设备分级、分类

（1）依据电力设备价值、重要性、紧迫性、可靠性、安全性、环保性、自动保护水平、冗余备用状况、状态监测结果和电力行业设备管理导则等，对设备实施分级、分类管理，依据评定结果制定设备分级、分类目录，定期评定设备级别与类别，把设备类别及级别、功能系统属性、空间位置等作为主要参考因素，对功能系统、设备、部件编码，为设备信息化管理奠定基础。

（2）明确设备定级管理职责、流程、方法和评判准则，按照分级评估结果合理划分设备级别，对不同级别、不同类别设备实施有区别的管理策略，优化维修和运行资源。

4. 设备维修与技改实施

（1）结合设备状态监测、专业技术监督分析和设备类别、级别对日常性设备缺陷开展分析活动，对设备缺陷实行分类、分级管理，制定相应的维修策略，明确在日常性维修、计划性维修中安排消除缺陷的原则、管理流程。

（2）建立适应实际的维修组织结构、维修管理制度与流程、缺陷管理制度及流程、维修程序类文件及其质量标准、标准合同文件等，利用先进适用的技术手段对维修作业实施风险预控和过程控制，并建立维修工程质量保证监督机制。计划性维修还应符合工程项目管理基本要求，形成有效的项目管理机制。

（3）单体电力设备维修应保证相关设备设施及辅助系统保持完好状态，保证继电保护安全自动装置、AGC、AVC、一次调频、计量装置、远动装置、通讯系统等可达稳定投入状态。

（4）开展设备状态监测和评价管理工作，及时了解各类设备的运行状况，对可能引发风险的关键点开展深度巡视和诊断分析，排查治理隐患。

（5）水电生产企业和核电生产企业在设备实施维修中分别严格执行水电

大坝和核电设备实施的安全监管规定。

5. 设备变动与档案

（1）建立电力设备的异常变动、设备台账、档案、资产价值等方面的管理制度流程，对设备异常变动实施分类管理，设备异常变动管理流程应与设备台账、资产价值变更、档案管理流程和相关信息系统及时、有效衔接。

（2）相关责任单位及岗位人员应及时交换、验证、确认相关变更数据，对数据真实性、适宜性、有效性负责，及时维护设备台账、档案、资产价值记录等。

四、监督评价

1. 设备选型

（1）检查设计阶段设备选型的职责与权限按照不相容原则是否适当分离。

（2）检查设计阶段设备选型流程以及重要工作节点所要达到的工作质量和实效性要求是否明确。

2. 维修和技改计划及预算

（1）检查维修与技改计划管理的职责与权限是否按照不相容原则在纵向和横向流程中合理分割，流程是否清晰。

（2）检查是否依据电力设备状态监测结果和电力行业设备管理导则为依据制定滚动维修及技改计划。

（3）检查是否综合分析市场营销情况、经济运行状况、设备实际状态等因素动态调整维修及技改计划。

（4）检查设备维修及技改计划与预算是否履行论证、审查和批准程序，并与财务预算应协调一致。

（5）检查是否制定设备维修及技改计划与财务预算的监督考核管理办法及相关指标。

（6）检查水电生产企业和核电生产企业在设备实施维修管理中是否分别严格执行水电大坝和核电设备实施的安全监管规定。

3. 设备分级、分类

（1）检查是否依据电力设备价值、重要性、紧迫性、可靠性、安全性、环保性、自动保护水平、冗余备用状况、状态监测结果和电力行业设备管理导则等因素对设备实施分级、分类管理。

（2）检查是否定期评定设备级别与类别，并把设备类别及级别、功能系统属性、空间位置等作为主要参考因素对功能系统、设备、部件实施编码管理。

（3）检查是否明确设备定级管理职责、流程、方法和评判准则。

（4）检查是否针对不同级别、类别的设备实施有区别的管理策略，采取优化维修和运行资源的行动。

4. 设备维修与技改实施

（1）检查是否结合设备状态监测、专业技术监督分析和设备类别、级别对日常性设备缺陷开展分析活动。

（2）检查是否对设备缺陷实行分类、分级管理，制定相应的维修策略，明确在日常性维修、计划性维修中安排消除缺陷的原则、管理流程。

（3）检查维修组织结构、维修管理制度与流程、缺陷管理制度及流程、相关管理技术手段是否满足自我承担和外包设备维修业务、日常维修和计划性维修的实际需要。

（4）检查维修程序类文件及其质量标准、标准合同文件是否满足对维修作业实施风险预控和过程控制的实际需要。

（5）检查是否形成维修工程质量保证监督机制。

（6）检查计划性维修工程项目管理机制是否符合工程项目范围、计划、组织、进度、质量、成本、安全、环保、调试、验收等基本要求。

（7）检查设备维护和计划维修及技改工程项目的人力、资金、备品等资源配置是否合理，是否能满足成本、进度、质量和安全控制需要。

（8）检查是否频繁出现单体电力设备维修后相关设备设施及辅助系统不能保持完好状态的情况。

（9）检查是否频繁出现单体电力设备维修后继电保护安全自动装置、AGC、AVC、一次调频、计量装置、远动装置、通讯系统等不能稳定投入运行的情况。

（10）检查是否开展设备状态检测和评价管理工作，供相关人员客观、准确、及时掌握各类设备真实状态。

（11）检查水电生产企业和核电生产企业在设备实施维修中是否分别严格执行水电大坝和核电设备实施的安全监管规定。

5. 设备变动与档案

（1）检查是否建立电力设备异动、设备台账、档案、资产价值等方面的管理制度与流程。

（2）检查设备异动管理流程是否与设备台账、资产价值变更、档案管理流程和相关信息系统及时、有效衔接。

（3）检查是否对设备异常变动实施分类管理，并按照权限审批。

（4）检查相关责任单位及岗位人员是否能及时交换、验证、确认相关变更数据，对数据真实性、适宜性、有效性负责。

（5）检查相关责任单位及岗位人员是否依据设备移动数据及时维护设备台账、档案、资产价值记录等。

五、案例解析

（一）案例简介

2013年12月13日08时09分，××发电公司××发电厂处理#2炉（SG-1025/18.55-M725）捞渣机（GBL12tX40）故障结束后，在处理冷灰斗蓬灰渣过程中，灰渣突然塌落至冷灰斗，大量热汽、热水、热渣从冷灰斗喷出，导致在捞渣机上部平台和地面工作的9人不同程度烫伤。其中两人（设备部主任、发电部副主任）抢救无效死亡，其他七名伤员（设备部副主任、发电部除灰专工、两名检修工、三名消防员）已经送往医院救治。

12月12日9时15分，检修人员处理"捞渣机找中心、链条入轨并找平衡"，开出热力机械第一种工作票，工作内容为"2号炉捞渣机链条调整消缺"，发电部运行值班人员于10时07分许可开工。17时30分检修工作完工，押票试转，捞渣机过流跳闸，判断故障为捞渣机链条刮板卡涩，随即办理工作票延期手续，处理刮板脱落、销轴掉落缺陷。22时47分消缺结束。运行人员进行系统恢复。

13日0时25分注水结束，运行人员组织开始排渣。西侧关断门打开后焦渣排放正常，东侧焦渣下落不畅，经检查在冷灰斗处灰渣蓬住。

2时10分，值长向带班领导汇报后联系设备部有关人员，并调来消防车进行冲渣排渣。工作至13日5时许，效果仍不明显。现场生产管理人员、工程技术人员等到集控室旁会议室研究下一步处理方案。

7时40分左右，生产副厂长、设备部主任、副主任、锅炉点检长、副总工程师兼发电部主任、发电部副主任、发电部除灰专工、检修项目部经理等人返回现场。生产副厂长看了情况后，回办公楼组织8点生产调度会，副总工程师兼发电部主任接电话后去查看脱硫系统缺陷，发电部副主任回集控室，锅炉点检长身体不适也离开了现场。

8时10分，突然发生大量灰渣塌落，锅炉下水封被破坏，热汽、热灰渣从捞渣机与液压关断门（打开状态）接合部喷出，造成9名人员被烫伤。电厂立即启动应急预案，将伤员送往医院抢救。

（二）案例分析

这起事故暴露出若干问题：

1. 现场检修策划与组织不力，缺陷处理时间过长。

设备健康水平差，缺陷频发，现场缺陷工作组织不力，导致消缺时间过长。在"捞渣机链条调整消缺"结束后，试转时又出现捞渣机过流跳闸，最后发现"刮板脱落、销轴掉落"，从许可开工到消缺最后结束进行了12小时40分钟，致使灰渣过长时间无法排除。

2. 安全风险点分析不够，安全措施不完善。

在锅炉异常运行，冷灰斗上部大量积存灰渣的情况下，对作业可能存在灰渣塌落的风险认识不足，安全措施不完善，管理人员急于处置，造成多人聚集在捞渣机附近，以至突然发生塌落后人员躲闪不及，导致烫伤。

3. 安全意识不强，自我防范意识欠缺。

个人的安全意识不强，日常的安全学习针对性不够。对作业本身和周边环境存在风险估计不足，对于可能造成的人身伤害意识不强，自我防范意识欠缺，个人防护不够。

（三）案例启示

这起事故是电力生产系统发生的一起人身伤害事故，后果严重、影响恶劣。案例启示如下：

1. 进一步完善职责分工、建立快速有效的安全生产指挥体系，提高生产领导和技术人员的责任心和安全生产意识，坚决杜绝违章、麻痹、不负责任的行为。

2. 强化设备维修的策划管理、作业程序化及标准化管理，为做好风险预控和过程控制奠定基础，建立保证监督机制，为风险预控和过程控制提供监督保证，确保维修作业按照策划路径、程序及标准执行，最大程度减少对人员经验和能力的依赖。

3. 加强危险点分析，做好风险防范措施，抓好现场措施落实。对于冲渣等安全风险较大的作业，必须认真履行安全措施现场检查、确认的程序和标准符合性后方可作业。

4. 切实开展反违章指挥、反违规作业和反违反劳动纪律治理活动，严明纪律、严格管理。加大对安全生产规章制度学习、执行的检查力度，营造领导和专业技术人员学规程、遵规程的氛围，培养良好的工作习惯，坚决杜绝经验主义、克服管理工作的随意性。

5. 各级领导及专业技术人员要认真学习、严格执行《二十五项重点反措实施导则》，对于导则的落实要明确责任主体和监督主体，加强安全生产保证体系的能力建设。

6. 要从规章制度的执行、反事故措施的落实、作业现场的管理和现场安全设施标准化等方面，认真开展隐患排查活动，举一反三，堵塞管理漏洞，有效防范事故的发生。

第八节 安全管理

安全管理是指为了保证电力生产安全、稳定、优质、经济运行的安全目标而进行的有关决策、计划、组织和控制等方面的活动。运用现代安全管理原理、方法和手段，分析和研究各种不安全因素，从技术、组织和管理方面采取有力措施，解决和消除各种不安全因素，防止事故发生。

安全管理通过强化安全生产的法制观念，规范安全生产管理工作；通过落实各级人员的安全生产责任制和事故责任追究制，完善各项反事故措施，有效防止重大恶性事故的发生，提高安全生产水平；通过安全生产措施到位，责任落实，防止企业发生安全事故。安全管理的具体工作内容包括：安全性评价、安全教育培训、安全大检查、事故调查、定期安全活动、隐患整改、事故演练、监察违章作业等。

本节适用于所有电力企业。

一、控制目标

1. 贯彻《中华人民共和国安全生产法》，坚持"安全第一、预防为主"的方针，保障电力企业员工在生产经营活动中的人身安全，保证电力集团公司和投资者的资产免遭损失。

2. 企业主要负责人为本单位安全第一责任人，对本单位安全生产工作全面负责。依据国家有关法律、法规、标准，建立健全各级安全生产责任制，制定符合本单位实际的各项规章制度。充分发挥安全生产保证体系和监督体系的作用。

3. 电力企业在安全生产工作中要自觉接受当地政府部门监督，严格遵守调度纪律，在电网安全稳定方面接受电网经营企业的安全监督。企业内部要建立健全安全监督机构和制度，实行逐级安全生产监督管理。

4. 贯彻"管生产必须管安全"原则，做到在计划、布置、检查、总结、考核生产工作的同时，计划、布置、检查、总结、考核安全工作。

5. 各级工会应依法组织员工围绕本单位安全生产工作开展民主管理和民主监督，维护员工在劳动保护及安全生产方面的合法权益。

6. 安全生产实行目标管理。所属单位要保证安全生产资金的有效投入，依据安全生产计划，完善安全生产条件。

7. 要认真抓好员工的岗位培训和安全教育工作，提高员工的安全操作技能和自我防护能力。

8. 要建立和完善安全事故应急救援预案，建立应急救援体系，配备必要的应急救援器材、设备，并进行经常性的维护保养。

9. 认真执行四个"不放过"事故处理原则，即事故原因不清楚不放过、事故责任者和应受教育者没有受到教育不放过、没有采取防范措施不放过、事故责任者未受到处罚不放过，实行责任追究和安全奖惩考核。

二、主要风险

1. 未明确各级企业主要负责人的安全生产工作职责，导致安全保障风险的增加，存在领导安全责任不清的风险。

2. 各级工会未能依法组织职工参加本单位安全生产工作的民主管理和民主监督，维护职工在安全生产方面的合法权益。未能依法参加事故调查，提出处理意见，未能按要求追究有关人员的责任，引发社会稳定风险，增加安全生产风险。

3. 各部门、各岗位没有明确的安全职责，导致企业安全生产负责制不能落实，增加安全管理风险。

4. 安全监督机构与人员配备不合适，导致安全生产监督失控风险。

5. 安全规章制度不健全，导致安全管理无章可循，增加安全管理失效风险。

6. 未建立安全事故调查工作机制或机制不完善，导致调查工作无章可循，操作不规范。

7. 应急预案等建立不全或培训学习不够，导致不能有效控制事故，增加事故损失扩大的风险。安全应急规划管理过程中，安全应急规划实施方案编制人员专业能力水平不够，对应急管理工作不了解，对实际应对措施考虑不充分，导致应急工作的开展达不到要求；领用应急不及时，造成应急装备、物资、备品备件短缺，影响正常应急救灾工作，严重时可能扩大事故范围和灾害损失。

8. 安全管理相关计划填报人员专业能力水平不够，对上级下达的计划指标和现场各类安全技术劳动保护措施的需求了解不够，导致安全技术劳动保护措施计划填报数据错误或不全面，造成安全技术劳动保护措施配置达不到现场实际工作要求，对人身安全及电网安全等造成不良影响。

9. 由于危险源管控措施编制人员专业能力水平不够，无法制定完善的管控措施，导致危险源不能得到有效管控，对人身安全及电网安全等造成不良影响。

10. 安全教育培训不能有效开展，员工安全技能较低，无法达到安全生产的基本技能，导致安全操作风险增加。

11. 由于安全检查监督方案编制人员专业能力水平不够，支撑性资料文件不满足编制需求等原因，导致安全检查监督方案编制达不到要求，导致不能正确辨识、发现问题或采取措施，对人身安全及电网安全等造成不良影响。

12. 安全调查组成员不具备相应胜任能力，或不具有独立性，影响调查结论的准确性及公正性；安全事故内容不属实或上报不及时，导致负责部门无法有效组织实施调查工作，并提出整改意见，造成安全生产事故频发。调查结果与事实不符，未做到客观公正，引发相关责任人不满情绪或投诉。

13. 由于检查人员对生产办公场所消防设施设置情况不了解，对设施的检查维护管理要求不熟悉，导致工作计划、措施落实不到位，对消防安全工作造成影响。

14. 由于现场事故隐患排查治理人员专业水平不够，无法正确辨识各类隐患，导致事故隐患不能得到有效发现和治理，对人身安全及电网安全等造成不良影响。

15. 重大活动、重点工程、重要场所安全保卫管理过程中，现场保卫措施落实人员对群体性突发事件现场信息掌握不全面，工作责任心不强，导致处置措施落实不到位，对事件的处置工作造成影响。

16. 现场开展自查整改人员专业能力水平不够，无法正确辨识各类安全问题，导致各类安全隐患不能得到有效管控，对人身安全及电网安全等造成不良影响。

17. 统计人员工作不细致，对安全事故信息统计不全面或统计不及时，对事故信息的准确性了解不全面，造成事故信息统计分析不达标，影响对事故的有效防控。

18. 安全例行工作缺失，员工安全意识薄弱，导致未及时发现、报告、处理、总结安全隐患或者安全事故。

19. 健康档案管理人员疏忽,导致健康档案混淆,档案与人员不对应,可能造成延误病情等风险。

20. 安全建设项目与施工不能有效进行,安全生产隐患长期得不到解决。

21. 外包工程和劳务派遣人员未能有效管理,导致外包工程事故与人员伤害。

22. 劳动保护和职业病预防措施执行不力,导致员工受到伤害,企业形象和企业利益受损。

23. 电力设施外力破坏事件处理过程中,系统内电量损失核定人员对核定要求不了解,造成核定数据不准确,导致事件造成的损失不能全部索赔。

三、安全管理业务流程

(一)业务图解

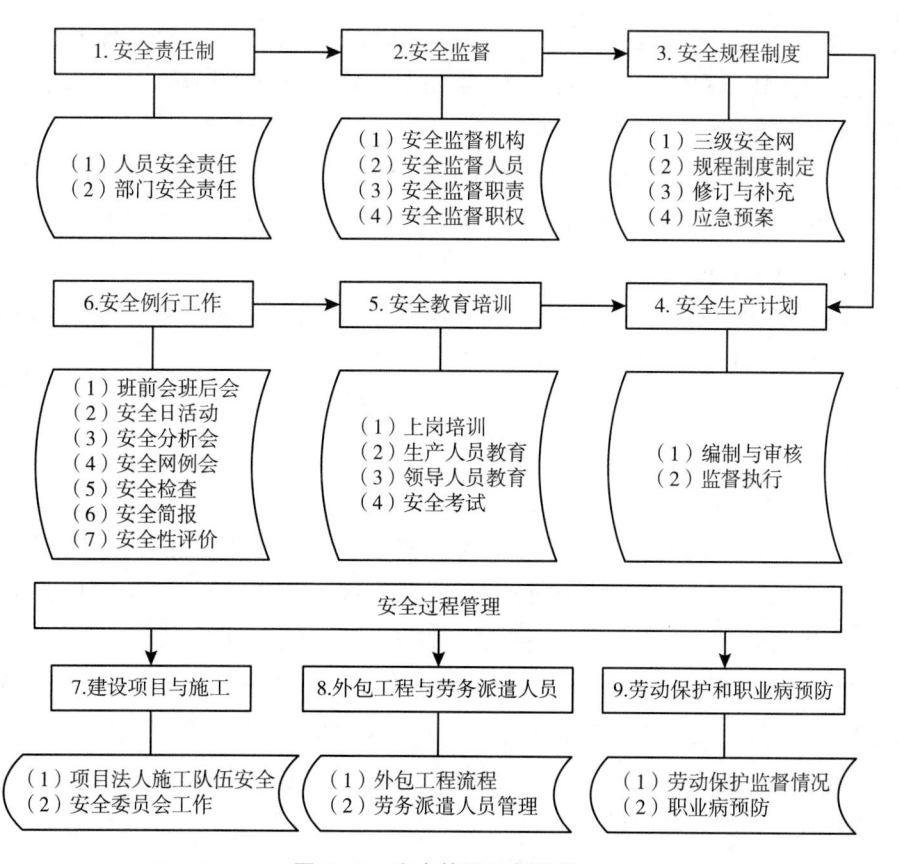

```
1.安全责任制 → 2.安全监督 → 3.安全规程制度
    ↓              ↓              ↓
(1)人员安全责任  (1)安全监督机构  (1)三级安全网
(2)部门安全责任  (2)安全监督人员  (2)规程制度制定
                (3)安全监督职责  (3)修订与补充
                (4)安全监督职权  (4)应急预案

6.安全例行工作 ← 5.安全教育培训 ← 4.安全生产计划
    ↓              ↓              ↓
(1)班前会班后会                  (1)编制与审核
(2)安全日活动   (1)上岗培训      (2)监督执行
(3)安全分析会   (2)生产人员教育
(4)安全网例会   (3)领导人员教育
(5)安全检查    (4)安全考试
(6)安全简报
(7)安全性评价

              安全过程管理
    ↓              ↓              ↓
7.建设项目与施工  8.外包工程与劳务派遣人员  9.劳动保护和职业病预防
    ↓              ↓              ↓
(1)项目法人施工队伍安全  (1)外包工程流程  (1)劳动保护监督情况
(2)安全委员会工作      (2)劳务派遣人员管理  (2)职业病预防
```

图 5-9 安全管理业务流程

（二）关键节点及控制方法

1. 安全责任制

（1）企业主要负责人安全生产工作的基本职责：建立健全并落实本企业各级领导、各部门的安全生产责任制；组织制定本单位安全生产规程制度；保证本单位反事故措施和安全技术劳动保护措施所需经费的提取和使用；保证本单位安全奖励所需费用的提取和使用；保证本单位安全生产投入的有效实施；组织制定并实施本单位的生产安全事故应急救援预案；及时、如实报告生产安全事故；亲自批阅上级有关安全生产的重要文件并组织落实，及时协调和解决各部门在贯彻落实中出现的问题；及时了解安全生产情况，定期听取安全监督部门的汇报；定期主持安全生产委员会会议，及时组织研究解决安全生产工作中出现的重大问题；保证安全监督机构及其人员配备符合要求，支持安全监督部门履行职责；在发生重大安全事故时，立即组织抢救，不得在事故调查处理期间擅离职守。

（2）企业高管层是分管工作范围内的安全第一责任人，对分管工作范围内的安全工作负领导责任，向行政正职负责；总工程师对本企业的安全技术管理工作负领导责任，向行政正职负责。

（3）工会应依法组织职工参加本单位安全生产工作的民主管理和民主监督，维护职工在安全生产方面的合法权益。依法参加事故调查，提出处理意见，追究有关人员的责任。

（4）各部门、各岗位应有明确的安全职责，各负其责，并实行下级对上级、下级单位对上级单位的安全生产逐级负责制。

（5）集团公司总部对子公司实行安全生产责任追究制度，包括对经营者的追究。

2. 安全监督

（1）集团公司所属单位安全监督机构在本单位内部行使安全监察职能，安全监督机构一般由企业主要负责人主管，在业务上接受上级安全监督机构的领导，机构的资质及人员的资格接受上级安全监督机构的审核。

（2）集团公司所属单位主要生产性单位必须设专职安全员；其他单位可设兼职安全员。安全监督人员应选择责任心强、坚持原则、熟悉国家有关安全生产的法律、法规、标准，熟悉电力生产过程、掌握一定安全生产技术，具有一定管理能力的人员担任。

（3）安全监督机构职责：监督本企业各级人员安全生产责任制的落实；

监督各项安全生产规章制度和上级有关安全工作指示的贯彻执行；根据本企业的生产经营特点，对安全生产状况进行经常性检查；监督涉及人身安全的防护状况，涉及设备、设施安全的技术状况。对监督评价中发现的重大问题和隐患，及时下达安全监督整改通知书，限期解决，并向企业第一安全责任人汇报；会同工会、劳动人事部门组织编制本企业安全技术劳动保护措施计划并监督所需费用的提取和使用情况；监督本单位安全培训计划的落实；组织或配合《电业安全生产工作规程》的考试和安全网活动；参加和协助本单位领导或上级部门组织的事故调查，监督"四不放过"原则的贯彻落实情况；完成事故统计、分析、上报工作并提出考核意见；对安全生产工作中作出贡献者和事故有关责任人，提出奖励和处罚意见；参与工程和技改项目的设计审查、施工队伍资质审查和竣工验收以及有关科研成果鉴定等工作。

（4）安全监督人员的职权：有权进入生产区域、施工现场、控制室检查了解安全情况。对检查中发现的问题，有权责令有关部门进行整改，对重大事故隐患排除前或排除过程中无法保证安全的，有权做出停止工作或撤离工作人员的决定和建议；有权制止违章作业、违章指挥、违反生产现场劳动纪律的行为；有权要求保护事故现场，有权向本单位任何人员调查了解事故的有关情况和提取事故原始资料，有权对事故现场进行拍照、录音、录像等；对事故的调查分析结论和处理有不同意见时，有权提出或向上级安全监督机构反映；对违反规定，隐瞒事故或阻碍事故调查的行为有权纠正或越级反映。

3. 安全规程制度

（1）对国家和上级颁发的有关安全生产法律、法规、标准、规定、规程、制度、措施等必须严格贯彻执行，本单位安全监督人员、单位安全员、班组安全员组成三级安全网。

（2）建立健全保障安全生产的各项规程制度，包括企业各类设备的现场运行规程、制度；企业的各种检修管理制度；主、辅设备的检修工艺规程和质量标准；工程项目的施工组织设计和安全施工措施。

（3）各单位在贯彻中可以结合实际情况制定细则或补充规定，但不得与上级规定相抵触，不得低于上级规定的标准。

（4）每年公布现行有效的规程制度清单，并按清单配齐各岗位有关的规程制度。

（5）及时修订、复查各项规程制度；规程制度补充或修订后，重新履行审批程序。

（6）严格执行各项技术监督规程、标准，制定本企业各项技术监督管理制度，充分发挥技术监督网络的技术管理作用，保证设备安全可靠运行。

（7）严格执行两票（工作票、操作票）三制（交接班制、巡回检查制、设备定期试验轮换制）、设备缺陷管理制度和各项安全管理制度。

（8）对化学危险品和危险源登记建档，进行定期检测、评估、监控，并制定应急预案。

4. 安全生产计划

（1）依据安全性评价、设备可靠性分析、运行分析、设备状况分析等结论，每年组织编制年度安全生产计划，反事故措施和安全技术劳动保护措施应作为安全生产计划的重点内容。

（2）安全生产计划由分管生产的领导组织，各有关部门参加制定。反事故技术措施应以生产技术部门为主制定，安全技术劳动保护措施计划应以安监部或劳动人事部门为主制定。基建工程项目单位根据工程进度，制定年度安全施工措施计划。

（3）反事故技术措施、安全技术劳动保护措施、需要消除的重大缺陷、提高设备可靠性的技术改进措施及本企业事故防范对策应纳入生产检修计划。

（4）安全技术劳动保护措施计划应根据国家、行业的有关法律、法规、规定、标准及本单位实际情况，从改善劳动条件、防止伤亡事故、预防职业病等方面进行编制。

（5）安全第一责任人应优先保证安全生产计划所需的资金投入，并对由于安全生产所必需的资金投入不足而导致的后果承担责任。

（6）安全性评价结果应作为制定反事故措施计划和安全技术劳动保护措施计划的重要依据。防汛、防震、防台风等应急预案所需项目，可作为制定和修订反事故措施计划的依据。

（7）安全监督部门负责监督反事故技术措施计划和安全技术劳动保护措施计划的实施，并对存在的问题及时向主管领导汇报。

（8）各生产部门也应对照企业年度安全生产计划，制定本部门的安全生产计划细则，部门负责人应定期检查实施情况，并保证计划的落实。

5. 安全教育培训

（1）加强对员工的安全教育培训工作，建立各级人员安全档案，并将员工安全生产、教育培训、安全规程制度考试情况及时录入安全档案。

（2）对本单位新入厂员工实行厂、单位和班组三级安全教育，经考试合格后方可进入生产现场。

（3）新上岗包括转岗员工必须经过下列培训，并经考试合格后方可上岗：运行人员，包含调度、技术人员，必须经过生产规程制度的学习、现场见习和跟班实习；检修、试验人员包含技术人员，必须经过检修、试验规程的学习和跟班实习；直接从事生产作业和操作的人员，必须经监护下作业、操作，通过综合测评合格后，方可独立工作；特种作业人员，必须经过国家规定的专业培训，取得特种作业操作资格证书，方可上岗作业。

（4）在岗员工的培训：在岗生产人员应定期进行有针对性的现场考问、反事故演习、技术问答、事故预想等现场培训活动；离开运行岗位三个月及以上的值班人员，必须经过熟悉设备系统、熟悉运行方式的跟班实习，并经《电业安全工作规程》、现场操作规程考试合格后，方可上岗工作；生产人员调换岗位、所操作设备或技术条件发生变化，必须进行适应新岗位、新操作方法的安全技术教育和实际操作训练，经考试合格后，方可上岗；200兆瓦及以上机组主要岗位运行人员、调度人员和220千伏及以上变电站的值班人员，应创造条件进行仿真系统的培训；所有生产人员应每年进行一次触电现场急救方法的培训，熟练掌握触电现场急救方法；所有员工必须掌握消防器材的使用方法；从事危险化学物品运输、管理、使用的人员应经专门的培训，掌握危险化学物品的性质和有关技术要求及使用方法；设备更新、改造等过程应对有关生产人员和管理人员进行严格的培训，使之掌握其更新、改造后的设备安全技术特性、操作方法和事故应急处理程序。

（5）新任命的各级生产领导人员，必须经有关安全生产的法律、法规、规程制度和岗位安全职责的学习，由上级管理部门安排或组织考试。各级领导人员参加的生产培训，应有安全方面的课程内容，以便于强化领导人员的安全法律意识。

（6）安全生产法规、规程制度的定期考试，经考试合格后以正式文件公布有资格人员名单；年度内以上人员有变更时，应及时以书面形式通知相关部门。

（7）应组织有关人员学习本单位内部及外部的典型事故案例。

（8）应运用安全录像、幻灯、电视、计算机多媒体、广播、板报、实物、图片展览，以及安全知识考试、演讲、竞赛等多种形式宣传、普及安全技术知识，进行有针对性、形象化的培训教育，提高职工的安全意识和自我防护能力。

6. 安全例行工作

（1）班前会和班后会。

班前会：接班前，结合当班运行方式和工作任务，作好危险因素分析，布置相应安全措施，交代注意事项，并做好记录。

班后会：总结讲评当班工作和安全情况，表扬遵守安全规程、及时有效处理安全隐患等事项，批评忽视安全、违章作业等不良现象，并做好记录。

（2）安全日活动。

班组每周或每个轮值进行一次安全日活动，活动内容应联系实际、有针对性，并做好记录。单位领导应参加并检查活动情况。

（3）安全分析会。

集团公司每年进行一次安全分析会；所属单位应每月进行一次安全分析会，综合分析安全生产趋势，及时总结事故教训及安全生产管理上存在的薄弱环节，研究预防对策。

会议由安全第一责任人主持，有关部门负责人参加。

（4）安全网例会。

应每月召开一次安全例会，企业安监部门负责人主持，安全网成员参加。

（5）安全检查。

应根据具体情况进行定期和不定期安全检查，每季度至少检查一次，春季和秋季安全检查应结合季节特点和事故规律进行。

安全检查前应编制检查提纲或"安全检查表"，经本单位主要负责人审批后执行。检查内容以查思想、查管理、查规程制度、查隐患为主，对查出的问题要制定整改计划并监督落实。

安全检查应与安全性评价内容结合进行。

（6）安全简报。

应定期或不定期编写安全简报、通报、快报，总结安全生产情况，分析事故规律，吸取事故教训。安全简报至少每月一期。

（7）安全性评价。

结合实际情况综合应用"安全性评价"、"危险因素分析"等方法，对企业和工作现场的安全状况进行科学分析，找出薄弱环节和事故隐患，及时采取防范措施。

7. 工程项目安全管理

（1）基本建设项目或技改项目，实行建设项目法人和承包单位共同管理施工现场安全工作的原则。项目法人承担组织、协调、监督责任，承包单位承担本单位安全职责和工作范围内的全部安全责任。

（2）基本建设项目同时满足以下条件的，必须成立建设项目安全委员会：同时有两个及以上承包单位在建设工地施工；建设工地施工人员总数（包括劳务派遣人员）超过100人；项目工期超过180天。

（3）建设项目安全委员会由项目法人单位负责召集成立，并出任委员会主任，副主任由参与工程建设的各承包单位推举代表或总监理师担任，委员会其他成员由项目单位有关负责人和其他承包单位法人代表或法人代表授权的人员参加。委员会成员单位发生变化的，要在7天内根据变化情况相应调整委员会成员。

（4）建设项目安全委员会的基本任务：通过并发布建设工地各承包单位和监理单位必须遵守的、统一的安全工作规定；组织或监督签订安全生产管理协议，明确各自的安全生产管理职责和应当采取的安全措施；决定工程中重大安全问题的解决办法；协调各单位之间涉及安全问题的关系。安全委员会不替代承包单位和监理单位的内部安全管理工作。

（5）建设项目安全委员会必须在建设项目开工前成立并召开第一次会议，以后至少每季度召开一次会议。

（6）项目法人单位的安监部门作为建设项目安全委员会下设的安全监督机构，负责日常工作。

（7）项目法人单位的安监部门对建设项目安全委员会负责并由安全委员会授权。其主要职责：监督评价各承包单位执行建设项目安全委员会决议的情况；对工程中的重大安全问题提出处理意见，提交建设项目安全委员会决定；负责建设项目有关安全方面的审查工作；建立现场安监部门之间信息网络联系制度，组织安全网活动；提出对各承包单位安全考核与奖惩意见，提交建设项目安全委员会决定；完成建设项目安全委员会授权或交办的其他工作。

（8）安全委员会应建立工程施工过程中的事故报告制度，随时掌握项目施工过程中的人身伤亡事故情况，并按照有关规定由项目法人单位向集团公司报告。

（9）建设项目的承包单位在其职责和施工范围内发生的事故，集团公司不进行统计。但建设项目安全委员会要根据合同（协议）对承包单位进行考核。

(10) 项目法人与承包单位签订合同时,应将安全条款作为合同内容加以明确。

8. 外包工程和劳务派遣人员

(1) 建立外包工程和劳务派遣人员管理制度,规范承包合同的形式和内容、应履行的审批程序和各有关方应承担的责任。

(2) 对外外包工程项目必须依法签订合同。合同或专门的安全管理协议中应具体规定发包方和承包方各自应承担的安全生产管理职责和应当采取的安全措施,并由发包方安全监督部门审查同意。

(3) 不得将生产经营项目、场所、设备外包或出租给不具备安全生产条件或相应资质的单位或个人。

(4) 在工程项目外包前必须对承包方以下资质和条件进行审查:营业执照和资质证书,法人代表资格证书;具有两级机构的承包方是否设有专职安全管理机构;施工队伍超过30人的是否配有专职安全员;30人以下的是否设有兼职安全员;承包方是否有相应工程项目的赔偿能力。

(5) 发包方应承担以下安全责任:对承包方的资质进行审查,确定其符合本规定所列条件;开工前对承包方负责人和工程技术人员进行全面的安全技术交底,并应有完整的交底资料和签字记录;在有危险性的电力生产区域内作业,如有可能发生火灾、爆炸、触电、高空坠落、中毒、窒息、机械伤害、烧烫伤等容易引起人员伤害和设备事故的场所作业,发包方应事先进行安全技术交底并要求承包方制定安全措施;合同中规定由发包方承担的有关安全、劳动保护等其他事宜;外包工程中有多个承包单位,发包方负责对承包单位的安全生产统一协调、管理,并明确安全生产管理职责和签订安全生产管理协议。

(6) 工程开工前,发包方可以预留一定比例的施工管理费作为安全施工保证金。在发生人身死亡或重伤事故时,由发包方根据工程规模和工期确定安全施工保证金的扣除比例。

(7) 承包方施工人员在电力生产区域内违反有关安全生产规程制度时,发包方安全监督部门应予以制止,直至停止承包方的工作。

(8) 承包方责任造成的发包方设备事故,由发包方负责调查、统计上报,无论任何原因均对承包方进行考核。发包方根据合同对承包方进行处罚。

(9) 承包方负主要责任造成的承包方人身事故,由承包方承担责任;但发包方与承包方有资产关系或有管理关系的,按法人单位和安全管理协议确定责任。

（10）所属单位的内设机构和班组禁止作为工程的发包方向外发包工程项目。

（11）劳务派遣人员上岗前，必须经过安全生产知识和安全生产规程的培训，考试合格后，持证或佩戴标志上岗。劳务派遣人员分散到单位、班组参加电力生产工作时，由所在的单位、班组负责人领导。

（12）劳务派遣人员从事有危险的工作时，必须在有经验的职工带领和监护下进行，并做好安全措施。进入高压带电场所作业，开工前监护人应将带电区域和部位、警告标志的含义向劳务派遣人员交代清楚并要求劳务派遣人员复述，复述正确后方可开工。禁止在没有监护的条件下指派劳务派遣人员单独从事有危险的工作。

（13）劳务派遣人员的安全管理、事故统计、考核与固定员工同等对待。劳务派遣人员从事生产工作所需的安全防护用品的发放应与固定员工相同。

9. 劳动保护和职业病预防

（1）建立环境管理和职业健康安全管理体系，应努力预防、控制和消除职业病危害，保护员工健康及相关权益。

（2）应当为员工创造符合国家职业安全卫生标准和卫生要求的工作环境和条件，采取措施保证员工获得职业卫生保护。

（3）建立健全职业病防治责任制，加强对职业病防治的管理，提高职业病防治水平，对本企业产生的职业病承担责任。

（4）依法参加工伤社会保险，每两年对企业接触尘、毒的员工进行一次职业病，包括尘肺、铅中毒、噪声及其他职业病的体检，并建立健全员工健康档案。

（5）按照国家法律、法规、卫生标准，工作场所应符合下列职业卫生要求：职业病危害因素的强度或浓度符合国家职业卫生标准；有与职业危害防护相适应的设施；生产布局合理，符合有害与无害分开的原则；保证具有职业危害的单位、班组有配套的更衣间、洗浴间等卫生设施；设备、工具、用具等设施符合保护劳动者生理、心理健康的要求；法律、行政法规和国务院卫生行政部门关于保护劳动者健康的其他要求。

（6）指定职业卫生管理机构或组织，配备专职或兼职职业卫生专业人员，负责本企业职业病防治工作；制定职业病防治计划和实施方案；建立健全职业卫生档案和从业人员的健康档案；建立健全职业卫生管理制度和操作规程；建立健全工作场所职业病危害因素监测及评价制度；建立健全职业病危害事故应急救援预案。

（7）必须采用有效的职业危害防护设施，为从业人员提供必需的、合格的、个人使用的劳动保护用品。

（8）新建、扩建、改建项目应将职业病防护设施与主体工程同时设计、同时施工、同时投入生产和使用，其所需资金应当纳入建设项目工程预算。

（9）禁止使用国家明令禁止的有毒、有害物品、材料，应逐步使用新技术、新工艺、新材料替代职业病危害严重的技术、工艺、材料。

（10）加强职业病防治教育，努力提高从业人员的职业病防治意识，加强监督管理，防止发生职业病。

四、监督评价

1. 安全责任制

（1）检查企业主要负责人安全生产工作的基本职责是否健全并落实。

（2）检查企业高管层在分管工作范围内是否正确履行安全第一责任人的职责。

（3）检查工会是否依法组织职工参加本单位安全生产工作的民主管理和民主监督，是否维护职工在安全生产方面的合法权益。

（4）检查各部门、各岗位是否有明确的安全职责，是否建立安全生产逐级负责制。

（5）检查集团公司总部对子公司执行安全生产责任追究的力度，是否对经营者进行追究。

2. 安全监督

（1）检查各单位是否建立安全监督体系，安全监督体系的运转是否正常。

（2）检查主要生产性单位是否设专职安全员，其他单位是否设置专职/兼职安全员；安全员是否责任心强、坚持原则、熟悉国家有关安全生产的法律、法规、标准，熟悉电力生产过程、掌握一定安全生产技术，是否具有一定管理能力。

（3）检查安全监督机构职责是否明确。

（4）检查安全监督人员的职权是否满足安全监督工作。

3. 安全规程制度

（1）检查安全规程制度是否符合国家和上级颁发的有关安全生产法律、法规、标准、规定、规程、制度、措施等。

（2）检查保障安全生产的各项规程制度是否建立健全。

（3）检查各项安全规程制度是否及时修订、补充、重新审批。

（4）检查是否每年公布现行有效的规程制度清单，并按清单配齐各岗位有关的规程制度。

（5）检查安全规程制度的执行情况。

（6）检查化学危险品和危险源登记是否建档，是否进行定期检测、评估、监控，并制定应急预案。

4. 安全生产计划

（1）检查编制的安全生产计划是否齐全完整。

（2）检查安全生产计划是否充分考虑到潜在安全隐患并设计了防护措施。

（3）检查安全生产计划组织实施情况。

（4）检查安全生产计划所需的资金投入是否充足，并对由于安全生产所必需的资金投入不足而导致的后果安全第一责任人是否承担责任。

5. 安全教育培训

（1）检查是否对员工进行安全教育培训，是否建立各级人员安全档案，并将员工安全生产、教育培训、安全规程制度考试情况及时录入安全档案。

（2）检查是否对新入厂员工实行三级安全教育，经考试合格后方可进入生产现场。

（3）检查新上岗（包括转岗）员工经过的培训是否完整，是否经过考试合格后，才上岗工作。

（4）检查在岗员工的培训、考试是否有针对性。

（5）检查新任命的各级生产领导人员是否经过有关安全生产的法律、法规、规程制度和岗位安全职责的学习，并由上级管理部门安排或组织考试。

（6）检查是否定期组织安全生产法规、规程制度的考试，公布有资格人员名单，并将年度内人员名单变动以书面形式通知相关部门。

（7）检查是否组织有关人员学习本单位内部及外部的典型事故案例。

（8）检查是否有多种形式宣传、普及安全技术知识，是否进行有针对性、形象化的培训教育，提高职工的安全意识和自我防护能力。

6. 安全例行工作

（1）检查班前会、班后会是否进行危险因素分析，制定相应安全措施，明确注意事项，并做好记录。

（2）检查班组每周或每个轮值是否进行一次安全日活动及活动内容。

（3）检查安全分析会是否按期召开并保留书面会议记录，会议是否达到目的。

（4）检查每月是否召开一次安全网例会并保留书面会议记录。

（5）检查安全检查内容是否以查思想、查管理、查规程制度、查隐患为主，对查出的问题是否制定整改计划并监督落实。

（6）检查安全简报质量。

（7）检查是否开展安全性评价。

7. 工程项目安全管理

（1）检查基本建设项目或技改项目是否实行建设项目法人和施工队伍共同管理施工现场安全工作。

（2）检查基本建设项目是否按规定成立建设项目安全委员会。

（3）检查建设项目安全委员的工作是否满足项目建设的安全管理需要。

8. 外包工程和劳务派遣人员

（1）检查是否建立外包工程和劳务派遣人员管理制度。

（2）检查外包工程是否按规定执行。

（3）检查劳务派遣人员管理是否规范、上岗前是否进行适当的培训、劳务派遣人员从事危险工作时是否有适当的监护并配备所需的安全防护用品。

9. 劳动保护和职业病预防

（1）检查是否建立环境管理和职业健康安全管理体系。

（2）检查工作环境和条件是否符合国家职业安全卫生标准和卫生要求，是否采取措施保证员工获得职业卫生保护。

（3）检查是否建立健全职业病防治责任制。

（4）检查是否依法参加工伤社会保险，是否每两年对企业接触尘、毒的员工进行一次职业病（包括尘肺、铅中毒、噪声及其他职业病）体检并建立健全员工健康档案。

五、案例解析

（一）案例简介

2010年10月25日13时52分，某发电公司发生一起因某地维护人员作业随意性大、擅自扩大工作范围、危险点分析不足，误将交流电接入机组保护直流系统，造成运行中的三台机组、500千伏两台联络变压器全部跳闸的重大设备事故。

1. 事故前、后的运行状况

全厂总有功1639兆瓦，#1机有功：544兆瓦；#2机小修中；#3机停备；

#4机有功：545兆瓦；#5机有功：550兆瓦；托源一线、托源二线、托源三线运行；500千伏双母线运行、500千伏#1联变、#2联变运行；500千伏第一串、第二串、第三串、第四串、第五串全部正常方式运行。

10月25日13时52分55秒500千伏"BUS BRK OPEN"、"GEN BRK OPEN"软报警，#1机组甩负荷，转速上升；发电机跳闸、汽机跳闸、炉MFT。发变组A屏87G动作，发电机差动、过激磁报警，厂用电切换成功；#4机组13时53分，汽机跳闸、发电机跳闸、锅炉MFT动作。发跳闸油压低、定冷水流量低、失去全部燃料、检查主变跳闸，起备变失电，快切装置闭锁未动作，6千伏厂用电失电，各低压变压器高低压侧开关均未跳开，手动拉开；#5机组13时53分，负荷由547兆瓦降至523兆瓦后，14秒后升至596兆瓦协调跳。给煤机跳闸失去燃料MFT动作。维持有功45兆瓦，13时56分汽包水位高，汽轮发电机跳闸，厂用电失去，保安电源联启。

经过事故调查技术组初步确定事故原因和现场设备试验后，确认主设备没有问题机组可以运行后，经请示网调许可，#4机组于26日16时43分并网，#5机组于28日15时09分并网，#1机组于28日15时15分并网。

2. 事故经过

化学运行人员韦某等人在进行0.4千伏PC段母线倒闸操作时，操作到母联开关摇至"实验"位的操作项时，发现母联开关"分闸"储能灯均不亮，联系某地维护项目部的冯某处理，13点40分左右冯某在运行人员的陪同下检查给排水泵房0.4千伏PC段母联开关的指示灯不亮的缺陷，该母联开关背面端子排上面有3个电源端子排（带熔断器RT14-20），其排列顺序为直流正、交流电源（A）、直流负，由于指示灯不亮冯某怀疑是电源有问题并且不知道中间端子是交流，于是用万用表的直流电压档测量三个端子中间的没有电，实际上此线为交流电，此方式测量不出电压，其他两个端子有电，于是冯某简单认为缺陷与第二端子无电有关，于是便用外部短路线将短路线（此线在该处线把内悬浮两端均未接地）一端插接到第三端子上（直流负极），另一端插到第二端子上（交流A）以给第二端子供电并问运行人员盘前指示灯是否点亮，结果还是不亮（实际上这时已经把交流电源导入网控的直流负极，造成上述各开关动作，#1、#4机组同时跳闸，#5机组随后跳闸），冯某松开点接的第二端子时由于线的弹性，该线头碰到第一端子（直流正极）造成直流短路引起弧光将端子排烧黑，冯某将端子排烧黑地方简单处理一下准备继续检查，化学运行人员听到有放电声音，并走近看到有弧光迹象便立即要求冯某停止工作，如果进行处理必须办理工作票，此时化学运行人员接到有机组跳闸的信息，便会同维护人员共同回到化学控制室。

（二）案例分析

1. 技术组专家通过对机组跳闸的各开关动作状态及相关情况进行综合分析，初步推断为直流系统混入交流电所致。经在网控5052开关和5032开关进行验证试验。试验结果与事故状态的开关动作情况相一致。确定了交流串入直流系统是造成此次事故的直接技术原因。

2. 某地维护人员工作没有携带端子排接线图，对端子排上的接线方式不清楚，危险点分析不足、无票作业，凭主观想象，随意动手接线，是造成此次事故的直接原因。

3. 某地电力检修公司工作人员检修安全及技术工作不规范，技术水平低，在处理给排水泵房0.4千伏PC段母联开关的指示灯不亮的缺陷时，使用万用表的直流电压挡测量接线端子的交流量，并短接端子排接线，使交流接入网控直流控制回路，最终造成此次事故。

4. 某地电力检修公司的安全管理、技术管理存在漏洞，工作人员有规不循，安全意识薄弱，检查缺陷时未开工作票，没有监护人，对检修工作中的危险点分析有死角；对设备系统不熟悉，在二次回路上工作未带图纸核对，人员培训存在差距。某地电力检修公司安全生产责任制落实存在盲点。

5. 某电公司在对外委单位管理中存在差距，对外委单位工作人员的安全及技术资质审查不力，未尽到应有的职责对其进行必要的安全教育培训，对外委单位人员作业未严格把关，未严格执行生产上的相关规定。

6. 直流系统设计不够完善。此接线端子的直流电源由500千伏#1网控的直流电源供给，网控直流接引到外围设备（多台机组、网控保护直流与外围附属设备共用一套直流系统），交直流端子交叉布置并紧挨在一起，存在事故隐患，使得直流系统的本质安全性差，抵御直流故障风险的能力薄弱。

7. 某电公司在盘柜接线不合理以及遗留短接线等问题时未及时发现并治理，反映出设备管理不到位。虽然已经制定了防止500千伏系统全停的措施并下发，对交直流不能混用的问题已经列为治理项目，但工作责任分解还未完成，未将生产现场所有可能引起交流串入直流的具体检修作业点进行分析，反映出基础工作薄弱。

8. 在运行人员带领下维护人员检查确认缺陷时，运行人员对维护人员的工作行为没有起到监督作用，运行人员对电气专业工作规范不清楚，对管辖设备基本工作状态不清,充分说明运行人员的自身学习与培训教育工作不到位。

(三)案例启示

1. 电力企业应进行危险点分析及预控制,对在生产、基建现场各类系统进行摸底检查,从设计、安装、试验、检修管理上查清状况,制定出在各类系统上工作的作业指导书。

2. 要组织所有电气和热工人员包括外来维护人员、运行人员,认真学习设备的机理和危害的严重性,要大力宣传保证系统安全的重要性和严肃性。

3. 要加强系统图册管理,必须做到图纸正确、完整,公司、部门、班组要按档案管理的标准存档,有关作业人员要人手一册。

4. 要按章作业。凡是在电气二次或热工、热控系统回路上的工作,必须使用图纸,严格对照图做工作,没有图纸严禁工作。

5. 认真执行操作票和工作票的管理规定,工作必须办理工作票,做好危险点分析预防措施,在现场监护下工作。

6. 要严格履行两票管理规定,杜绝人员违章,从危险预想、写票、审票、布置安全措施、工作票(操作票)执行等各环节严格把关,严禁以各种施工通知、文件、措施来代替必要的工作票制度,严禁任何人员无票作业或擅自扩大工作范围。

7. 加强对外委单位包括短期的小型检修、施工、长期的检修维护、运行支持的全过程管理,对外委单位安全及技术资质、对其作业的安全措施、人员的安全技术水平进行严格审查,进行必要的安全教育培训并要求其考试合格后上岗。各部门严格履行本部门、本岗位在外委单位安全管理中的职责。不能以包代管,以问代考。对其安全及技术资质一定要进行严格审查,并进行必要的安全教育培训及考核。同时对于每一项外包工程作业,必须派出专职的安全监护人员,全程参与其作业过程。

第九节　工　程　项　目

工程项目,是指企业自行或者委托其他单位所进行的建造、安装活动。在电力行业中,指电力企业工程项目所涉及的一系列经营活动。

电力工程项目建设的实施是个复杂的过程,需要大量的不同专业的人员参与,项目内部和外部的影响条件和制约因素众多,因而存在众多风险。电力行业工程项目主要分为基建期项目和生产运营期项目两类。项目管理主要体现在从立项审批（核准）设计、概算编制及审查、投资计划编制及审批、工程管理、物资招标（采购）、基建项目合同签订、物资现场管理（到货、验收、入库、出库及核销）、在建工程建设及费用支出、工程验收与结算、竣工决算、资产移交及有关利息资本化等业务过程。

本节适应于所有电力企业。

一、控制目标

1. 建立健全工程管理相关业务的制度程序，明确授权审批权限。

2. 按照工程项目立项可研工作规定实施项目立项及审批，项目建议和投资立项依据要充分，符合国家对电力行业的产业政策，并且符合企业发展战略和年度投资计划。

3. 工程项目计划与概算管理：初步设计及概算编制科学、合理，按照规定的权限和程序进行审核批准，概预算编制的基础资料和数据准确、全面，有效地控制工程项目的投资和进行各项资源的准备工作，以确保工程项目的顺利建成。

4. 依法组织工程招标的开标、评标和定标，并接受有关部门的监督，明确技术规范书的工程质量提出明确要求，防范和遏制工程领域商业贿赂。

5. 工程项目订立书面合同，明确双方的权利、义务和违约责任。

6. 加强对工程项目执行过程的全程控制，保证工程项目按既定的工期、质量标准执行，并且提高企业资金的使用效益。

二、主要风险

1. 缺乏工程项目管理的制度与流程，导致操作流程违规。

2. 工程项目立项可行性研究深度不够，未严格执行重大事项决策程序，导致决策不科学、项目投资失败。

3. 初步设计及概算编制不科学，导致工程项目过程中出现较大的业务风险。投资与资金计划编制不合理，导致投资计划与资金计划不匹配。执行概预算编制所需材料收集不完整、不及时，执行概预算编制不合理、不准确，执行概预算调整的原因不合理、金额不准确等，导致项目投资失控。

4. 项目招标暗箱操作，存在商业贿赂，导致中标人实质上难以承担工程项目，相关人员涉案，导致工程管理不能有效开展。

5. 工程物资管理不善，质次价高，供应不及时，现场管理混乱，影响工程进度和质量，造成损失浪费。

6. 工程造价信息不对称，概预算执行脱离实际，导致项目投资失控。

7. 合同条款约定不明确，付款方式缺乏操作性，标段界限不清晰，导致工程管理失控。

8. 工程结算资料不齐全，缺乏真实性，造成企业损失。

9. 工程质量管理不规范、工程监理不到位、项目资金不落实，导致工程质量低劣，进度延迟或中断。

10. 设计变更程序不完善、变更费用审核、审批不及时，导致结算久拖不结。

11. 竣工验收不规范，对质量把控不严，数量核对不准，责任划分不清，导致工程交付使用后，存在重大事故隐患或发生责任纠纷。

三、工程项目业务流程

（一）业务图解

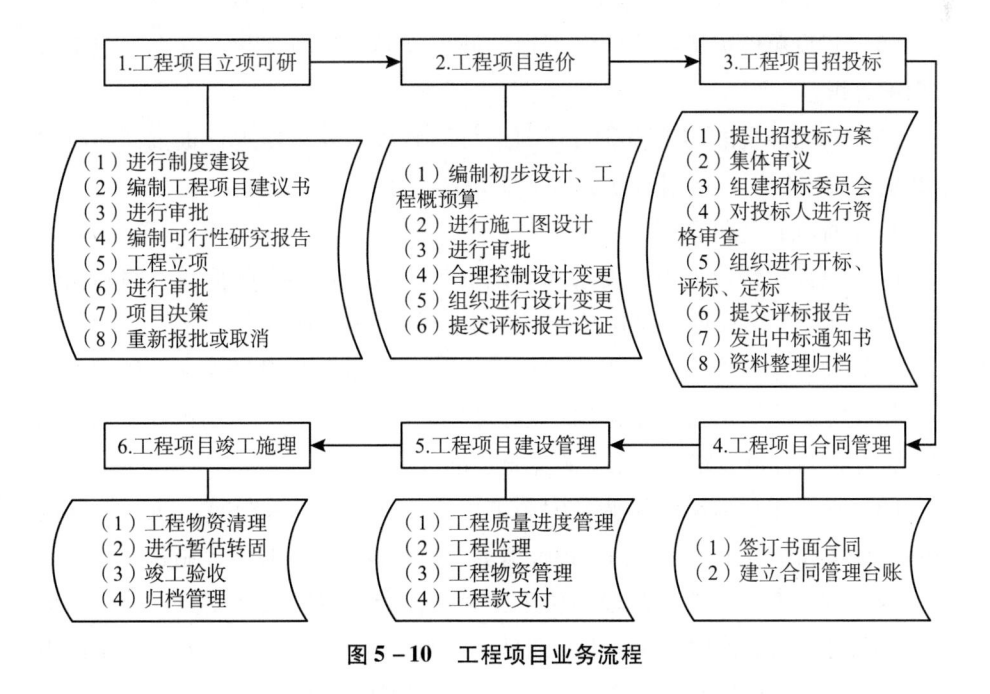

```
1.工程项目立项可研  →  2.工程项目造价  →  3.工程项目招投标
（1）进行制度建设      （1）编制初步设计、       （1）提出招投标方案
（2）编制工程项目建议书    工程概预算            （2）集体审议
（3）进行审批          （2）进行施工图设计       （3）组建招标委员会
（4）编制可行性研究报告   （3）进行审批           （4）对投标人进行资
（5）工程立项          （4）合理控制设计变更        格审查
（6）进行审批          （5）组织进行设计变更     （5）组织进行开标、
（7）项目决策          （6）提交评标报告论证        评标、定标
（8）重新报批或取消                             （6）提交评标报告
                                            （7）发出中标通知书
                                            （8）资料整理归档

6.工程项目竣工施工  ←  5.工程项目建设管理  ←  4.工程项目合同管理
（1）工程物资清理      （1）工程质量进度管理      （1）签订书面合同
（2）进行暂估转固      （2）工程监理             （2）建立合同管理台账
（3）竣工验收          （3）工程物资管理
（4）归档管理          （4）工程款支付
```

图 5-10 工程项目业务流程

（二）关键节点及控制方法

1. 工程项目立项可行性研究管理

（1）建立严格的授权审批制度，明确审批人的审批权限、程序、责任及

相关控制措施，规定各环节人员的职责范围和工作流程，明确工程立项、工程造价、招投标、竣工验收等环节的控制要求，并设置相应的记录或凭证，如实记录各环节业务情况，确保工程项目全过程得到有效控制。

（2）工程项目归口管理部门根据国家和电力行业要求，结合企业实际情况等编制项目建议书，包括项目必要性和依据、投资估算、资金筹措方案、项目进度安排、经济效果和社会效益的初步估计、环境影响的初步评价等。项目建议书编制完成后，按照规定的审批权限进行审批，并根据法规要求报有关部门审批或备案。

（3）工程项目归口管理部门根据审批通过的项目建议书开展可行性研究，编制可行性研究报告。可行性研究报告需论证建设项目在技术、工程、财务、经济、组织等条件上是否可行，并进行全面分析、论证，为立项决策提供依据。

（4）工程项目决策必须以整体战略规划为依据，在工程项目的决策过程中，企业的相关部门应履行其职能，提供必要的、合理的建议。

（5）建设单位依法取得建设用地、城市规划、环境保护、安全、施工等方面的许可。

（6）对已经批准的工程项目规划进行的修改需要重新进行报批，同时对于此前已提交但不再适用的方案应及时申请撤销。

2. 工程项目造价管理

（1）设计单位依据设计要求和基础资料，结合企业实际情况，明确初步设计概算和施工图预算的编制方法，编制工程项目概预算。

（2）建设单位应当组织工程、技术、财会等部门的相关专业人员或委托具有相应资质的中介机构对编制的概算进行审核。重点审查编制依据、项目内容、工程量的计算、定额套用等式完整、准确。

（3）业主单位应组织协调各编制单位完成初步设计及概算、执行概算的编制、评审和批复工作，将初步设计概算、执行概算作为投资控制目标。

（4）加强对工程施工阶段的施工图管理，合理控制设计变更，减少因设计变更而带来的造价增加或施工工期延误。明确专门岗位负责接收设计更改申请，并组织评估设计更改的可行性。设计变更应按规定的格式填写设计变更申请表，并提交工程项目主管部门组织开展设计变更的审核、审批工作。重大设计变更应由主管部门组织工程设计、施工、监理单位等部门开展相关论证，论证方案通过后，由设计部门修改设计图纸并出具设计变更通知书。

3. 工程项目招投标管理

（1）招投标管理部门应当按照相关法律法规，建立健全招投标管理制度，明确应进行招标的工程项目范围、招标方式、招标程序，以及投标、开标、评标、定标等各环节的管理要求。

（2）工程立项后，对于是否采用招标，以及招标方式、标段划分等，应由工程项目主管部门牵头提出方案，报经公司招标决策机构集体审议通过后执行。

（3）组建招标委员会，主要职责包括：负责审定招标有关的规定、办法、程序和范本；决定招标工作的重大问题和重大事项。成立招标管理办公室、评标小组并任命其成员。主持招标会，对招标计划、招标文件、资格评审结果和评标报告等主要环节进行审核。确定中标单位及授权签署正式合同。

（4）遵循公平、公正、科学、择优的原则对投标人进行资格审查，包括：投标人投标合法性审查、投标人管理能力审查、投标人经验与信誉审查、投标人财务能力审查、投标人人员配备能力审查、拟完成项目设备配备情况及技术能力审查等。不得以不合理的条件限制、排斥潜在投标人，不得对潜在投标人实行歧视待遇。

（5）对通过资格评审的投标人统一建立投标人数据库。定期和不定期地组织对数据库中的投标人进行资格复审。

（6）依法组建评标委员会，确保其成员具有较高的职业道德水平，并具备招标项目专业知识和丰富经验。评标委员会成员名单在中标结果确定前应严格保密。评标委员会成员和参与评标的有关工作人员不得私下接触投标人，不得收受投标人任何形式的商业贿赂。

（7）评标委员会成员按照制定的评标标准和方法，对投标文件进行评审、比较和打分。完成评标后，提交书面评标报告，并推荐合格的中标候选人。

（8）中标人确定后，向中标人发出中标通知书，并同时将中标结果通知所有未中标的投标人。中标通知书对招标人和中标人具有法律效力，中标通知书发出后，招标人改变中标结果，或中标人放弃中标项目的，应按照招标文件规定承担法律责任。

（9）招标工作完成后，应对招标有关的文件和资料整理归档，使招标工作具备可追溯性。资料文件主要包括：招标文件、答疑文件、各投标单位投标书、开标过程、评委打分记录、评标报告和中标通知书等。

4. 工程项目合同管理

(1) 中标人确定后,应在规定期限内同中标人订立书面合同,双方不得另行订立背离招标文件实质性内容的其他协议。

(2) 工程施工合同、分包合同、承包合同等应按照国家或公司制定的标准文本签订,明确质量、进度、资金、安全等标准;同时建设单位应建立合同管理台账,记录合同履行情况,避免因合同引发纠纷。

5. 工程项目建设管理

(1) 制定工程项目质量进度计划,建立相应程序和机制确保工程质量进度得到有效管理和控制,对质量进度拖延原因进行分析,并根据合同约定对质量进度拖延的责任进行合理划分并处理。

(2) 工程项目主管部门选定监理单位,采用招投标方式确定监理单位的,需遵循招投标管理控制要求,由双方法人代表签订《工程委托监理合同》,工程项目建设实行严格的工程监理制度,明确工程监理的任务,在施工阶段监理单位需依据合同规定按时进驻施工现场。项目建设过程中进度、质量、安全等情况等应经过监理单位确认。

(3) 建立工程物资采购机制,重大设备和大宗材料的采购应当采用招标方式。公司自行采购工程物资的,应按照工程项目设计和进度提交工程物资采购申请,按照规定的审批权限进行审批。由承包单位采购工程物资的,在施工合同中,应具体说明建筑材料和设备应达到的质量标准,明确责任追究方式。对于施工单位提供的重要材料和工程设备,应由监理机构进行检验,查验材料合格证明和产品合格证书,一般材料要进行抽检。未经监理人员签字,工程物资不得在工程上使用或安装,不得进行下一道工序施工。

(4) 建立完善的工程进度价款支付环节的控制制度,对价款支付的条件、方式以及会计核算程序作出明确规定,确保价款支付及时、正确。支付预付款项、进度款项时应检查是否符合施工合同的规定,金额是否准确。

(5) 财务部门应当安排专职的工程财务人员,开展工程项目核算与财务管理工作。工程财务人员及时跟进工程项目合同的履行情况,合同结算付款前,对工程量、材料价格、结算金额等费用进行审核,确保原始单据真实、完整。

6. 工程项目竣工管理

(1) 应当健全竣工验收各项管理制度,明确竣工验收的条件、标准、程序、组织管理和责任追究等,对竣工清理、竣工决算、竣工审计、竣工验收等做出明确规定，确保竣工决算真实、完整、及时。

（2）在对所有竣工验收的项目办理验收手续之后，对工程物资进行清理，编制竣工决算，分析概预算执行情况，考核投资效果，报上级审查。

（3）固定资产达到预定可使用状态的，承包单位应及时通知建设单位，建设单位会同监理单位初验后应及时对项目价值进行暂估，转入固定资产核算。建设单位财务部门应定期根据所掌握的工程项目进度核对项目固定资产暂估记录。

（4）根据工程项目的规模和复杂程度，可将整个项目的验收分为初步验收和竣工验收两个阶段进行。对于规模较大、较复杂的项目，应先进行初验，然后进行全部项目的竣工验收；对于规模较小、较简单的项目，可一次进行全部项目的竣工验收。竣工验收时，应组成由建设单位、设计单位、施工单位、监理单位等组成的验收组，共同审验。重大项目的验收，可邀请相关方面专家组进行评审。

（5）建设单位应当按照国家有关档案管理的规定，及时收集、整理工程建设各环节的文件资料，建立工程项目档案。需报政府有关部门备案的，应当及时备案。

7. 工程项目后评价及考核

（1）建立工程项目后评价管理制度，明确工程项目后评价的评价范围、开展方式、评价方法等。从项目前期评价、项目实施过程评价、项目运行评价等方面对项目的财务、经济、社会效益开展全面评价。分析项目完成情况，总结经验教训并为未来项目建设提供参考。

（2）建立工程项目考核管理制度，明确工程项目考核方法。建立工程项目负责制，将工程项目的投资、回报与单位负责人及工程负责人的绩效挂钩，并严格执行考核结果。

四、监督评价

1. 工程项目立项可行性研究管理

（1）检查是否建立工程项目相关业务的授权审批制度，是否明确工程项目各环节相关人员的职责范围与工作流程，是否对不相容岗位进行分离，是否对关键岗位进行定期轮岗。

（2）检查项目建议书编制内容是否完整，是否经过相应的审批，需政府部门审批的是否报有关政府部门审批或备案。工程项目可行性研究报告是否经过相关部门全面分析、论证，能否为立项决策提供依据。工程项目决策是否经过集体决策。

（3）检查建设单位是否依法取得建设用地、城市规划、环境保护、安全、施工等方面的许可。

（4）检查对已经批准的工程项目规划进行的修改是否重新进行报批，对于此前已提交但不再适用的方案应是否及时申请撤销。

2. 工程项目造价管理

（1）检查是否明确初步设计概算和施工图预算的编制方法。检查工程项目概预算是否组织工程、技术、财会等部门的相关专业人员或委托具有相应资质的中介机构对编制的概算进行审核。检查概预算中涉及的设备或材料价格能否真实反映市场状况。

（2）检查是否建立合理的工程设计变更程序，是否指定专门岗位负责组织工程设计变更工作。检查设计变更是否经过有效论证和审批。

3. 工程项目招投标管理

（1）检查是否建立健全本单位的招投标管理制度，是否明确应进行招标的工程项目范围、招标方式、招标程序，以及投标、开标、评标、定标等各环节的管理要求。

（2）工程立项后，对于是否采用招标，以及招标方式、标段划分等，工程项目主管部门是否牵头提出招标方案。

（3）检查是否按规定组建招标委员会，是否对投标人进行资格审查。

（4）检查对通过资格评审的投标人是否建立投标人数据库并定期和不定期地组织对数据库中的投标人进行资格复审。

（5）检查是否按规定组建评标委员会，评标委员会成员是否具备相关专业知识及经验。检查是否按照制定的评标标准和方法，对投标文件进行评审、比较和打分并提交评标报告。

（6）检查招标工作完成后，是否对招标有关的文件和资料整理归档；检查招标工作是否具备可追溯性。

4. 工程项目合同管理

（1）检查中标人确定后，是否在规定期限内同中标人订立书面合同。合同是否明确质量、进度、资金、安全等标准。

（2）检查是否建立合同管理台账。

5. 工程项目建设管理

（1）检查是否制定工程项目进度计划，是否明确进度拖延的责任划分及处理程序。

（2）检查工程项目建设是否实行工程监理制度。项目建设过程中进度、质量、安全等情况是否经过监理单位确认。

（3）检查是否建立工程物资采购机制，重大设备和大宗材料的采购是否采用招标方式；检查施工单位提供的重要材料和工程设备，是否经过监理机构进行检验。

（4）检查是否建立完善的工程进度价款支付环节的控制制度；检查支付预付款项、进度款项是否符合施工合同的规定，金额是否准确。

（5）检查财务部门是否安排专职的工程财务人员及时跟进工程项目合同的履行情况，合同结算付款前，是否对工程量、材料价格、结算金额等费用及原始单据进行审核。

6. 工程项目竣工管理

（1）检查是否建立健全竣工验收各项管理制度，明确竣工验收的条件、标准、程序、组织管理和责任追究等。

（2）检查办理验收手续前，是否对工程物资进行清理，编制竣工决算报告；检查是否按规定进行工程验收。

（3）检查固定资产达到预定可使用状态的，是否及时对项目价值进行暂估，转入固定资产核算。

（4）检查工程竣工后，是否对剩余物资进行清理核实、妥善处理。

（5）检查是否按照国家有关档案管理的规定，及时收集、整理工程建设各环节的文件资料，建立工程项目档案；检查需报政府有关部门备案的资料，是否及时备案。

7. 工程项目后评价及考核

（1）检查是否建立工程项目后评价管理制度，明确工程项目后评价的评价范围、开展方式、评价方法等。是否对项目开展后评价工作并形成后评价报告。

（2）检查是否建立工程项目考核管理制度，明确工程项目考核方法并贯彻落实。

五、案例解析

(一)案例简介

A 省电力公司投资兴建一座 2*350 兆瓦火电站,通过招标确定 B 公司为交通运输系统工程的施工单位,合同金额 2 亿元,工期 24 个月。为转移风险,项目合同采用总价固定合同。合同工程 24 个月,实际工期 26 个月。

竣工结算时,B 公司提出变更索赔事项,在原合同金额 2 亿元的基础上,要求增加结算 6000 万元,具体事项如下:

1. 因业主征地拆迁延误工期 4 个月,窝工损失 1000 万元;

2. 设计单位近期未交付设计图纸 2 个月,窝工损失 500 万元;

3. 设计图纸变更增加工程量 2000 万元;

4. 甲供材料多次发生质量验收不合格,窝工 1 个月,窝工损失 250 万元;

5. 因为业主的原因延误工期共 7 个月,为赶回工期,增加赶工措施费 250 万元;

6. 施工期间钢材价格上涨,增加 1500 万元;

7. 因山洪暴发淹埋施工设备等损失 500 万元。

业主以合同为总价固定为由,拒绝增加结算金额。施工方就此提出法律诉讼。法院一审判决变更索赔金额为 4100 万元,分别为:

1. 因业主征地拆迁、设计图纸未按期交付、甲供材料不合格等的窝工损失 1750 万元;

2. 赶工措施费 250 万元;

3. 因合同中未约定施工方关于工程量变更的风险责任范围,法院支持施工方关于工程量增加形成的变更 2000 万元;

4. 施工期间钢材上涨 1500 万元,其中因业主原因造成工期延误 7 个月,在采取赶工措施后,实际延误 2 个月,法院判决支持这 2 个月期间的材料上涨索赔,金额为 100 万元。

对山洪暴发引发的损失,法院以不可抗力损失不应业主承担为由,未予支持。

(二)案例分析

固定总价合同又称包死合同,即合同价款一经确定,除业主增加工程量和设计变更外一律不调整,对业主而言具有结算简便、风险易控等优点,适用于工期短、合同范围明确的小型项目。本项目工期较长、合同金额较大,业主仍采用固定总价合同,本意就是要将合同的主要风险转移到施工方。但 B 公司从工期延误入手寻找业主违约责任，造成业主处于被动局面，也显示出业主在项目管理中存在不足。

1. 征地拆迁工作不力。B 公司进场时业主还有一部分拆迁工作未完成，拆迁户在原拆迁方案上，共提出增加拆迁费 400 万元，双方僵持不下。经过几次谈判，最终增加拆迁费 250 万元。但为此延误工期 4 个月，需要补偿施工方损失 1000 万元，即整个拆迁事件业主实际多支付 850 万元，并延误了施工工期。

2. 风险意识不强。从表面上看，业主对施工外包采用固定总价合同，将工程"量、价"方面的主要风险转移给了施工方，但对于其他合同未注意风险转移问题。如设计合同中未约定因设计图纸延迟交付对设计单位的违约责任；材料采购合同中对于不合格材料，虽然明确要由供应商进行调换，但未要求其赔偿由此造成的工期延误等方面的损失。由于未将风险转移到设计单位、供货商，造成业主损失 750 万元。

3. 项目运作不规范，存在"边施工、边设计、边修改"现象。在施工方正式进场后，不少细部设计还未出图，同时原来的设计出现漏项，如未考虑灰管检修公路，造成较大的设计变更，致使最终结算价款超出工程设计概算。

（三）案例启示

1. 工程外包未充分考虑合同风险，尤其是当承包方涉及多个主体单位时，要注意风险在各单位之间的转移和平衡，避免出现风险防控出现漏项情况。

2. 在履行合同过程中，业主单位要关注自身的履约情况，尤其是要避免因自身原因给施工方的履约造成障碍。对于征地拆迁等可以预见的事项，应当在合同中要求施工方充分考虑相关因素，合理安排施工，以避免窝工赔偿。

3. 加强设计审查。业主方可以组织专家对施工图设计进行会审，防止出现设计漏项。同时应当在设计发包合同中明确设计单位因设计失误承担的赔偿责任。

第十节　采 购 业 务

采购业务是指购买物资（或劳务）及支付款项等相关活动。采购是生产建设各项业务活动生命周期的初始环节，涵盖企业正常生产经营所需的原料、物资和设备的供应。电力企业采购业务的主要目标是合理采购、规范采购行为，降低采购成本、提高采购质量，确保电力生产和日常工作的安全、经济、可靠运行。

电力企业应遵守相关法律法规要求，建立并完善采购业务相关管理制度，统筹安排采购计划，明确采购申请、审批、采购、验收、付款、后评估等环节的职责、审批权限及关键控制要求，严格采购程序、规范采购行为、杜绝过度采购。以"集中、统一、精益、高效"为目标，实行集中化、标准化物资采购，打造统一集中采购平台，提高采购业务效率、降低采购成本、提高采购质量、堵塞管理漏洞。大力推进采购信息系统，覆盖采购业务各环节，实现采购活动全过程系统管理控制。

本节适用于电力企业。

一、控制目标

1. 科学合理编制执行物资规划，及时准确提出采购需求计划，完整准确编制采购计划，且与年度预算相符。

2. 对不同类别物资（服务），确定适宜、恰当的采购方式和标准。

3. 依法开展采购招标、非招标活动，建立集中采购体系，提高经济效益，保证采购质量。采购招标活动遵循公开、公平、公正和诚实信用原则，达到科学、择优的采购目的。采购非招标活动遵循客观、公正、廉洁原则并接受有关部门监督，达到技术、服务择优的采购目的。

4. 依法建立高效的信息化采购平台，配备专业人员。

5. 建立科学的供应商评估和准入制度，确定合格供应商清单。

6. 建立相关制度以规范采购合同签订及审批流程，规范运用统一合同范本，按照规定权限签订合同。建立完整准确的采购合同台账，对采购合同进行综合管理。

7. 与供应商进行有效沟通，合理安排物资供货周期，以满足需求单位生产建设需求。

8. 对于物资质量进行严格监督，对于供应商不良行为进行及时处理，实现对供应商物资质量及服务质量的管控。

9. 建立严格的采购验收制度，确定检验方式，由专门的验收机构或人员组织验收，对验收不合格物资及时办理退换或索赔。

10. 建立相关制度以规范应急物资/服务储备、采购及调拨业务，确保突发情况下的电网正常运行。

11. 严格执行资金预算支付流程，明确付款审核人的责任和权力，按照合同约定合理安排资金支付时间，严格审核预算、合同、相关单据凭证、审批程序等相关内容。

12. 确保会计记录、采购记录与仓储记录核对一致。

二、主要风险

1. 物资规划不合理,导致资源浪费增加、运营效率与效果降低、阻碍战略目标的实现。

2. 采购计划不准确或市场变化预测不准确,造成库存短缺或积压,资产使用效率降低,导致企业生产停滞或资源浪费。

3. 计划外采购时,未按规定执行审批程序,存在舞弊现象。

4. 供应商选择不当,采购方式不合理,招投标机制不科学,导致采购物资质次价高,存在舞弊或遭受欺诈,造成损失。

5. 统一合同文本条款不合理、不严密、不完整或不明确,或者合同文本信息不准确,无法满足实际业务需求,导致重大误解或合同纠纷。

6. 合同授权管理不严格,授权事项、授权范围、授权人不满足公司合同签署要求及相关法律法规要求,合同效力受质疑,带来法律诉讼风险。

7. 未建立合同台账或合同台账内容不全、更新不及时,导致合同管理信息不全,无法有效跟踪合同履约情况。

8. 合同档案管理不规范、不完整,归档时间、归档文本内容、归档地点缺乏相关规定,存在随意性,导致合同丢失。

9. 合同变更原因不合理,变更事项不准确;合同解除的支持材料不完整、不合法;合同解除时未对合同相关的款项、货物等条件进行有效核实;合同纠纷处理方案不合理、合同纠纷处理不及时,导致合同不能满足企业采购需求。

10. 供货计划不合理,无法满足各单位生产建设需求,供货计划的制定和更新未与供应商进行及时协调确认,导致不能按照生产经营要求进行供货。

11. 供应商的生产供货进度滞后且未监控和及时处理,影响工程进度,导致供货延误,影响生产。

12. 采购验收标准不明确、验收程序不规范,导致不合格物资流入企业,影响生产建设质量。不合格物资未及时办相关手续,导致企业经济受损。

13. 质量监督方式选择不合理或针对性不强,无法满足质量监督管理要求;未按质量监督方案执行,或未整改发现问题、监督见证不到位,导致设备存在缺陷,不能按时交货或为投运后留下隐患。

14. 应急物资储备不合理、物资调拨不及时，出现电网停电、电站停运，造成经济损失。

15. 采购合同款项支付资金预算编制不准确，影响采购款项支付。

16. 付款审核不严格、付款金额控制不严，即未按照合同支付和实际供货情况支付，导致资金损失或信誉受损。

17. 编制凭证时，采购订单/合同、入库单和供应商发票不一致，会计核算不准确，导致增值税进项税抵扣不准确或存在舞弊。

三、采购业务业务流程

（一）业务图解

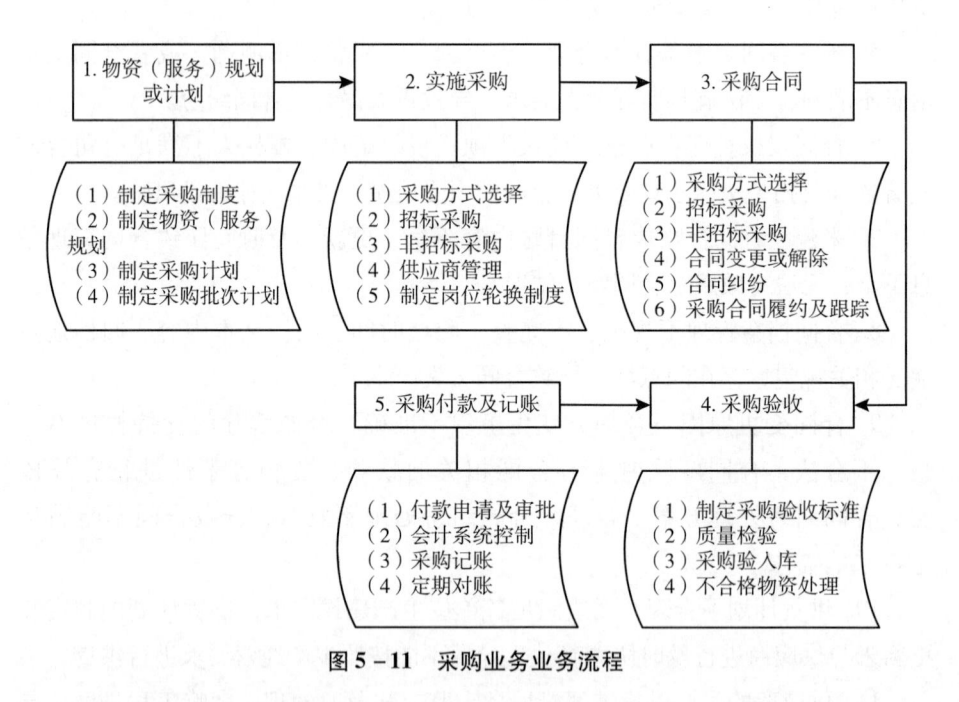

```
┌─────────────┐    ┌─────────────┐    ┌─────────────┐
│1.物资（服务）│───▶│ 2.实施采购  │───▶│ 3.采购合同  │
│规划或计划   │    │             │    │             │
└─────────────┘    └─────────────┘    └─────────────┘
       │                   │                   │
       ▼                   ▼                   ▼
┌─────────────┐    ┌─────────────┐    ┌─────────────┐
│(1)制定采购  │    │(1)采购方式  │    │(1)采购方式  │
│制度         │    │选择         │    │选择         │
│(2)制定物资  │    │(2)招标采购  │    │(2)招标采购  │
│(服务)规划   │    │(3)非招标采购│    │(3)非招标采购│
│(3)制定采购  │    │(4)供应商管理│    │(4)合同变更  │
│计划         │    │(5)制定岗位  │    │或解除       │
│(4)制定采购  │    │轮换制度     │    │(5)合同纠纷  │
│批次计划     │    │             │    │(6)采购合同  │
│             │    │             │    │履约及跟踪   │
└─────────────┘    └─────────────┘    └─────────────┘

                   ┌─────────────┐    ┌─────────────┐
                   │5.采购付款   │───▶│ 4.采购验收  │
                   │及记账       │    │             │
                   └─────────────┘    └─────────────┘
                          │                   │
                          ▼                   ▼
                   ┌─────────────┐    ┌─────────────┐
                   │(1)付款申请  │    │(1)制定采购  │
                   │及审批       │    │验收标准     │
                   │(2)会计系统  │    │(2)质量检验  │
                   │控制         │    │(3)采购验入库│
                   │(3)采购记账  │    │(4)不合格物资│
                   │(4)定期对账  │    │处理         │
                   └─────────────┘    └─────────────┘
```

图 5-11 采购业务业务流程

（二）关键节点及控制方法

1. 物资/服务规划及计划

（1）企业应建立健全采购管理相关制度，科学规范物资（服务）规划与计划、实施采购、采购合同管理、采购验收等流程。

（2）企业应充分考虑本公司发展战略、业务变化及市场趋势变化，合理编制物资规划。

（3）企业应及时掌握市场供需变化和技术发展形势，对物资属性、需求及市场情况进行充分分析，建立采购目录，为重要物资确定恰当的采购方式和标准。

（4）企业需求部门/单位应根据全年集中招标采购批次计划时间安排，提出合理的物资/服务需求。

（5）企业物资管理人员应充分收集物资/服务需求信息，保证物资/服务需求与实际需求相符合。

（6）企业年度物资/服务需求计划应与公司年度综合计划、固定资产投资计划、财务预算一致。

（7）企业应加强需求计划的刚性管理，避免由于管理原因造成批次外采购；如特殊情况必须采购时，应启动批次外采购审批流程。

（8）企业根据需求计划制定采购计划时，应充分考虑进行适当范围内的平衡利库。

（9）企业采购计划中提出的技术规范、数量、估算金额、交货期等因素应准确、完整，且符合公司管理规定。

（10）企业制定物资/服务采购批次计划安排时，应充分考虑对工程里程碑计划、市场情况、供求关系、价格变动的影响。

（11）企业应按照各批次计划申报时间节点，及时申报采购计划。

2. 实施采购

（1）企业应明确采购方式的选择依据、程序及标准，并建立监管机制。

（2）企业应健全招标文件审核程序、招标公告的发布审核程序，同时应规定组建评标委员会，对评标全流程进行管理，并建立相应的监督机制。

（3）企业应为非招标形式的采购确定恰当的采购方式、标准和审批程序。

（4）企业应考虑本企业战略、业务变化及市场趋势变化，配备能满足发展规模的采购电子化操作平台和专业人员。

（5）企业应按规定建立评标专家库，建立评标专家资格审批制度，对评标专家专业水平、工作态度等进行定期考核，对评标专家库数据进行新增、变更和撤销。

（6）企业采购部门应制定供应商管理制度，明确供应商选择及评估的依据和标准，同时建立并实时更新合格供应商名录。

（7）企业应制定相关岗位轮换制度，对采购业务人员岗位轮换周期、频率、涉及岗位进行明确规定，采购部门按照制度规定定期进行岗位轮换。

3. 采购合同

（1）企业采购部门应组织法律、技术、财务等专业进行采购统一合同文本的编制与修订工作，形成合同范本。

（2）企业采购部门应按照请购部门的需求提出物资采购合同签署授权或授权变更申请，经法律、财务部门进行会签后，传递至合同授权归口管理部门进行授权委托处理。

（3）依据采购结果，采购部门应根据确定的供应商、采购方式、采购价格等情况，运用统一合同范本拟定采购合同，准确描述合同条款，明确双方权利、义务和违约责任，经法律、技术、财务专业会签后，按照规定权限签署采购合同。

（4）企业采购部门应根据中标或中选结果签署合同，并编制合同台账，内容包括合同编号、招标批次、中标结果生成时间、合同生效时间和合同审批时间等。

（5）核对移交的合同档案资料与移交清单相符后，企业采购部门应将资料交接给相应的档案管理部门，并且双方在移交清单上签字确认。

（6）企业采购部门分管领导应从合同变更或解除的合理、合规性审阅合同变更申请，审核同意后在审批单据上签字或盖章确认。

（7）发生纠纷时，企业采购部门将合同纠纷说明及相关文件提交有关部门，提出协调方案并与供应商协商解决。

（8）企业采购部门根据工程物资现场到货需求、供应商排产、交货安排等信息，形成详细的供货计划，综合平衡需求部门提出的物资到货需求和供应商提出的物资供应计划变更需求。

（9）企业采购部门根据跟踪清单及时了解供应商物资生产情况，若生产进度无法满足企业的生产建设需求，则需及时以书面形式通知供应商整改并获取反馈。

（10）物资质量监督实施部门/单位将物资质量、进度等信息，上报至采购部门，对于重大问题则需编制问题报告，采购部门给出初步意见后，监督供应商整改落实。

（11）企业应综合考虑应急物资储备需求、实际库存情况等信息，建立合理的应急物资储备定额，并根据应急物资需求，及时进行物资调拨。

4. 采购验收

（1）企业应制定严格的采购物资验收标准，结合物资特性确定检验物资目录，规定此类物资出具质量检验报告后方可入库。

（2）企业验收人员查看到货物资的质量检验证明，检验采购物资的数量、质量、规格型号等是否与采购合同及货物交接单相一致。对于专业性或大宗的新特物资，还需要质量检验部门对其进行专业检测。

（3）对于工程物资，企业采购部门应组织需求部门根据货物交接单，采购合同进行物资到货验收，采购部门、供应商、项目单位、监理单位、施工单位共同检查装箱单、合格证和出厂报告三证是否齐全，核对数量、型号等是否符合合同要求，验收完成后各现场验收人员均需在到货验收单上签字确认。

（4）对于不合格物资，企业采购部门依据检验结果办理退货、索赔等事宜。

5. 采购付款及记账

（1）企业采购部门根据采购合同及到货情况提出付款申请，按规定的审批层级上报审批通过后，财务部门审查是否符合资金预算，采购付款金额是否与采购合同、相关单据相符，审核无误后，按照合同规定办理付款事宜。

（2）企业应加强对购买、验收、付款业务的会计系统控制，针对采购业务各环节进行详细的记录，确保会计记录、采购记录与仓储记录核对一致。

（3）采购部门与财务部门定期与供应商核对应付账款、预付账款余额，如有差异，及时查找原因，进行调节。

（4）企业财务人员应根据国家、财务管理制度和规定进行会计核算，确保会计信息准确、真实。

四、监督评价

1. 物资/服务规划及计划

（1）检查是否建立采购管理制度。

（2）检查是否建立物资规划审批流程、规定时效，并履行各级审批。

（3）检查物资需求计划是否与综合计划、投资计划、预算等保持一致。

（4）检查是否建立批次外采购审批流程，并严格执行。

（5）检查采购计划制定前是否进行平衡利库工作。

（6）检查采购批次计划制定是否充分考虑各项因素，如工程里程碑、市场情况、供求关系、价格变动等。

2. 实施采购

（1）检查是否明确招标及非招标等采购方式的范围、依据、标准及程序并严格执行。

（2）检查是否存在为规避招标采购，对招标项目化整为零或以其他方式规避的情况。

（3）检查是否建立招标文件审核、招标公告发布审核程序，并严格执行。

（4）检查评标委员会专家是否具备足够资质，是否按规定组建评标委员会，是否对评标全流程管理和监督。

（5）检查非招标采购方式的选择是否恰当。

（6）检查是否配备采购信息系统及足够资质的人员操作该系统。

（7）检查是否定期更新评标专家库，并对评标专家予以考核。

（8）检查是否建立并严格履行供应商准入机制，并定期对供应商履行情况进行评估。

（9）检查是否建立并履行采购人员岗位轮换制度。

3. 采购合同

（1）检查是否依据中标结果且应用统一合同范本签订采购合同。

（2）签订采购合同时，检查是否组织法律、技术、财会等专业人员进行谈判或会签。

（3）检查是否建立合同台账，并完成合同归档工作。

（4）检查合同变更或解除是否合理，且经过相关审批流程。

（5）检查合同纠纷处理是否合理。

（6）检查是否与供应商制定供货计划，跟踪督促其生产，同时对其开展质量监督工作。

4. 采购验收

（1）检查是否制定严格的采购验收及质量监督标准。

（2）检查验收部门或人员是否按要求进行采购验收，对于专业性强的、大宗的和新、特物资，是否已进行专业测试。

（3）对于不合格物资，检查是否及时办理退货或索赔等相关事宜。

5. 采购付款与记账

（1）检查付款申请是否依据授权经过审批，财务部门是否对付款申请、采购合同、入库单、发票等相关单据进行复核。

（2）检查财务人员是否做好采购业务各环节的记录，确保会计记录、采购记录与仓储记录核对一致。

（3）检查采购部门与财务部门是否定期与供应商核对应付账款、预付账款余额。

五、案例解析

（一）案例简介

电力建设项目采购金额大，招标周期紧，设备分类多，参与的投标方众多，招投标难度较大。一般来说，电力企业会成立或聘用专业的招标代理机构完成招标流程。

（二）案例分析

招标方及招标代理机构一般应该关注：

1. 严格执行招标程序。招标文件的编写、评标办法的制订，评标程序以及对招标过程中出现问题的处理都必须符合法律法规的规定。招标代理机构在评标办法制订、开标、评标和评标报告的审查环节都请用户、用户主管部门和纪检人员全程参与，保证招评标工作在没有干扰的环境下进行，保证了招标结果的公平、公正、客观、科学。

2. 招标文件内容充分、严谨。招标文件既要客观、准确反映出用户的需求，又要最大化促进投标竞争，招标文件是投标人投标的依据，也是评委会评标的依据。高质量的招标文件便于潜在投标人充分清楚地理解招标要求，对他们制作投标文件以及今后的评标工作均带来很大的方便。因此需要重视招标文件的编写，要不断加强和用户的沟通，参加招标文件技术部分的审查会，及时了解用户对项目的要求，力求将用户的需求进行量化、在招标文件中具体详实反映出来。招标文件各部分要相互呼应，而不能相互独立或者不能存在矛盾。

3. 有序组织开标、评估工作。由于项目分包较多，每个分包项目的投标人也较多，因此必须制定详细周全的开标工作计划。可以考虑的方式包括使用电子化招投标系统开标，减少开标时间；以及制作开标操作指南，提高工作人员的工作准确率。评标前招标方应向评委会介绍项目情况，并公布初步时间计划及其他安排，保持所有评标人员工作的一致性。

4. 使用电子化招标系统提高招标工作效率。投标人只需制作电子版投标文件，电子签名并加密后成功上传招标人服务器，即完成了整个投标过程，节省了打印装订搬运过程，降低了劳动强度和投标风险。而评委会技术组和商务组可以分别对各投标文件进行评审，借助电子化招投标系统的功能，自动计算处理，不但结果精确，还大大减轻了工作人员的负担，有效缩短了评标周期。

（三）案例启示

电力建设项目设备公开招标过程中，使用电子化招投标系统实现了业务全覆盖,包括采购标准、采购管理(公开招标、谈判、询价、竞价)、合同管理、供应商关系管理、专家管理、产品质量监督;对法定公开事项、信息实现了更加准确、及时、全面的公开,更加强化了买方的自律约束,更加全面、充分、便捷、高效地实现了包括投标人及其利害关系人在内的社会监督、行政监督和监察监督,更加有效地防范了弄虚作假、暗箱操作、串通投标等问题,实现了时间的节约、资金的节约、劳动的节约,最终实现资源的优化配置。

第十一节 研究与开发

研发与开发,是指企业为获取新产品、新技术、新工艺等所开展的各种研发活动。在电力行业中,主要指相关电力研究院、科技型企业或工艺技术部门为提升电力技术和装备能力、延长设备使用寿命、降低燃料成本和输配电成本、减少环境污染、提高社会价值等所开展的一系列研究开发活动。

本节适应于所有电力企业。

一、控制目标

1. 确保研究与开发项目与国家政策及企业发展战略保持一致,项目规划注重国家层面顶层设计,与国家规划形成有效衔接与关联。

2. 建立良好的研究与开发技术的评估及审核机制,保障研发项目前期审核、评估的科学、有效,实现落地应用的可行性。

3. 对研发进度进行科学有效地管理,及时分析反馈项目进度中出现的问题,保障研发项目的进度,提高企业经营效率。

4. 保护研究与开发成果的知识产权免受剽窃、侵犯,保护企业利益。

5. 对研发成果进行及时、有效、准确地评估、分析与推广应用。

二、主要风险

1. 对国家政策或法律法规理解不到位,导致新产品、新工艺、新技术等研发项目未能有效立项并研究与开发,失去市场先机或对电力企业完成经营目标带来不确定影响。

2. 研究与开发项目工艺落后,导致重新进行设计与规划的风险,降低效率及增加经济成本。

3. 研究与开发进度缓慢,导致设备老化、工艺水平差、安全故障率较高的传统设备无法按时进行技术升级改造，使企业蒙受损失。

4. 电力企业所研发的新工艺、新技术等研发成果没有得到适当的保护，导致研发成果流失。

5. 未能对研究与开发成果进行及时有效地评估，导致不能及时准确地分析并判断研究成果的价值，并相应采取风险规避措施，使得企业遭受损失。

三、研究与开发业务流程

（一）业务图解

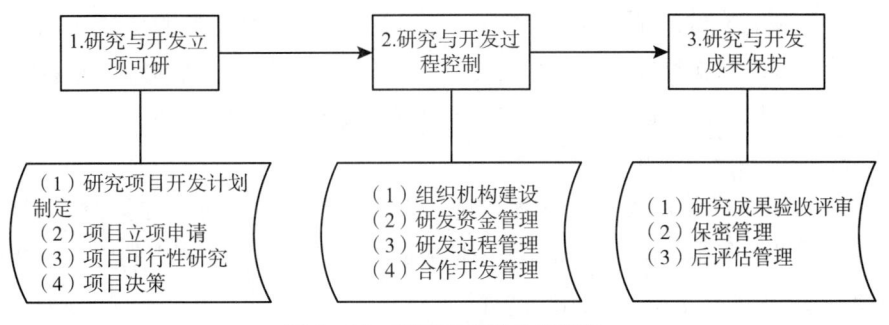

图 5-12　研究与开发业务流程

流程节点：
1. 研究与开发立项可研
   （1）研究项目开发计划制定
   （2）项目立项申请
   （3）项目可行性研究
   （4）项目决策

2. 研究与开发过程控制
   （1）组织机构建设
   （2）研发资金管理
   （3）研发过程管理
   （4）合作开发管理

3. 研究与开发成果保护
   （1）研究成果验收评审
   （2）保密管理
   （3）后评估管理

（二）关键节点及控制方法

1. 研究与开发立项可研

（1）结合国家政策、企业发展战略、市场及技术现状，制定符合企业发展战略和实际需要的研究项目开发计划，提出研究项目立项申请，进行可行性研究，如有必要可组织专业机构和人员进行咨询评估，并按照企业规定的程序开展审批、决策程序。企业应严格按照审核程序的要求，做好研究与开发项目的管理工作。企业可结合实际，明确研究与开发归口管理部门，负责本单位研究与开发项目的管理，项目立项须经企业主要负责人或根据项目属性由国家电力监管机构进行审核。

（2）可行性研究评估应当重点关注项目的必要性、技术的先进性以及成果转化的可行性。合理调研并征集电力企业内部各单位及部门提出的经领导审核后的需求，确保研发项目能够解决企业实际问题，满足企业发展目标及国家整体规划路线。

2. 研究与开发过程控制

（1）建立明确的研发项目组织架构，建立完善的研发过程管理与控制程序,建立研发进度信息搜集、反馈、分析、预测和处理等管理制度,实现对研发项目进展的有效管理。

(2) 研究开发项目要实行资本金制度,明确资金使用方的权利、义务,保障研究资金的持续投入,对过程中的物资使用、人员资质等环节进行严格把关,做到物尽其用、人尽其能。

(3) 对外单位承包的研究与开发项目,要采取严格措施进行合作开发管理,对受托单位进行严格遴选,并签订书面合同,明确合同执行过程中的约束规则、研究成果产权归属、使用权归属、项目研究进度、质量标准和专利申请权归属等内容。

(4) 执行有效的项目验收计划和具体方案,配备具有验收资质及独立性的评价专家组,验收报告与结算报告须根据项目影响程度由企业不同层级领导或国家监管机构进行审核,对验收不合格或需要调整的项目及时进行处理。

3. 研究与开发成果保护

(1) 加强对研发成果的管理,建立研发成果保护制度,加强对专利权、非专利技术、商业秘密及研发过程中形成的各类涉密图纸、资料的管理,严格按照制度规定进行借阅和使用。

(2) 建立严格的核心研究人员管理制度,明确界定核心研究人员范围和名册清单,签署符合国家有关法律法规要求的保密协议。

(3) 研发项目验收后一定时间的,应组织专业人员对研发工作进行全面系统的评估检查,针对不同的项目类别建立对应的评估指标体系,对项目成果进行客观评价,为提升后续研发质量提供科学依据。

(4) 研发成果应得到有效维护,并纳入企业整体预算,避免成果维护无法得到有效支持,如成果需要办理权属变更、废止等情况,须得到相关部门有效审批后进行处理。

四、监督评价

1. 研究与开发立项可研
检查研发项目开发计划是否符合国家政策、企业发展战略、市场及技术现状,是否进行可行性研究,是否按照企业规定的程序开展审批、决策程序。

2. 研究与开发过程控制
(1) 检查是否建立明确的研发项目组织架构、研究过程管理与控制程序。
(2) 检查研究开发项目的资金使用情况。

（3）检查对外单位承包的研究与开发项目，是否签订书面合同，是否明确合同执行过程中的约束规则、研究成果产权归属、使用权归属、项目研究进度、质量标准和专利申请权归属等。

（4）检查是否建立研发成果验收制度，验收人员资质与验收报告内容是否符合制度要求，是否得到有效审核。

3. 研究与开发成果保护

（1）检查是否建立研究成果保护制度、核心研究人员管理制度等，检查对项目是否进行保密管理。

（2）检查是否对研发项目进行后评估管理。

（3）检查项目成果维护、变更等过程是否得到有效处理。

五、案例解析

（一）案例简介

某集团下属某公司是在国家十一五"西部大开发"、"西电东送"推进能源转换战略性调整形势下成长发展起来的发电企业。在全国电力市场低迷的几年间，该公司却取得了经营发展的丰硕成果，创造了该集团在西部发展的新奇迹。

根据生产经营发展需要，该公司始终不断总结管理中的不足，增强研究创新意识和创新手段，该公司通过研究开发的燃料智能化项目，实施了燃料管理入厂验收环节无人操作，实现了燃料管理全过程的数据化、智能化和自动化，形成燃料管理"本质廉洁型"机制，成为集团燃料管理经验推广单位。

针对该下属公司在燃料智能化领域取得的突破性进展，该集团先后制定印发了集团公司燃料智能化管理建设规划和技术方案，在建立燃料智能化建设新标准的同时，加大了建设的推进步伐。在试点的基础上，该集团共安排34家电厂开展燃料智能化建设工作。同时，对于新建火电企业，集团要求智能化管理系统建设工作要做到同步设计、同步建设、同步投运。

（二）案例分析

燃料智能化管理研究项目成功后，该发电企业裁撤了燃料入厂管理、出厂管理、采样、计量、制样5个人工操作岗位，减少劳动用工20多人。

以设备自动化为基础、管理信息化为载体的燃料智能化管理促进燃料管理实现了多个转变。管理对象由管理人员转变为管理流程、管理设备，管理方式由手工操作、体力劳动转变为全过程自动化、信息化等。

智能化管理系统给管理决策带来更及时的信息数据。以往，在每月8日以后才能查看上个月的月报分析，现在最迟每个月第二天后，就能拿到整体的信息汇总分析信息，并且管理系统可以对各个单位、各个月、分矿、分煤种、分热值、分供应商、分地区、分合同来进行查询、分析、数据比对和排序，更加快速精细地为企业提供管理信息。

由管人到管设备的转变在燃料管理这一重点领域意义重大。通过技术革新，堵上了燃料管理的腐败之门，保障关键岗位从业人员防腐拒变、不出问题。

（三）案例启示

燃料是火力发电的主要成本，随着电力体制改革形势的推动，原来计划经济模式下所形成的燃料管理机制已不适应当前电力体制的改革需要，火力发电企业要想降低企业生产和经营运行成本，需要在燃料管理手段上，加强研究开发的力度，在燃料管理模式上进行突破和创新。燃料智能化研究项目成功的关键在于达成了以下几点控制目标：

1. 研究与开发的可行性分析到位，实施后消除燃料入厂、称重、采样、制样、化验等环节中可能存在的人为干扰因素；

2. 研究与开发的过程控制较好，项目按时精准获取化验、存放数据，指导科学掺烧，实现电厂经济化运行；

3. 开发的管理效益明显，降低电厂燃料管理工作强度，改善工作环境，提高全员工作效率，提升电厂的燃料管理水平。

第十二节　资　产　管　理

资产管理，是指电力企业对其拥有或控制的存货、固定资产和无形资产等进行相关的管理活动，管理活动包括资产新增、资产运行、资产退出。存货是指为了保障安全生产的备品备件以及相关的设备维护工具等。固定资产是通过外购而持有的有形资产或自建获得的资产，电力企业固定资产价值高、分布广、建设及使用周期较长，固定资产的分类和具体范围按固定资产目录执行。无形资产指其拥有或者控制的没有实物形态的可辨认非货币性资产、外购或自行研制开发的专利权、专有技术等知识产权，以及企业取得的土地使用权等。

在电力行业中，资产的构成、分类复杂，覆盖面大，就其固定资产分类而言可以分为发电设备、输电线路、变电设备、配电线路及设备、用电计量设备及通讯设备、自动化设备、运输设备等十几大类。电力企业资产分布较为分散,资产使用部门多,包括直属部门、农电公司、检修部门、运行部门、生产技术部门等。电力企业的资产从规划、购置、安装、调试、使用、维修、改造和更新直至报废,寿命周期都在数十年以上,数量多,金额大。

本节适应于所有电力企业。

一、控制目标

1. 年度投资计划/预算管理符合企业长期发展战略要求和日常生产经营需求。

2. 资产购置与预算相符,并履行相应的审批流程。

3. 规范验收流程,并按照合同规定支付货款或工程进度款,保证资产的取得依据充分适当。

4. 确保固定资产入账及时、准确,并更新固定资产目录与卡片,保证固定资产的安全、完整、账实相符。

5. 制定并严格执行资产日常维护与修理计划,确保固定资产平稳运行、安全生产,提高资产使用效率。

6. 采用科学的盘点技术,对企业实物资产进行清查及盘点。

7. 确保存货预算、采购计划编制合理,符合生产经营计划和市场因素,存货库存合理。

8. 实物资产管理部门及无形资产归口管理部门分别对实物资产及无形资产进行有效评估,开展技术改进或技术升级。

9. 加强资产处置的监督与管理,关注资产处置中的关联交易和处置定价,防范资产流失。

10. 规范资产核算相关程序,保证资产核算的真实性、准确性和完整性。

二、主要风险

1. 资产管理不符合国家法律、法规和公司内部规章制度的要求,可能造成资产损失。

2. 资产购置偏离预算,未按照规定执行相应的授权,导致企业资产损失。

3. 资产的购买、建造决策失误,验收流程不规范,或未按合同规定进行付款,导致企业资产损失或资源浪费。

4. 资产维修不及时或失当,导致企业缺乏核心竞争力、资产价值贬损,引起安全生产事故或停产。

5. 资产日常维护不当,导致资产使用效率低下或资产损失。

6. 采用落后的资产盘点方法和技术，实物资产监管不严，导致固定资产损失。

7. 存货积压或短缺，导致流动性不足、存货价值贬损或生产中断。

8. 无形资产管理不当、权属不清，保密工作不到位，造成流失及被盗用，导致企业法律纠纷，使企业经济利益受到损失。

9. 资产未按照规定进行处置，处置清理程序不规范不透明，导致企业利益受损。

10. 会计核算不规范，会计处理、账簿记录有误，导致固定资产账实不符。

三、资产管理业务流程

（一）业务图解

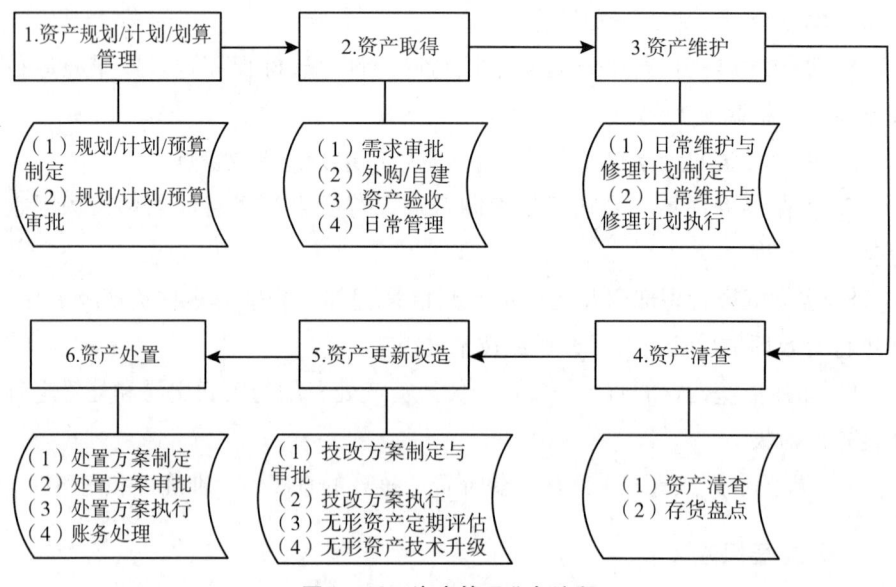

图 5-13　资产管理业务流程

（二）关键节点及控制方法

1. 年度投资计划/预算管理

企业应结合国家政策规定、市场行情及公司经营情况，建立健全资产管理相关制度，建立科学规范的年度投资计划和预算管理控制流程。

2. 资产取得

（1）需求部门向主管部门提交需求计划，主管部门相关领导按职权审批范围确认需求属于预算范围内的复核审批，由物资采购部门或专人进行购置，验收后转交财务部门备案后付款。预算外申请原则上不予批准，如特殊情况必须采购时，应启动预算外审批流程，通过后方可购置。

（2）建立健全企业招投标管理制度，明确招标范围、招标方式、招标程序、合同管理，以及投标、开标、评标、定标等各环节的管理要求并严格执行。

（3）外购资产应当由采购人员、采购单位人员及专业人员根据采购申请、采购合同、供应商发货单等对所购固定资产的品种、规格、数量、质量、技术要求等进行验收并出具验收单，编制验收报告。自行建造的资产，应由建造部门、固定资产管理部门、使用部门共同填制固定资产移交使用验收单，验收合格后移交使用部门投入使用。验收合格后，财务人员根据采购人员提交的采购合同和入库单（收货单）与取得的发票进行审核确认。

（4）财务人员根据合同规定支付资产购置款和基建项目工程进度款。未通过验收的不合格资产，不得接收，必须按照合同等有关规定办理退换货或其他弥补措施。对于具有权属证明的资产，取得时必须有合法的权属证书。

（5）固定资产实物管理部门建立设备卡片，财务部门确认后联动生成固定资产卡片，固定资产卡片的信息符合固定资产目录要求。明确固定资产信息及相关责任人。企业应根据固定资产划分标准，结合自身实际情况，制定固定资产目录，列明固定资产编号、名称、种类、所在地点、使用部门、责任部门、数量、账面价值、使用年限、损耗等内容。建立固定资产卡片，在编号上保持同资产目录一致。固定资产按照规定进行复核。

（6）财务人员应合理区分收益性支出、资本性支出界限进行会计核算。固定资产归口管理部门定期与财务部门对账，及时调整出现差异。

（7）存货管理部门应采用先进的存货管理技术和方法，规范存货管理流程，明确存货取得、验收入库、原料加工、仓储保管、领用发出、盘点处置等环节的管理要求，充分利用信息系统，强化会计、出入库等相关记录，确保存货管理全过程的风险得到有效控制。

3. 资产维护

（1）固定资产使用部门会同归口管理部门定期对固定资产进行维护保养，制定日常维护与修理计划，强化对生产线等关键设备运转的监控；实行岗前培训和岗位许可制度，确保设备安全运转。固定资产使用部门对日常维护进行登记，归口管理部门定期审核资产维护历史登记簿，复核资产维护活动。

（2）严格执行检修计划，按期进行定期切换、轮换检修等工作，防止安全环保事故。

4. 资产清查

（1）企业应建立资产清查制度，至少每年进行一次全面清查。财务部门组织固定资产使用部门和管理部门定期进行清查，确保实物与卡片、财务账表相符。在清查结束后，编制清查报告，管理部门需就清查报告进行审核。

（2）清查过程中发现的盘盈盘亏，应分析原因，追究责任，妥善处理，报告审核通过后及时调整固定资产账面价值，确保账实相符，并上报备案。

（3）存货管理部门应根据各种存货采购间隔期和当前库存，综合考虑企业生产经营计划、市场供求等因素，充分利用信息系统，合理确定存货采购日期和数量，实时对库存现状进行跟踪管理。确保存货处于最佳库存状态。

（4）存货管理部门应定期指派不负责日常存货保管或存货记录的人员对存货进行实地盘点，如发现账实不符或存货损坏的情况，应对差异和存货跌价原因予以分析调整。

5. 资产更新改造

（1）资产使用部门根据需要提出技改方案，经过资产管理部门的审核，资产管理部门需联合相关部门开展预算可行性分析，并对技改方案实施过程进行监控和管理。

（2）无形资产归口管理部门建立无形资产评估制度，定期编制无形资产评估报告，对于低效或长期闲置的无形资产提出处置意见，开展无形资产技术升级。

6. 资产处置

（1）相关部门提出固定资产处置申请，固定资产归口管理部门审核并上报相关领导审批，并保留相关原始文件。

（2）资产管理部门制定完善的资产处置方案，加强资产处置定价管理。资产管理处置方案严格遵循明确的责任体系，执行严格的审批程序。财务部门根据固定资产处置文件及时进行账务处理。

四、监督评价

1. 年度投资计划/预算管理

检查公司是否建立资产管理相关制度，是否制定年度投资计划和预算管理控制流程。

2. 资产取得

（1）检查需求计划是否经过审批，预算外申请是否启动预算外审批流程。

（2）检查属于招标范围内的是否提出招标方案，是否报经企业招标决策机构集体审议通过后执行。

（3）检查是否按照规定程序进行资产验收，并按合同规定支付货款或工程进度款。

（4）检查是否编制固定资产目录、建立固定资产卡片，固定资产信息及相关责任人是否明确。

（5）检查资产归口管理部门与财务部门是否定期对账，如出现差异，是否及时调整。

3. 资产维护

（1）检查是否制定日常维护与修理计划，是否对日常维护进行登记。

（2）检查是否严格执行检修计划，按期进行定期切换、轮换检修等工作。

4. 资产清查

（1）检查是否建立资产清查制度，是否定期开展。对清查过程中发现的盘盈盘亏，是否分析原因，追究责任，妥善处理。

（2）检查存货管理部门是否定期组织开展存货盘点。

5. 资产更新改造

（1）检查技改方案是否经过有效论证和审核，是否对技改方案的执行进行监控。

（2）检查是否定期对使用的无形资产进行评估，对于低效或长期闲置的无形资产是否提出处置意见。

6. 资产处置

（1）检查资产处置申请是否经过相应审批。

（2）检查资产处置是否及时进行账务处理。

五、案例解析

（一）案例简介

某电网公司截至 2010 年底固定资产总价值近 5 亿元，其中输电线路和配电线路以及通信线路占总价值的 65.81%，管理起来难度最大；其次是机器设备，占总价值的 12.6%。该公司资产管理中的职责分工是：资产由财务部门、归口管理部门和使用部门联合管理，财务部侧重价值管理，监督资产购入、报废、改良各个环节；归口部门关注资产使用情况，对增加、变更、报废等需求进行审核把关；使用部门对各项资产的性能、用处有最直接的了解，根据生产实际情况随时提出各种需求，由归口部门汇总上报。

该公司在固定资产管理办法中明确要求各单位要经常对资产进行清查盘点，每年至少全面清点一次，保证账、卡、物相符，但事实上电网企业的资产量大，分布广，很难做到定期的盘点。

该公司规定：企业固定资产报废、处置必须报经总公司资产管理部门、财务部门审批，对需要对外出售、处置或变卖处置的固定资产必须经总经理认可的资产评估机构评估后才能进行处理。2010年年底，该公司在组织固定资产盘点抽查时发现，下属单位对资产管理不力，很多资产没有编制资产明细账或制作资产卡片；同时有大量闲置资产，不能充分发挥资产的使用效益。尤其是上级无偿划拨的资产、集体资产、拆除改造的资产，农网改造时的部分拆除下来的资产，有的就地变卖，有的用于生产改造，有的不明原因丢失，还有的形成账外账，为企业造成资产的巨大浪费和流失。

（二）案例分析

1. 公司比较关注固定资产的使用价值，而忽视了对固定资产经济价值的管理。因为管理的侧重点不同，在实际工作中常常出现各部门相互推脱责任的现象。

2. 固定资产管理办法相对滞后。使用部门对本部门使用或管辖的资产明细不了解，基本没有编制资产明细账目或制作资产卡片，资产使用过程中的变动没有登记在案，也没有及时向财务部门汇总、传递相关信息，导致在资产报废时常常发现与财务部最初录入系统的卡片信息不符。

3. 账实不符，资产的实物管理与价值管理分属不同的部门，财务不能及时反映资产的各种的变化，影响了固定资产价值的真实性和财务账面资产信息的准确性。

4. 下属单位未严格按照公司已建立的固定资产处置制度进行报废资产的处置，在实际操作中，一是没有按规定履行报批手续，对该固定资产的处置上存在较大随意性。二是没有按照制度规定选择评估机构对报废资产价值进行评估，造成资产的浪费或造成处置资产的价值低于市场价值。

（三）案例启示

1. 应严格确保不相容职务相互分离。固定资产的管理人员要实行不相容职务的相互分离制度，合理设置相关的工作岗位，职责分明、相互制约、确保资产安全完整。

2. 实行固定资产归口分级管理制度。归口指财务部门为固定资产的管理部门，生产技术部门是固定资产实物动态管理和技术管理的职能部门，资产使用部门为资产实物保管部门。资产使用部门保证资产的完整、安全，配合生产技术部门和财务部门做好固定资产的清查、报废、停用、转移等工作，做到卡、物一致。

3. 规范固定资产日常核算，健全固定资产总账、明细账、卡片等资料，做到账卡、账账、账实相符，合理计提固定资产折旧。随着电力工业的现代化，电网设备的技术水平不断提升，原有的折旧年限可能太长。企业应以财务部门为主，广泛征求有经验的工程技术人员，收集类似先进设备的各种资料，参照有关规定、标准，合理预计资产使用年限及残值。对于已步入世界先进行列的调度自动化装备等，企业可申请采用加速折旧法，当然要经过有关部门的批准。有关折旧计提的变化应是合理的，且在变化期间应以数量表明和揭示它的影响，并说明变更的原因。

4. 加强资产盘点控制。由于固定资产长期存在，加上电力部门资产使用地点范围大，遍及辖区的每一个角落，所以实物处于不正常使用状态或者被遗忘的可能性较大，应定期对其进行盘点。盘点时可用数码相机采集的资产照片和图形管理系统回执的电子地图为依据，由资产保管人员、财务人员及监督人员共同担任盘点工作。盘点结束后将盘点清单内容与固定资产卡片核对，发现差异由保管部门负责审查原因，批准后方可执行账面调整。

5. 加强资产处置的管理。固定资产调拨、转让、报损、报废等，应履行审批手续，未经批准一律不得随意处置。处置资产应按规定进行资产评估，按资产评估价进行处理，以有效防止国有资产流失，资产处置后要如实进行资产核销账务处理，对残值收入和转让收入要及时入账，不得私设"小金库"。

第十三节　业　务　外　包

业务外包，是指企业将部分生产经营业务委托给本企业以外的专业服务机构或其他经济组织（以下简称承包方）完成的行为。在电网企业中，业务外包主要包括：非主营业务（后勤服务等）、售电抄表、部分农电业务、输配电线路检修与运行、卡表抢修优质服务等业务。对应于发电企业，则指企业为有利于整体利益，通过合同或协议等形式约定将部分业务或全部业务交由外部服务商（以下简称承包方）提供的一种形为。业务外包可按业务范围划分为管理外包，生产外包，工程施工外包，销售外包、研发外包、人力资源外包等。

电网企业中的非主营核心业务会占用企业的大量人力、财力、物力等资源，分散企业对核心业务的关注，削弱企业核心竞争力。目前，部分电网单位以业务外包的方式对司机、保安、后勤服务、售电抄表业务、输配电线路检查与部分抢修业务等实行了业务外包，通过开展业务外包，能够更好地优化资源配置。

在发电企业的业务外包活动中，通常是检修、生技、安监、计划营销、信息等部门负责外包工作的管理。安监部门是生产业务外包工作的安全监督主体，负责外包工作全过程的安全监督。企业所属各生产单位是生产业务外包工作的主体，负责外包工作现场作业、施工环境、安全措施的落实，严格监督外包业务承包商落实施工安全措施、技术措施、组织措施、施工方案及标准化作业指导书。

本节适应于所有电力企业。

一、控制目标

1. 建立健全业务外包管理制度及岗位职责分工，规范业务外包流程，确保不相容岗位责任分离。

2. 科学有效制定各项业务外包策略，促进业务目标的实现。

3. 建立承包方准入机制，合理选择承包方，承包方资质需经过严格审核，符合业务外包要求。

4. 通过签订有效的业务外包合同，对外包业务的范围、分包许可、安全、质量、进度、付款条件、验收、保密、赔付、监控等方面进行严格规定，业务外包合同条款需经过严格审核，确保可以实现既定的目标。

5. 加强对外包业务执行过程的监控，及时发现和解决外包业务日常管理中存在的问题，确保业务外包合同得到严格执行，并且外包业务过程中无违规舞弊行为。

6. 加强保密管理，确保公司商业机密不被泄露。

二、主要风险

1. 业务外包的管理制度对职责分离没有明确要求，对申请、审批、执行、合同订立等流程的职责范围不明确，导致外包业务管理混乱，给企业造成损失。

2. 业务外包管理流程不规范，外包业务未经适当审核或超越授权审批，导致舞弊发生。

3. 业务外包策略与原则不清晰，缺乏指导性，导致企业外包业务管理不畅。

4. 承包方选择不适当，审核不充分，不利于公司整体利益，削弱企业核心竞争力。

5. 业务外包合同协议审核不规范，导致业务外包合同协议欠缺合法性和完整性，引起法律纠纷。

6. 企业提供、由施工承包方负责保管的材料、设备等使用和保管不当，导致企业资产流失。

7. 业务外包信息保护措施不当，导致企业商业秘密泄露。

8. 在业务外包合同或协议中对外包业务的范围、分包许可、安全、质量、进度、付款条件、验收、保密、赔付、监控等方面约定不严格，不利于合同目标的实现。

三、业务外包业务流程

（一）业务图解

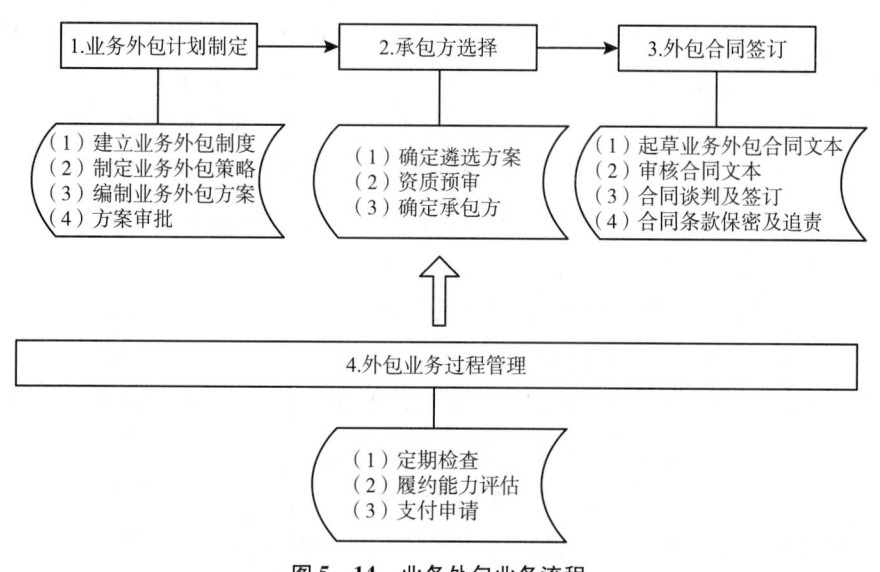

```
1.业务外包计划制定  →  2.承包方选择  →  3.外包合同签订
（1）建立业务外包制度    （1）确定遴选方案   （1）起草业务外包合同文本
（2）制定业务外包策略    （2）资质预审      （2）审核合同文本
（3）编制业务外包方案    （3）确定承包方    （3）合同谈判及签订
（4）方案审批                              （4）合同条款保密及追责

                    ↑
            4.外包业务过程管理
            （1）定期检查
            （2）履约能力评估
            （3）支付申请
```

图 5-14　业务外包业务流程

（二）关键节点及控制方法

1. 业务外包计划制定

（1）企业应建立和完善业务外包管理制度，合理确定业务外包的范围，明确规定业务外包的方式、条件、程序和实施等相关内容。将业务外包的如下工作进行相互分离：如申请、审批、执行中应实现不相容岗位分离；合同签订与执行，会计记录中应实现不相容岗位分离；付款申请、验收、付款审批中应实现不相容岗位分离。

（2）企业应严格按照业务外包管理制度规定的业务外包范围、方式、条件、程序和实施等内容制定业务外包策略，在确定是否将业务项目外包时，应考虑此项业务是否需利用本公司没有的设备、生产系统、专业人员及专门技术，是否可以降低成本。

（3）在确定业务外包内容后，企业应指定该外包业务归口管理部门，由业务部门负责人、有关咨询专家、外包项目协调管理人员、合同协商管理人员等组成，必要时还应包括法律及财会专业人员。外包业务归口管理部门组织与该项业务相关的职能部门编制外包方案，并对外包方案进行深入评估及复核，包括承包方的选择方案、外包业务的成本效益及风险、外包合同期限、外包方式、员工培训计划等，确保方案的可行性，并上报公司领导审批确认。并建立严格的监督处罚制度，避免相关人员在外包业务过程中出现受贿和舞弊行为。

2. 承包方选择

（1）外包业务归口管理部门制定并审核实施承包方资质标准及遴选办法，指定相关人员充分调查候选承包方的合法性、专业资质、技术实力及其从业人员的职业履历和专业技能。对于需要招标的外包项目发布投标公告，并与候选承包商建立联系，发放外包项目竞标邀请及相关材料。参与竞标的候选承包商指定期限之内提交投标书及相关材料，主要内容包括项目解决方案、实施计划、资源配置、报价等。

（2）归口管理部门对承包方进行资质预审，评估承包方的综合能力。评估因素主要包括：承包方类似项目的经验、服务能力、资格认证和信誉；承包方是否与企业存在直接或潜在的竞争关系；承包方在知识产权保护方面的力度和效果；承包方的性能价格比是否合适等。

（3）按照有关法律法规，遵循公开、公平、公正的原则，采用适当方式，择优选择承包方。对于公开招标的外包业务，组织公司其他职能部门进行开标、评标、定标。归口管理部门对候选承包方进行综合竞争力排名，会同相关管理层及其他职能部门负责人分析与候选承包方建立外包合同的风险,根据实际情况挑选出一家或几家公司作为业务承包方,以降低一方服务失败或单方中止合同时给公司带来的损失。

3. 外包合同签订

(1) 归口管理部门与承包方进行接洽,起草业务外包合同文本,部门负责人及法律顾问审核合同文本,确保合同条款合法合规并上报公司领导审批。归口管理部门和承包方就合同的主要条款进行谈判,达成共识,由合同双方代表签署外包合同。

(2) 在业务外包合同或协议中对外包业务的范围、分包许可、安全、质量、进度、付款条件、验收、保密、赔付、监控等方面进行严格规定,并跟踪检查、定期评估承包方的履约能力和管理情况,对造成损失的,要及时进行索赔。

(3) 明确具体的保密条款,要求承包方有责任履行保密义务,对涉及本公司机密的业务和事项不得外泄给第三方。如发生商业秘密外泄行为,将追究泄密人责任。

4. 外包业务过程管理

(1) 按照业务外包制度、工作流程和相关要求,制定业务外包实施的管理控制措施,包括落实与承包方之间的资产存货管理、信息资料管理、人力资源管理、安全保密管理等机制,确保承包方在履行外包业务合同时有章可循。

(2) 归口管理部门根据合同约定,做好与承包方的对接工作,确保承包方充分了解公司的工作流程和质量要求,为承包方提供必要的协作条件,并指定专人定期检查和评估项目进展情况。对外包业务过程中形成的资产及存货,按照公司资产管理办法及存货管理办法进行使用和管理,未经公司相关领导人员同意,擅自将资产挪作他用的承包方,相关部门应对其采取警告直至解除合同的措施。对于业务外包过程中形成的商业信息材料等,归口管理部门按照在合同中约定的保密条款对承包方进行监督。

(3) 业务外包归口管理部门定期对所有重要承包方的履约能力进行评估,形成业务可持续能力评估报告并交由公司管理层审阅。根据业务可持续能力评估报告,业务外包归口管理部门负责及时替换不再具备履约能力的承包方,避免外包业务的失败造成企业商业活动的中断。

(4) 项目结束或合同到期时,归口管理部门负责对外包业务产品(服务)进行验收。如承包方最终提供的产品(服务)与合同约定的不一致,应及时告知承包方进行调整。对因承包方原因导致的外包合同未完整履行，归口管理部门负责向承包方进行索赔。

（5）与承包方就最终产品（服务）达成一致后，由承包方提交费用支付申请，归口管理部门就申请书的合理性进行审核。审核通过后，开具付款证书，按照公司规定程序审批，支付承包方费用。

四、监督评价

1. 业务外包计划制订

（1）检查是否建立和完善业务外包管理制度，是否合理确定业务外包的范围、业务外包的方式、条件、程序和实施等相关内容；检查是否对不相容岗位进行分离。

（2）检查是否制定合理的业务外包策略，是否指定外包业务归口管理部门，明确相应职责；检查是否组织相关部门编制外包方案，并对外包方案进行深入评估、复核及审批，确保方案的可行性；检查是否建立严格的监督处罚制度，避免相关人员在外包业务过程中出现受贿和舞弊行为。

2. 承包方选择

（1）检查是否制定承包方资质标准及遴选办法，对承包方进行资质预审，评估承包方的综合能力；检查对于需要招标的外包项目是否按照公司招投标管理规定进行开标、评标、定标。

（2）检查是否按照有关法律法规，遵循公开、公平、公正的原则，采用适当方式，择优选择承包方；检查是否对业务承包进行风险分析并制定相应的应对措施。

3. 外包合同签订

（1）检查外包合同条款是否经过相应审批，是否由合同双方代表签署外包合同。

（2）检查在业务外包合同或协议中是否对外包业务的范围、分包许可、安全、质量、进度、付款条件、验收、保密、赔付、监控等方面进行严格规定；检查是否明确具体的保密条款，是否建立责任追究制度。

4. 外包业务过程管理

（1）检查是否制定业务外包过程中的资产、存货、信息资料、人力资源、安全保密等管理机制，确保承包方在履行外包业务合同时有章可循。

（2）检查是否指定专人定期检查和评估项目进展情况，对外包业务过程中涉及的资产、存货、信息资料、人力资源、安全保密等管理等进行监督；检查是否定期对所有重要承包方的履约能力进行评估，形成业务可持续能力评估报告交由公司管理层审阅；检查是否根据业务可持续能力评估报告，及时替换不再具备履约能力的承包方。

（3）检查项目结束或合同到期时，是否对外包业务产品（服务）进行验收；检查对因承包方原因导致的外包合同未完整履行，是否向承包方进行索赔。

（4）检查是否按规定程序提出承包费支付申请并经过相应审批。

五、案例解析

（一）案例简介

某城区供电公司用电户数共有38万户，其设置抄表班负责客户抄表和电费催收工作，共有62人，每年需人工费、办公费、通勤费等共计1005万元，平均每户的收费成本为26.5元/年。随着用电客户数量的迅猛增长，抄表工作量不断增大，抄表质量越来越难以保证，客户投诉增多，电费回收率下降。

为解决抄表工作难题，供电公司先试行与城区一大型社区的物业公司建立合同关系，通过谈判委托该公司负责社区内的抄表与催费工作，供电公司按每户每年18元的标准给付物业公司的代理费用。经过一年试点成功后，供电公司又在全城区推广该模式，将抄表催费工作全部外包给各社区的物业公司，在对抄表工进行培训转岗后解散了抄表班。经测算，通过业务外包的模式，供电公司每年节约成本近325万元，客户投诉率明显下降，电费回收率大幅提升。

（二）案例分析

供电公司抄表催费业务通过外包的形式，节约了成本，提高了效率，取得了成功。主要原因一方面在于供电公司具有较强的管理创新意识，充分运用业务外包这一新模式，将不属于企业核心业务的事项委托专业公司处理，使管理重心从管理抄表员工业绩转向管理外包合同的执行监督与结算管理，工作量大为减少，以便集中精力主抓核心业务。

另一方面在于供电公司对提供服务的对象选择精准。物业公司在社区派驻有物业员，对住户情况熟悉，抄表催费相当于为物业公司及其员工增加了一项兼职收入，相较于其他企业而言，物业公司更愿意以较低的价格承揽该项目业务，提供的服务也比较到位，双方很容易实现"双赢"的目标。

（三）案例启示

业务外包作为社会专业化分工模式，已成为企业现代化的重要标志，其核心理念是"做你回报率最高的，其余的让别人去做"。如果运用得当，将十分有利于企业充分利用社会资源，专注核心业务，节约经营成本，降低管理压力。这也将成为电力企业管理创新的重要发展趋势。

第十四节 担保业务

担保业务，是指电力企业作为担保人按照公平、自愿、互利的原则与债权人约定，当债务人不履行债务时，按照法律规定和合同约定承担相应法律责任的行为。具体担保种类主要有投标担保、履约担保、预收（付）担保、国内外工程承包担保、质量担保、付款担保、各种融资担保、租赁担保、董事会或公司同意的其他担保，担保形式包括但不限于保证、抵押及质押。

电力行业属于公用事业属性，涉及电力生产运营和安全的调度资产，通常不能进行抵押。输电费收益权、电费收益权，通常不能进行抵押。依法被查封、扣压、监管的财产也不能抵押。

电力企业担保业务实行分级审批制，指定部门进行统一归口管理。开展融资、重组、转让等业务时，会将相关担保事项一并统筹考虑。在日常控制活动中，电力企业应注意逾期担保的清理处置，严格要求被担保人在担保期内履行财务报告义务，要求每年至少报告一次。对于担保合同，主债权债务合同的修改、变更须经担保人同意，并重新签订担保合同。

各企业在开展担保业务的日常管理活动中，为了严格控制担保规模，会在财务预算中对担保情况进行单列。各企业应定期对担保事项、担保管理制度和担保合同执行情况进行审计，并认真落实审计意见。

本节适应于所有电力企业。

一、控制目标

1. 建立健全公司担保业务相关制度，明确担保的对象、范围、条件、限额和禁止担保事项，明确担保业务主责部门和人员配备以及相应的部门、岗位职责。

2. 使公司担保业务符合国家法律法规和监管机构要求、符合企业发展战略，确保担保行为经过有效评估，有效防范担保业务风险。

3. 担保业务必须签订有效的担保合同或担保协议，担保合同或担保协议签订前必须经过调查评估与审批，担保事项中如需变更，需重新履行调查评估与审批程序。

4. 加强对被担保单位的日常监测，确保被担保人能够严格履行担保合同，降低企业风险，确保担保过程中无违规舞弊行为。

二、主要风险

1. 担保管理制度没有明确担保的对象、范围、条件、限额和禁止担保事项，对职责分离没有明确要求，对评估、决策、执行的流程及担保相关财产的保管流程没有做出明确规定，导致财务保管和担保业务登记管理混乱。

2. 对担保申请人的资信状况调查不深，担保评估不适当、不充分，审批不严或越权审批，导致企业担保决策失误或遭受欺诈。

3. 授权批准制度不清晰，对经办人办理担保业务的职责范围和工作要求没有明确规定，发生越权审批或舞弊行为，导致经办审批等相关人员涉案或企业利益受损。

4. 对担保合同审核不严格，导致担保合同欠缺合法性和完整性。

5. 被担保项目发生变更时，未重新组织评估与审核，导致企业财产受损。

6. 担保执行监控不当，未及时发现被担保人出现财务困难或经营陷入困境等状况，应对措施不当，导致企业承担法律责任并遭受财产损失。

三、担保业务流程

（一）业务图解

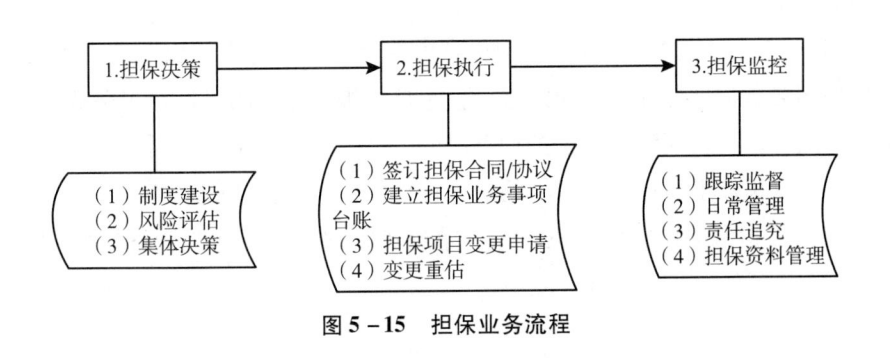

图 5-15 担保业务流程

(二) 关键节点及控制方法

1. 担保决策

(1) 企业应建立健全担保管理制度，明确担保的对象、范围、条件、限额和禁止担保事项，指定对外担保事项的管理部门，统一受理对外担保的申请，对担保申请人进行资信调查和风险评估，评估结果应出具书面报告。也可聘请外部财务或法律等专业机构针对该类对外担保事项提供专业意见。

(2) 担保事项主管部门组织对担保业务进行风险评估，包括：担保业务是否符合国家有关法律法规以及企业发展战略和经营需要；担保项目的合法性和可行性；申请担保人的资信状况（申请人基本情况、资产质量、经营情况、行业前景、偿债能力、信用状况、用于担保和第三方担保的资产及其权利归属等）；担保业务的可接受风险水平及担保风险限额；与反担保有关的资产状况等。

(3) 担保评估结束后，担保事项主管部门应编制担保风险评估报告，主要内容包括：申请担保人提出担保申请的经济背景；接受和拒绝担保业务的利弊分析；担保业务的评估结论及建议等。

(4) 企业应严格执行企业担保管理办法，按规定担保权限范围进行审批，不得超越权限进行审批。经办人应在职责范围内，按批准意见办理担保业务，对于越权审批的担保，经办人有权拒绝办理。对重要的担保业务实行集体决策审批，并规定相应的责任。对于不符合国家法律法规、监管机构要求和企业担保政策的担保申请不予办理。

2. 担保执行

(1) 企业应订立担保合同/协议，征询法律顾问或专家的意见，审核担保合同的合法性和完整性，并按规定权限和程序进行审批。

(2) 担保业务执行过程中，担保事项主管部门应建立担保业务事项台账，对担保相关事项进行详细全面的记录，包括：被担保人的名称；担保业务的类型、时间、金额及期限；用于抵押财产的名称、金额；担保合同的事项、编号及内容；反担保事项；担保事项的变更；担保信息的披露等。

(3) 被担保项目发生变更时，应重新进行评估，确认是否继续承担保证责任，并重新履行审批程序。

3. 担保监控

（1）担保事项主管部门应对担保项目的执行状况进行定期或不定期的跟踪和监督，采取适当方式对被担保人的日常业务往来进行监测，对能让担保人了解、掌握和控制的资金拨付、物资调拨或其他能保证担保人利益的权利的活动进行监测。包括：担保项目进度是否按照计划进行；被担保人的经营状况及财务状况是否正常；被担保人的资金是否按照担保项目书的规定使用，有无挪用现象等；被担保人的资金周转是否正常等。对于在检查中发现的异常情况和问题，及时上报担保负责人，属于重大问题或特殊情况的，及时向管理层报告。

（2）加强担保合同的日常管理，担保事项主管部门及时收集、分析被担保人担保期内经审计的财务报告等相关资料，持续关注被担保人的财务状况、经营成果、现金流量以及担保合同的履行情况，对被担保人进行跟踪和监督，了解担保项目的执行、资金的使用、贷款的归还、财务运行及风险等情况，确保担保合同有效履行。

（3）建立担保业务责任追究制度，明确担保过程中各层级人员的责任和义务，并严格执行。

（4）妥善管理有关担保财产和担保证明，定期对财产的存续状况和价值进行复核，发现问题及时处理。

四、监督评价

1. 担保决策

（1）检查是否建立健全担保管理制度，对担保的对象、范围、条件、限额和禁止担保事项是否进行明确规定；检查是否指定对外担保事项的管理部门，是否明确了部门及相关岗位职责。

（2）检查担保事项主管部门是否组织对担保业务进行风险评估。是否编制担保风险评估报告。

（3）检查是否按规定担保权限范围进行审批，对重要的担保业务是否实行集体决策审批，并规定相应的责任。检查对于不符合国家法律法规、监管机构要求和本公司担保政策的担保申请是否予以拒绝。

2. 担保执行

（1）检查是否签订担保合同/协议，担保合同/协议是否经过相关部门审核，并按规定权限和程序进行审批。

（2）检查担保事项主管部门是否建立担保业务事项台账，对担保相关事项进行详细全面的记录。

（3）检查被担保项目发生变更时，是否重新组织进行评估及审批。

3. 担保监控

（1）检查是否及时了解担保项目的执行、资金的使用、贷款的归还、财务运行及风险等情况。检查担保事项主管部门是否对担保项目的执行状况进行定期或不定期的跟踪和监督，对于在检查中发现的异常情况和问题，是否及时上报担保负责人，属于重大问题或特殊情况的，是否及时向管理层报告。

（2）检查是否妥善管理有关担保财产和担保证明，是否定期对财产的续存状况和价值进行复核。

（3）检查是否建立了担保业务责任追究制度，是否明确了担保过程中各层级人员的责任和义务。

五、案例解析

（一）案例简介

A电建公司通过公开招标中标B公司投资的火力发电厂化学水处理系统，合同金额900万元（不含设备采购）。正式签约后通过C银行向B公司出具了担保金额为135万元的履约保函，保函同意如下事项：当A公司在履行合同过程中未能履约或违背合同规定的责任和义务时，B公司可提出索赔，C银行在接到B公司要求索赔的书面通知书后14天内，须向B公司支付累计不超过担保金额的款项，且"无须受益人出具证明或陈述理由"。

在合同履行过程中，B公司发现A公司安装的反渗透化学水处理设备运作不稳定，双方因此发生纠纷。A公司认为是B公司采购的设备存在问题，但B公司认为是由于A公司的设备基础施工不合格、安装精度不达标造成，并向C银行提出金额为120万元人民币的索赔通知，C银行当即向B公司支付120万元，并向A公司进行追偿。

（二）案例分析

工程履约保函包括无条件保函（又称见索即付保函）和有条件的保函两种形式。无条件保函是指只要受益人提出索赔要求后，不需要受益人提供相关证据，不论委托人是否同意支付，担保方都会无条件向受益人支付赔偿款，并向委托人进行追偿，而不得以任何理由对抗受益人。

本事件中A公司和B公司虽然尚未就争议明确双方责任，但由于A公司采用了无条件保函的方式，故A公司被迫向B公司先行支付120万元，尽管后期可以通过法律诉讼的形式来区分双方责任并追回损失，但已十分被动，并将支付大量诉讼成本。

（三）案例启示

无条件工程履约保函有利于业主的风险控制，但对承包商而言有可能造成灾难性的后果。承包商要防范工程履约保函风险，应当采取以下措施：

1. 在合同谈判时，尽量争取有条件保函，对业主的索赔兑现规定限制条件，如要求业主提供承包商违约证明材料、业主索赔至支付之间设立宽限期、在争端未解决前赔付资金交由第三方保存等；

2. 严格履行合同，在工程进度、工程质量等方面满足合同要求，避免业主索赔；

3. 争取在合同中约定"对于因非承包商违约但业主强行没收履约保函的情况，业主赔偿承包商由此引起的一切损失"等条款，以避免个别业主的恶意索赔。

第十五节 合同管理

合同是指企业与自然人、法人及其他组织等平等主体之间设立、变更、终止民事权利义务关系的协议。加强合同管理，有利于约束、规范市场交易行为，维护市场秩序。通过有效的合同管理，可以防控法律风险，维护企业的合法权益。

电力企业合同管理分散在管理业务中，例如：采购合同、销售合同、投资合同、融资合同、工程技改合同、大修合同、研发合同、服务合同和劳务合同等。对合同的起草审核、谈判定价、审批、执行和结算等环节进行管理控制至关重要。合同管理可分为合同订立阶段管理和合同履行阶段管理。合同订立阶段管理包括合同调查、合同谈判、合同文本拟定、合同审批、合同签署等环节；合同履行阶段管理涉及合同履行、合同补充和变更、合同解除、合同结算、合同登记等环节。

本节适应于所有电力企业。

一、控制目标

1. 合同管理制度健全、职责分工和权限划分清晰明确。
2. 合同调查、拟定、审核、谈判、会签、审批、授权、签署、履行、跟踪、违约处理、备案、登记、借阅、信息保密等流程规范、清晰。
3. 规范公司经营行为，防范法律风险，维护公司合法权益。

二、主要风险

1. 忽视针对合同对方的主体资格审查，导致合同无效，或引发潜在风险；在合同签订前错误判断合同对方的信用状况，或在合同履行过程中没有持续关注对方的资信变化，导致企业蒙受损失。

2. 合同中忽略某些重大问题或在重大问题上做出不恰当让步，谈判经验不足，缺乏技术、法律和财务知识的支撑，导致企业利益受损。

3. 合同内容与国家法律法规、行业、产业政策、企业总体战略目标或特定业务经营目标发生冲突，内容和条款不完整、表述不严谨、不准确，或存在重大疏漏和欺诈，导致企业合法利益受损。

4. 对于须报经国家有关主管部门审查或备案的合同文本，未履行相应程序，存在法律风险。

5. 未能及时发现合同文本中的不当内容和条款、发现问题但未提出恰当的修订意见、合同起草人员没有根据审核人员的改进意见修改合同，导致合同中的不当内容和条款未被纠正，造成企业损失。

6. 超越权限签订合同，合同印章管理不当，签署后的合同被篡改，因手续不全导致合同无效等；合同履行不力或监控不当，合同变更、解除时未按规定及时通知对方；当遇不可抗力时未按规定通知对方并提供证明资料，引起法律诉讼。

7. 合同纠纷处理不当，导致企业遭受外部处罚、诉讼失败，损害企业利益、信誉和形象等。

8. 违反合同条款，未按合同规定期限、金额或方式付款，或在没有合同依据的情况下盲目付款，导致企业损失。

9. 合同档案资料不全，合同泄密，合同滥用，导致企业整体利益受损。

三、合同管理业务流程

（一）业务图解

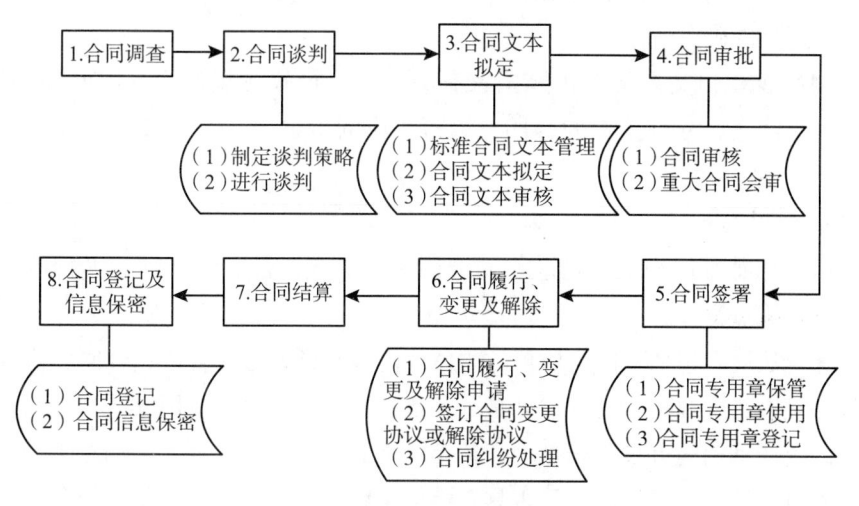

```
1.合同调查 → 2.合同谈判 → 3.合同文本拟定 → 4.合同审批
                │                │                │
                │         (1)标准合同文本管理   (1)合同审核
           (1)制定谈判策略  (2)合同文本拟定    (2)重大合同会审
           (2)进行谈判      (3)合同文本审核
                                                   │
8.合同登记及 ← 7.合同结算 ← 6.合同履行、 ← 5.合同签署
  信息保密                    变更及解除
     │                           │                 │
(1)合同登记              (1)合同履行、变     (1)合同专用章保管
(2)合同信息保密            更及解除申请      (2)合同专用章使用
                         (2)签订合同变更     (3)合同专用章登记
                           协议或解除协议
                         (3)合同纠纷处理
```

图 5-16　合同管理业务流程

（二）关键节点及控制方法

1. 合同调查

合同订立前，合同签订部门应进行合同调查，充分了解合同对方的主体资格、经营情况、财务状况、信用状况等有关情况，全面评估其生产能力、技术水平、产品类别和质量等生产经营情况，确保对方当事人具备履约能力。

2. 合同谈判

（1）研究国家相关法律法规、行业监管、产业政策、同类产品或服务价格等与谈判内容相关的信息，正确制定公司谈判策略，收集谈判对手资料，充分熟悉谈判对手情况，关注合同核心内容、条款和关键细节，加强保密工作。

（2）对于影响重大、涉及较高专业技术或法律关系复杂的合同，组织法律、技术、财会等专业人员参与谈判，及时总结谈判过程中的得失，研究确定下一步谈判策略。

3. 合同文本拟定

（1）严格审核合同需求与国家法律法规、产业政策、企业整体战略目标的关系，保持其协调一致。

(2) 考察合同是否以生产经营计划、项目立项书等为依据，确保完成具体业务经营目标。

(3) 合同文本应优先选用公司标准或示范文本，文本需经过法律部门审核，对涉及权利义务关系的条款根据实际情况进行适当修改，保证合同内容和条款的完整准确。

(4) 企业相关人员对按照国家有关法律、行政法规规定，需办理批准、登记等手续之后方可生效的合同，填写相应的申请表，及时按规定办理相关手续。

4. 合同审批

(1) 法律部门相关人员应当对合同文本的合法性、经济性、可行性和严密性进行重点审核。

- 合法性：包括合同、协议的主体、内容和形式是否合法；合同、协议订立程序是否符合规定，会审意见是否齐备；资金的来源、使用及结算方式是否合法，资产动用的审批手续是否齐备等。

- 可行性：包括签约方是否具有资信及履约能力、是否具备签约资格；担保方式是否可靠；担保资产权属是否明确等。

- 严密性：包括合同、协议条款及有关附件是否完整齐备；文字表述是否准确；附加条件是否适当、合法；合同、协议约定的权利、义务是否明确；数量、价款、金额等标示是否准确。

(2) 对影响重大或法律关系复杂的合同文本，组织财务部门、内部审计部、法律部和与业务关联的部门进行审核，各相关部门应当认真履行职责。

5. 合同签署

(1) 严格执行合同专用章保管制度，合同经编号、审批及法定代表人或由其授权的代理人签署后，方可加盖合同专用章。

(2) 合同保管人对每笔合同专用章使用情况进行登记，记录合同专用章使用台账以备检查。

6. 合同履行、变更及解除

(1) 合同签订后，应按规定履行合同，相关人员要对对方履约情况进行实时监控，发现异常及时上报相关领导，避免给公司带来损失。

(2) 合同生效后，合同变更、调整及解除需按照法定程序，相关人员以书面形式提出合同变更、调整及解除申请，经相关领导审批通过后，签订合同变更协议或解除协议。

（3）针对履行合同过程中发生的纠纷，依据国家相关法律法规，在规定时效内与对方当事人协商并按规定权限和程序及时报告。协商调解达成一致时，依合同签订程序签订书面协议。

（4）协商调解不能达成一致时，可依合同约定选择仲裁或诉讼的方式解决纠纷。相关部门和合同承办部门组织相应人员参与诉讼，并根据终审裁定结果执行，编写法律纠纷处理报告。

7. 合同结算

财务部门在办理结算业务时，审核该业务是否签订有效合同，付款申请中付款金额、方式及付款期限是否与合同规定相一致，确定符合合同规定时方可办理付款，未按合同条款履约或未签订书面合同的付款申请，财务人员应拒绝付款并及时向公司有关负责人报告。

8. 合同登记及信息保密

（1）合同管理部门应当加强合同登记管理，充分利用信息化手段，定期对合同进行统计、分类和归档，详细登记合同的订立、履行、变更、终结等情况，合同终结应及时办理销号和归档手续，以实行合同的全过程封闭管理。

（2）加强合同信息安全保密工作，未经批准，任何人不得以任何形式泄露合同订立与履行过程中涉及的国家或商业秘密。

四、监督评价

1. 合同调查

检查合同订立前，是否充分了解合同对方的主体资格、经营情况、财务状况、信用状况等有关情况，是否全面评估其生产能力、技术水平、产品类别和质量等生产经营情况，对方当事人是否具备履约能力。

2. 合同谈判

检查是否合理制定公司谈判策略，对于影响重大、涉及较高专业技术或法律关系复杂的合同，是否组织法律、技术、财会等专业人员参与谈判。

3. 合同文本拟定

检查合同文本是否符合国家有关法律法规和公司制度的规定，是否按照规定使用标准或示范文本，合同条款是否履行审查程序。

4. 合同审批

（1）检查是否对合同文本的合法性、经济性、可行性和严密性进行重点审核。

（2）检查对影响重大或法律关系复杂的合同文本，是否组织财务部门、内部审计部、法律部与业务关联的部门进行会审。

5. 合同签署

检查合同专用章是否被妥善保管，合同专用章的使用是否经过适当授权，使用记录是否准确、完整。

6. 合同履行、变更及解除

（1）检查相关人员是否对对方履约情况进行实时监控，发现异常是否及时上报相关领导。

（2）检查合同变更、调整及解除是否经过相应的授权审批。

（3）检查合同履行过程中的争议是否按照既定程序解决。

7. 合同结算

检查办理合同结算时，是否对付款申请进行严格审核，包括付款金额、方式及付款期限是否与合同规定相一致，是否符合合同规定。

8. 合同登记及信息保密

（1）检查合同终结时是否及时办理销号和归档手续，是否对合同进行统计、分类和归档，详细登记合同的订立、履行、变更、终结等情况。

（2）检查是否开展合同信息安全保密工作，对合同调阅查看是否经过适当授权。

五、案例解析

（一）案例简介

某水泥厂由于受市场影响，产品严重滞销，经营严重恶化，导致欠某供电公司电费达60余万元。若不及时采取措施，假如该厂破产倒闭，供电公司将遭受巨额经济损失。

供电公司依据《电力法》、《合同法》规定，通知该厂于3日内缴清所欠电费，同时告知用电客户，由于其经营状况严重恶化，供电企业已符合《合同法》第68条、第69条规定的行使不安抗辩权的法定条件，用电方必须为下期用电电费提供担保，否则将中止供电。由于该水泥厂缴清了电费，却拒绝提供担保。供电公司按规定程序中止对该厂供电。随后，该水泥厂以供电公司停电属违约行为为由，向基层人民法院提起民事诉讼，认为供电公司要求其提供担保的要求在《电力法》中无明确规定，要求供电公司恢复供电，并赔偿停电导致的损失15万元。供电公司聘请律师积极应诉，向法庭提交了供用电合同、近半年来该厂电费发票存根（证明多次未按期缴纳电费、履约能力明显降低），从工商行政管理局获取该厂企业法人营业执照年审材料及从该厂主管部门复制的水泥厂财务会计报表（证明该厂经营状况严重恶化）等证据材料。法院经审理判决认为，原告水泥厂与被告供电公司在本案中系供用电合同关系，该法律关系属民事法律关系，应受《民法通则》、《合同法》等民事法律规范调整，供用电合同为异时履行的双务合同，供电企业有先供电、后收费的义务，但当用电方出现《合同法》第 68 条所列的经营状况严重恶化，转移资产、抽逃资金以逃避债务，丧失商业信誉，有丧失或者可能丧失履行债务能力等项情形且供电方有确切的证据予以证明，供电方在履行了通知义务后，在用电方恢复履行能力前，可以要求用电方提供电费担保，用电方拒绝提供担保的，可以中止供电。据此，法院判令驳回原告的诉讼请求。

一审判决后，原告、被告均未提起上诉。不久，原告即与供电公司达成协议，自愿将其厂区内一块面积达 1900 平方米的无地上定着物的土地使用权对将要发生的电费提供担保，双方签订了《电费缴纳合同》、《抵押合同》，并在土地行政管理部门办理了抵押物登记手续，使《抵押合同》合法生效。

（二）案例分析

供电公司依法行使不安抗辩权，取得了该厂无地上定着物的土地使用权的优先受偿权，在抵押物所担保的电费债务已到《电费缴纳合同》约定清偿期而该厂未履行债务时，供电公司可通过行使抵押权，选择使用以土地使用权折价、拍卖和变卖等方式实现未受偿电费债权，有效地降低经营风险。

从法律条款来看，《合同法》第六十八条规定："应当先履行债务的当事人，有确切证据证明对方有下列情形之一的，可以中止履行：（一）经营状况严重恶化；（二）转移财产、抽逃资金，以逃避债务；（三）丧失商业信誉；（四）有丧失或者可能丧失履行债务能力的其他情形。当事人没有确切证据中止履行的，应当承担违约责任。"第六十九条规定："当事人依照本法第六十八条规定中止履行的，应当及时通知对方。对方提供适当担保时，应当恢复履行。中止履行后，双方在合理期限未恢复履行能力并且未提供适当担保的，中止履行的一方可以解除合同。"不安抗辩权适用于异时履行的双务合同中，双方当事人在同一合同中互负债务，存在先后履行债务的问题；后履行债务的一方当事人履行能力明显降低，有不能履行债务的危险。即《合同法》第六十八条规定的经营状况严重恶化、转移资产、抽逃资金以逃避债务，严重丧失商品信誉或有其他丧失或者可能丧失履行债务能力情形；后履行义务的一方未提供适当担保，如果后履行义务的一方当事人提供了适当的担保，则先履行义务的一方当事人的债权将受到保障，不会受到损害，所以合同将继续得以履行，不能行使不安抗辩权。

（三）案例启示

法律为追求双务合同双方利益的公平，保障先给付一方免受损害而设立不安抗辩权，同时也为另一方当事人考虑，又使不安抗辩权人负有以下义务：（1）及时通知对方的义务。不安抗辩权人在行使权利之前，应将中止履行的事实、理由以及恢复履行的条件及时告知对方，应当尽量避免解除合同的情况出现。（2）对方提供适当担保，应当恢复履行。"适当担保"，是指在主合同不能履行的情况下担保人能够承担债务人履行债务的责任，也即担保人有足够的财产履行债务。（3）不安抗辩权人有举证的义务，应提出对方履行能力明显降低，有不能履行债务危险的确切证据。不安抗辩权人的举证责任可以防止此权利的滥用。供电企业应学会正确行使不安抗辩权，积极防范电力经营中的诸多法律风险。在行使不安抗辩权时，应高度重视不安抗辩权行使的法定条件，严格履行《合同法》要求不安抗辩权人必须承担的法律义务，客户提供担保的形式要件和实体要件都必须符合《担保法》及其司法解释的规定。面对风险四伏的电力市场，只有以法律为准绳，增强市场风险防范意识，将学法、守法、用法与管理创新紧密结合，让法治成为企业管理的有力支撑点，企业的合法权益才能更好地受到法律的保护。

第十六节　全面预算

全面预算管理，是指企业对一定期间经营活动、投资活动和财务活动等做出的预算安排，是利用预算对企业内部各部门及各所属单位的财务及非财务资源进行分配、考核及控制，以便有效地组织和协调企业的生产经营活动，完成既定的经营目标。全面预算管理以销售预测为起点，进而对生产、成本及现金收支等进行预测，并编制预计损益表、预计现金流量表和预计资产负债表，反映企业在未来期间的财务状况和经营成果。全面预算管理包括全面预算管理机构设置、预算编报、预算下达与分解、预算执行与控制、预算调整、预算分析和预算考核管理等活动，是企业全过程，全方位及全员参与的预算管理工作。

电力行业属于资本密集型、知识密集型、设备密集型和管理密集型的生产性行业。与其他行业相比，电力行业的销售模式、生产运行、维护维修及安全环保等方面都受到国家有关部门的直接监管。这些特征决定了电力企业生产运行方式与大规模制造生产型企业有着本质不同,在全面预算管理工作上注意以下几点:一是预算编制和执行过程中,应密切结合国家政策落实经营策略,高度关注预算非指数指标的控制力和约束力;二是预算管理工作在经营业务覆盖前期就需要开展,在经营业务覆盖的基层末端就需要有效规划展开。

本节适用于所有电力企业。

一、控制目标

1. 建立健全全面预算领导与运行体系,明确岗位职责,确保不相容岗位分离。

2. 合理编制预算,确保预算范围准确,预算编制方法科学,合理编制预算,实现成本节约,提高经营效率和效果。

3. 及时编制年度财务预算并下达给各部门及所属单位,严格履行预算审批程序,确保预算合理性,减小预算偏差。提高预算的科学性与严肃性,预算目标分解到位。

4. 对预算执行进行有效的监控以保证预算目标的实现。要对预算执行结果分析和及时反馈,指导经营活动。明确预算执行考核制度及奖惩措施,确保预算得到严格执行。

二、主要风险

1. 预算管理松散、随意,预算编制、执行、考核等各环节流于形式,无法实现预算管理对企业经营决策的支撑作用。

2. 预算目标和预算政策不符合企业发展战略和目标的要求,预算编制数据偏离企业发展方向,导致企业资源浪费或短缺。

3. 预算编制内容不完整,导致预算执行时存在金额较大的预算外支出,预算失控,加大企业经营风险。

4. 没有明确预算调整的条件或预算调整审批程序不严格,导致预算调整随意、频繁,预算失去严肃性和约束力。

5. 预算下达不力,导致预算执行或考核无据可查,预算分解不具体,责任主体不明确,预算执行过程中缺乏有效监控,未对预算执行结果进行分析和反馈,导致企业经营风险。

三、全面预算业务流程

（一）业务图解

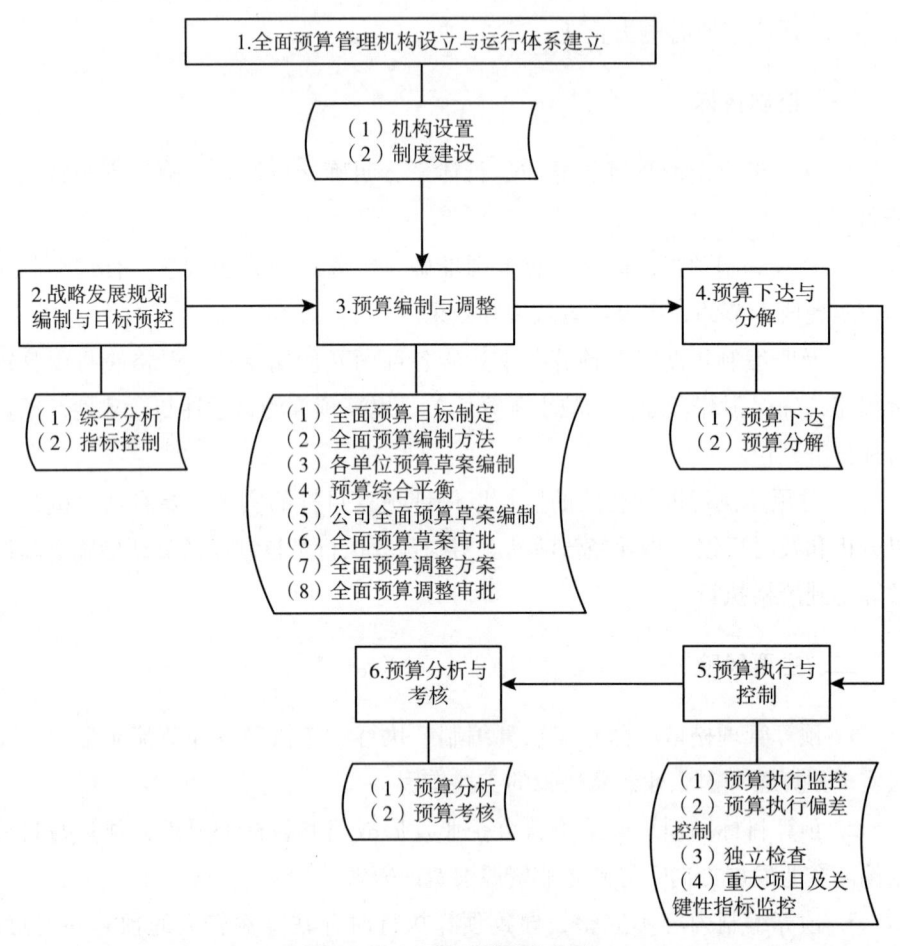

```
1.全面预算管理机构设立与运行体系建立
    （1）机构设置
    （2）制度建设
           ↓
2.战略发展规划      3.预算编制与调整      4.预算下达与
  编制与目标预控                          分解
  （1）综合分析    （1）全面预算目标制定   （1）预算下达
  （2）指标控制    （2）全面预算编制方法   （2）预算分解
                  （3）各单位预算草案编制
                  （4）预算综合平衡
                  （5）公司全面预算草案编制
                  （6）全面预算草案审批
                  （7）全面预算调整方案
                  （8）全面预算调整审批

        6.预算分析与          5.预算执行与
          考核                  控制
        （1）预算分析        （1）预算执行监控
        （2）预算考核        （2）预算执行偏差控制
                            （3）独立检查
                            （4）重大项目及关键性指标监控
```

图5-17 全面预算业务流程

（二）关键节点及控制方法

1. 全面预算管理机构设立与运行体系建立

（1）企业应设立全面预算管理决策机构，由企业负责人及内部相关部门负责人组成。负责拟定预算目标和预算政策，制定预算管理的具体措施和办法，组织编制、平衡预算草案，下达经批准的预算，协调解决预算编制和执行中的问题，考核预算执行情况，督促完成预算目标。

(2) 设立全面预算归口管理部门，履行决策机构日常管理职责，明确预算人员岗位职责，对预算编制与预算审批、预算调整与预算审批、预算审批与预算执行、预算执行与预算考核进行岗位分离。

(3) 预算执行单位在预算归口管理部门的指导下，负责将本单位预算指标层层分解，落实到各部门、各环节、各岗位，组织开展本单位全面预算的编制工作，执行批准下达的预算。

2. 战略发展规划编制与目标预控

(1) 每年预算目标下达之前，企业应根据发展战略、本年度生产经营计划，充分、客观地分析动态环境，包括国内外政治、经济、社会、技术等因素，结合自身业务特点和工作实际，编制相应预算，并在此基础上汇总编制年度全面预算。

(2) 每年预算预控目标下达前，需要经过财务部门负责人、分管预算的企业负责人、预算委员会、董事会审核，确保预算目标与公司战略相符。

(3) 建立与公司战略规划、经营目标相关的预算指标体系，如销售、利润、行业排名或客户满意度等指标。

3. 预算编制与调整

(1) 企业应按照上下结合、分级编制、逐级汇总的程序，编制年度全面预算。全面预算归口管理部门根据公司发展战略和年度经营目标，结合本公司业务发展情况，综合考虑预算期内经济形势等因素，测算下年度全面预算目标，制定全面预算编制要求，经过预算管理委员会审批后下达至各预算执行单位。

(2) 各预算执行单位按照下达的预算目标，结合本单位实际情况，按照预算编制要求，编制本单位预算草案，上报全面预算归口管理部门。全面预算归口管理部门对上报的预算草案进行审查、汇总，再与预算执行单位进行协调沟通后，提出预算平衡建议，编制全面预算草案。

(3) 企业应按照相关规定对全面预算草案进行审议批准，由预算管理委员会对预算草案进行研究论证，结合企业发展战略提出进一步修改建议，全面预算归口管理部门完善后形成公司年度全面预算草案，并提交企业董事会或类似最高权力机构审批下达。

(4) 市场环境、国家政策、不可抗力因素或企业战略等发生重大变化时，如需对预算进行调整，需按规定程序进行调整和审批后下达各部门及所属单位。

4. 预算下达与分解

(1) 全面预算经审议批准后要以正式公文形式下达各部门及所属单位。

（2）全面预算归口管理部门明确预算指标分解方式，将预算指标层层分解，从横向和纵向落实到内部各部门、各环节和各岗位，形成全方位的预算执行责任体系。

5. 预算执行与控制

（1）各部门和所属单位要建立预算管理台账，实时监控预算执行情况，并对重大预算项目或重大的关键性预算指标进行严格监控。全面预算归口管理部门应建立健全预算执行情况内部反馈和报告制度，确保预算执行信息传输及时、畅通、有效。加强与各预算执行单位的沟通，运用财务信息和其他相关资料监控预算执行情况，采用恰当方式及时向公司管理层、预算管理委员会和各预算执行单位报告和反馈预算执行进度与执行差异及其对预算目标的影响等。

（2）预算监督部门应加强对预算执行情况的独立检查，不定期对各部门的预算执行情况进行抽检，重点关注重大项目及关键性指标。

6. 预算分析与考核

（1）有关职能部门对本专业预算执行情况进行基础分析，全面预算归口管理部门对预算的总体执行情况进行分析后，撰写预算执行情况分析报告。包括：确定分析对象、收集资料、确定差异及分析原因、提出措施及反馈报告等环节。并根据不同情况分别采用比率分析、比较分析、因素分析等方法，从定量与定性两个层面充分反映预算执行的现状、发展趋势及其存在的潜力。

（2）全面预算归口管理部门应建立严格的预算执行考核制度，对各预算执行单位和个人进行考核，切实做到有奖有惩、奖惩分明。

四、监督评价

1. 全面预算管理机构设立与运行体系建立

（1）检查是否设立了全面预算管理组织机构，是否明确了预算管理决策机构、归口管理部门和预算执行单位各自相应的职责和权限。

（2）检查是否建立健全了全面预算管理制度，是否明确了预算管理业务流程，使预算管理工作有据可依。

2. 战略发展规划编制与目标预控

（1）检查编制的年度预算是否与发展战略规划相结合。

（2）检查是否建立了与公司战略规划、经营目标相关的预算指标体系。

3. 预算编制与调整

（1）检查是否按照规定程序编制公司全面预算。

（2）检查预算调整是否符合要求，是否按照规定程序执行。

4. 预算下达与分解

（1）检查全面预算是否以正式公文形式下达至各部门及所属单位。

（2）检查全面预算归口管理部门是否明确了预算指标分解方式，并将预算指标层层分解。

5. 预算执行与控制

（1）检查是否建立健全预算执行情况内部反馈和报告制度，是否确保预算执行信息传输及时、畅通、有效。

（2）检查预算监督部门是否对预算执行情况进行定期或不定期的独立检查，是否评价组织机构及业务流程的合理性，并监控预算执行情况。

6. 预算分析与考核

（1）检查是否定期或不定期对预算执行情况进行综合分析。

（2）检查是否建立了严格的预算执行考核制度，检查是否对各预算执行单位和个人进行考核，切实做到有奖有惩、奖惩分明。

五、案例解析

（一）案例简介

某国有电力公司的经营业务包括电网投资、电力交易、电力设备销售、电力设备安装与调试、电力技术咨询服务、电力知识培训等多项业务和服务。该公司于2012年引入了一套先进的企业预算管理方案，该方案以预算指标体系为核心内容，采用了分级管理的模式，对企业各项业务活动进行考核评估及系统规划，有效提升了该公司的价值创造能力，目前该公司的成本逐年在降低并且已连续2年实现安全运营。

（二）案例分析

由于该公司采用的全面预算管理方案，将战略目标与预算编制有效整合在了一起，从而提升了该公司价值创造能力以及经营业绩和安全管理水平。公司制定购电、供电、工程、融资、线损等成本编制模型，将业务计划、财务支出、现金支出有机联系，实现了对成本的整体控制。同时细化预算编制模型，分月编制各项预算，并按照业务条线编制现金流预算，实现预算管理从粗放型向精细化转变。公司设计了现金流量预算模型，通过细化现金流量预算表，将业务活动和现金收支关联，确保现金流量可追溯至前端业务活动，掌握现金流量的成因，加强资金管控。公司各级管理层利用统一的管理报告体系，全方位监控预算执行情况，发现与既定目标的偏差，及时采取措施加强管控。同时，通过分期滚动预测机制，协助管理层迅速应对外部环境因素及内部执行情况的变化，调整公司资源配置。

(三) 案例启示

1. 通过全面预算方案有效整合了企业资源并且控制了经营风险

全面预算管理有效整合了企业内部资源，将该电力公司的战略目标与各岗位职责紧密联系在一起，同时，通过对预算的执行过程与结果进行分析和监控，有效规避了经营风险。

2. 使各业务计划与财务预算紧密协同

该公司的财务预算没有脱离业务计划，使得预算编制能够有效地与业务计划相结合并在日常运营过程中与既定的业务计划间发挥协同效果，从而使预算成为了业务计划得以有效执行的助手和保障。

3. 构建起了一套预算保障体系

该公司的全面预算管理体系由责任网络、标准流程、预算制度、考核评价和信息系统等几大模块构建而成，明确了职责分配、标准流程、行为规范、激励手段和技术支撑的具体内容。

该体系的构建是"全员"预算管理的具体体现。有效地在全公司范围内调配和使用资源，平衡了各个核心业务流程间的关系，最大程度地发挥了预算对公司资源的整合与管控作用，起到了非常好的效果。

第十七节 资金管理

资金管理，是指企业筹资、投资和资金营运等活动的总称。在电力行业中，特指与电力企业生产经营活动相关的资金筹集、使用、运作、配置等有关的资金循环与周转，是资金全过程管理活动的总称。其主要活动包括：筹资管理、投资管理、资金归集与拨付、资金运作管理、货币资金管理等活动。

资金是企业生存和发展的重要基础，是企业生产经营的血液，决定着企业的竞争能力和可持续发展能力。电力行业属于资金、技术密集型产业，具有投资规模大、建设周期长等特点。资金管理可能存在的风险对电力行业危害及影响都非常重大，因此，无论是电网企业、发电企业还是其他电力企业，都应进一步加强资金安全管理，建立健全资金安全管理内部控制体系，切实防范资金风险。电力行业应创新资金管理模式，提升资金集约管理水平，全面整合内部资金资源,提高资金规模效益,对于集团化运作的电力企业,还应强化融资统一管理,保障集团公司发展需要,逐步建立完善的内部资金市场,促进产融协同发展,实现集团效益最大化。

本节适用于所有电力企业。

一、控制目标

1. 资金管理符合国家有关法律、法规及单位相关规章制度。

2. 资金管理机构设置和人员配备科学合理,职责明确,权限清晰,符合不相容岗位相分离原则,资金活动严格履行决策及授权程序。

3. 建立健全资金安全管理规章制度,加强对资金业务的审计监督。

4. 加强融资统筹规划,创新融资方式,拓宽融资渠道,优化融资结构,保障企业生产经营和持续发展所需资金,保持合理的债务结构和筹资成本。结合现金流量预算辅助确定融资金额及融资时点,合理安排融资计划,提升融资效益。

5. 提高投资及资金运作可行性研究质量,对投资成本收益和潜在风险做出充分评估,防范投资风险。

6. 强化现金流量预算与资金计划管理,确保企业各项年度资金计划编制准确,与实际经营情况相符。

7. 加强资金集中管理,建立内部资金归集体系,统一运作调度内部市场资金,确保资金高效使用,提高资金营运效益。

8. 加强支付结算流程控制,完善支付审批程序,保证支付业务的安全、高效。所有支付均纳入年度、月度预算,无预算不办理对外支付。

9. 加强资金业务核算,保证资金业务核算真实、准确、完整,账务处理及时。

10. 加强利率风险、汇率风险、信用风险等管理,提高风险预警、防范能力。

11. 确保货币资金管理安全、合法、合规,现金盘点和银行存款对账严格按照规定执行,做到日清日结、账实相符,防止"小金库"以及侵占挪用等行为。

12. 科学调度货币资金,保持合理的资金头寸,既满足日常支付需求,又防止资金沉淀。

13. 银行账户开立、使用、变更和撤销严格履行审批备案程序,所有账户均纳入财务机构管理,防止"账外账"。银行预留印鉴和有关印章的管理要求严格有效,票据的领用、保管、使用、销毁等要有完整的记录。

14. 建立健全银企直连、网上银行、手机银行等电子业务的安全管理体系，严格按规定程序办理电子支付相关密钥的领取、使用、保管、变更、注销等。

二、主要风险

1. 筹资决策不当、资本结构不合理或无效融资，导致企业筹资成本过高或引发债务危机。

2. 企业未建立健全资金预算管理制度，资金配置、监控管理与资金计划脱节，未考虑汇率和利率，以及金融市场波动的影响，导致企业资金断裂或筹资时点不准确带来的资金损失风险。

3. 企业投资决策失误，引发盲目扩张或丧失发展机遇，导致资金链断裂或资金使用效益低。

4. 资金内部管理审批权限或流程管理控制不严，导致资金被挪用、侵占、抽逃或遭受欺诈。

5. 资金调度不合理、营运不畅，缺乏统一的资金调控制度，导致企业无法有效管理可运作存量资金，无法实现内部资金资源的高效调配，造成资金闲置、资金利用效率降低或资金获取成本增加，难以实施有效的资金管理、监督和控制。

6. 货币资金信息化管理存在漏洞或者授权口令及密码保管不善，导致企业货币资金流失。

7. 集团总部对各成员单位账户信息获取渠道不通畅，管理层难以及时、准确、全面地掌握集团资金信息，无法正确进行资金活动相关决策。

8. 无法实现集团内部资金流动，各子公司资金使用成本高。高额的闲置资金沉淀在银行，借入高额的银行贷款，发生高额的财务费用，"三高"现象导致财务成本居高不下，削弱集团整体盈利能力，存在违规调剂资金的情况。

9. 货币资金管理制度不完善，分级授权管理或不相容职责分离措施不妥当，容易发生舞弊行为，导致企业利益受损。

10. 开户资料、账户变更资料、撤销账户资料未经妥善保存，导致会计档案的遗失或损毁。

11. 银行账户的开立未经审批及授权，导致虚假账户开立、企业资金流失，影响企业对所属单位银行账户监管。

12. 银行票据管理不当导致票据遗失或毁损，导致企业资金损失。

13. 印鉴管理职责未分离，未经授权擅自使用或新增、变更印鉴，导致企业资金损失。

14. 缺乏库存现金限额管理以及对现金的有效保管，现金盘点记录未妥善保管，导致企业现金使用记录无法查证，影响企业对库存现金的监管。

15. 收入没有完全纳入财务账内核算，导致资金体外循环，形成账外账或小金库，导致企业损失。

三、资金管理业务流程

（一）业务图解

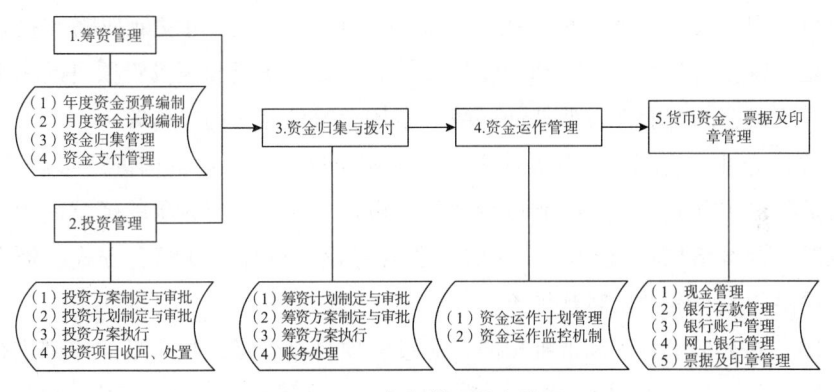

图 5–18　资金管理业务流程

（二）关键节点及控制方法

1. 筹资管理

（1）企业应每年末结合下年度经营计划、投资预算、资金安排等，对资金预算进行总体平衡，确定年度筹资计划，并按制度规定进行审批。

（2）企业应根据经营战略、预算情况与现金状况等因素，在与生产经营相关业务部门进行充分沟通和协调后，确定资金缺口金额与时点，并据此提出筹资方案，明确筹资额度、筹资形式、利率、筹资期限、资金用途等内容。组织相关部门或人员对筹资方案进行战略评估、经济性评估及风险评估，重大筹资方案应编制可行性研究报告。

（3）企业应成立筹资决策机构，并建立重大筹资方案的标准，明确集体决策流程。按照制度规定权限，对筹资方案以分级授权审批原则进行审批和集体决策。

（4）企业应加强对筹资活动的管理，建立筹资业务台账。通过银行借款方式筹资的，企业筹资管理部门应会同法律等相关部门与金融机构进行接洽，明确借款规模、利率、期限、还款安排等内容,达成一致后签订借款合同。通过发行股票或债券方式筹资的,应依据《中华人民共和国证券法》、《企业债券管理条例》等有关法律法规和监管部门的规定,选择有资质的中介机构协助,确保符合股票、债券发行条件和要求。

(5) 企业应严格按照筹资方案确定的资金用途使用资金,根据合同规定,足额还本付息、合理分配和支付股利。筹资活动完成后要由筹资决策机构按规定进行筹资后评价,对存在违规现象的,严格追究其责任。

2. 投资管理

(1) 企业应根据投资目标和规划,合理安排资金投放结构,科学确定投资项目,拟订投资方案,重点关注投资项目是否满足公司发展战略和投资规划,是否符合宏观经济形势和行业发展趋势;经营状况和被投资项目的未来效益;投资机会的可能性,如外部环境、市场竞争和存在的障碍等。

(2) 企业应组织内部开展或委托具备相应资质的专业机构进行可研论证,由投资项目主管部门组织编制可行性研究报告,对拟投资对象的经营能力、财务状况、资本结构等进行充分评估,重点对投资目标、规模、方式、资金来源、风险与收益等做出客观评价。

(3) 按照职责分工和审批权限,对投资项目以分级授权审批的原则进行审批决策审批,重点评估投资方案是否可行、投资项目是否符合投资战略目标和规划、投资资金是否到位、能否按时回收、预计收益能否实现等。重大投资项目在履行相应的审批程序后,编制详细的投资计划,按程序报经有关部门批准。

(4) 企业应指定专门机构或人员对投资项目进行跟踪管理,进行有效管理控制。同时做好投资项目的会计记录和账务处理,投资的收回、转让与核销按规定权限和程序进行审批。

3. 资金归集与拨付

(1) 预算管理部门汇总各部门提交的资金收支预算,编制公司年度现金流量预算,经领导逐级审核,预算管理委员会审议通过后正式下发,作为企业全年资金收支的依据。

(2) 各职能部门应该按照生产经营计划确定资金需求量,编制月度资金预算。注明资金需求明细及计算依据、申请金额、审批金额、付款单位等事项,按照审批权限分级审批后,统一由财务部门安排资金。预算管理部门应该根据上月资金预算执行情况,牵头各部门组织召开资金调度会或进行资金安全检查,各部门对上月资金使用情况以及资金预算与实际发生差异进行分析,找出差异原因,及时采取措施妥善处理,并在下月编制资金预算时进行调整。

(3)由申请部门填写申请单,注明用款用途、用款部门、付款方式、收款单位、账号、金额等,申请部门经过部门负责人审核后,按照资金审批权限提交相关领导审核、审批。出纳根据审批通过后的付款申请书办理现金支付或银行存款支付。因业务需要使用网上银行付款时,财务人员严格执行操作授权分离的原则,网上银行使用前需更改原始密码,并定期修改密码。

(4)企业应充分利用银行提供的资金归集产品,依托财务公司、结算中心等内部金融平台,对成员单位存量资金进行归集管理,实现集团内部资金高效流动,防止存款、贷款"双高"。

(5)预算外资金支付申请要按照规定履行审批程序。

4. 资金运作管理

(1)企业根据年度、月度现金流预算情况,合理安排运作存量资金,由资金管理部门制定年度及月度资金运作计划,并按规定审批流程进行分级审批。大额资金运作需履行相应审批程序后执行。

(2)企业应建立内部资金市场运行监控机制,统一调度集团内资金运作,提高资金使用效率,减少资金沉淀。资金运作过程中,应严格按国家相关法规及单位有关规定履行手续。资金运作要充分考虑汇率、利率和金融市场波动的影响。

(3)企业应指定专门机构或人员对资金运作项目进行跟踪管理,对资金运作实施有效管制,同时做好相关会计记录和账务处理,资金运作结束后开展后评价工作,对存在违规现象的,严格追究其责任。

5. 货币资金管理

(1)企业应建立货币资金、账户、支付管理制度,明确职责权限,对不相容职务分离做出明确规定,明确资金申请、审批、执行、复核、保管、记录、盘点的相关规定。

(2)企业银行账户管理需遵循统一政策,分级管理的原则,总部负责制定账户管理标准,建立账户管理台账,组织、指导和监督各级单位银行账户管理工作。各级单位银行账户的开立、撤销、变更均需按分级审批权限履行审批手续,由相关领导审批通过后,由相关部门在开立/撤销单位银行结算账户申请书上加盖公司印章,下属各公司开立的账户需在总部进行备案。由办理银行业务人员至银行办理开户、账户变更、销户等业务,并维护台账信息,严禁设立账外账、小金库。企业应实行年度账户检查制度。

（3）企业应明确现金管理规定，财务人员办理资金收支业务，应当遵守银行对现金和银行存款管理的有关规定，严格库存现金限额管理及现金盘点记录管理，做好授权控制，所有的凭证均经过独立复核后方可办理收付业务。

（4）空白支票、商业票据等由出纳保管，存放于保险箱中，保险箱钥匙由出纳保管。发生票据领用时，由出纳在票据登记簿中写明领用日期、收款单位、用途、金额等信息，领用人签字确认。票据使用情况应逐笔登记。对于作废的支票，加盖作废章戳后加以保管。企业财务专用章和财务负责人名章应由不同人员分开保管，并应规定不得在空白单据、空白区域及重要事项填写不全的单据、文书上加盖印章。

（5）企业应按规定由专人妥善保存银行账户管理、资金收付等原始凭证相关资料，并设立台账备查。

（6）企业应及时由非出纳人员编制银行存款余额调节表，进行银企对账，及时清理未达账项。

四、监督评价

1. 筹资管理

（1）检查是否编制年度、月度筹资计划，并按制度规定进行审批。

（2）检查是否编制筹资方案。筹资方案中是否包括筹资金额、筹资形式、利率、筹资期限、资金用途等内容。是否对筹资方案进行可行性论证及经济性、风险性评估。检查是否按照制度规定权限，对筹资方案进行审批和集体决策。

（3）检查是否按照相关规定筹措资金，同时在筹措时明确规模、利息、期限等相关内容。

（4）检查是否建立筹资业务台账。是否严格按照筹资方案确定的资金用途使用资金。是否根据合同规定，足额还本付息、合理分配和支付股利。

（5）检查是否建立筹资活动的监督、评价与责任追究机制，严格执行监督评价。

2. 投资管理

（1）检查是否拟定投资方案，并根据企业发展战略、宏观经济环境、市场状况等，提出企业的投资项目规划。在对规划进行筛选的基础上，确定投资项目。

（2）检查是否编制可行性研究报告，是否组织内部开展或委托具备相应资质的专业机构进行可研论证。

(3) 检查是否进行投资方案决策，是否通过分级审批，集体决策来进行，并按照规定的权限和程序对投资项目进行决策审批，重大投资项目是否经董事会或股东大会批准。

(4) 检查是否编制详细的投资计划，并按程序报相关部门审批。

(5) 检查是否指定专门机构或人员对投资项目进行跟踪管理和有效管理控制，做好投资项目的会计记录和账务处理，投资的收回、转让与核销，是否按规定权限和程序进行审批。

(6) 检查是否进行投资项目的到期处置，对已到期投资项目的处置是否经过相关审批流程，是否妥善处置并实现企业最大的经济收益。

3. 资金归集与拨付

(1) 检查是否编制年度资金预算和月度现金流收支预算，同时完成各层级的审批。

(2) 检查是否所有对外支出均纳入年度及月度预算。

(3) 检查是否按规定设置资金支付相关岗位，是否符合不相容岗位相分离原则。

(4) 检查资金支付相关单据信息是否真实、齐全；资金支付是否经过相应授权及审批。

(5) 检查电子支付系统、密钥、网络等软硬件管理是否安全可靠。

(6) 检查是否建立适合企业资金运动规律及特点的资金归集体系，资金集中管理权责界面是否清晰。

(7) 检查应归集账户是否均纳入资金归集体系，归集账户资金是否按要求及时归集到集团资金池。

(8) 检查预算外资金支付申请是否按照规定履行审批程序。

4. 资金运作管理

(1) 检查是否制定年度及月度资金运作计划，并按规定权限进行分级审批，大额资金运作是否按规定履行决策审批程序。

(2) 检查资金运作实施是否依法合规。

(3) 检查资金运作是否有专门部门负责实施及跟踪。是否按规定进行会计处理。是否进行运作后评估。

5. 货币资金管理

(1) 检查是否建立货币资金、账户、支付管理制度，不相容岗位是否分离。

(2) 检查是否遵循现金及银行等相关管理规定。是否每笔资金收支业务均完成独立授权审批。

（3）检查使用网上银行是否严格执行操作授权分离，并严格进行初始密码的修改、保密及定期更换，网银业务的支出是否经过授权审核。

（4）检查是否对账户开立、审批、变更进行有效的审批机制，是否建立账户管理台账，对账户的进行有效的管理和监督。

（5）检查空白支票、商业票据等是否由专人妥善保管。票据领用时是否逐笔登记。

（6）检查作废的支票是否加盖作废章戳后进行保管。

（7）检查财务专用章和财务负责人签名章是否分开保管，是否按规定使用印鉴。

（8）检查是否按规定不在空白单据、空白区域及重要事项填写不全的单据、文书上加盖印章。

（9）检查是否按规定妥善保管账户开立、资金收付等原始凭证。

（10）检查是否按规定对库存现金进行盘点，是否按时与银行进行对账，是否及时清理未达账项。

五、案例解析

（一）案例简介

某电力施工单位，因农民种植的作物生长过快影响了线路的正常运行，故需对一些作物进行砍伐，同时要按照国家青苗赔偿的规定，对农民进行一定的赔偿。但是此施工单位某项目部经理私自与村部的相关领导进行协商有关赔偿款项的支付金额、支付方式、支付时间等相关事宜，并未在施工单位进行内部的审批，只是根据村部拟定的相关"协议"进行了财务报账。而此单位不仅完成了所有的财务审核，还同意了项目经理以现金方式支付的要求，涉及金额20万元。同时项目经理再次伙同村领导伪造了分发农民领款的手印，20万元由项目经理和村领导两人私分，相关村民并未得到任何补偿。

（二）案例分析

从上述案例可以看出，该企业在资金管理方面存在一些问题，主要体现在以下几个方面：

1. 资金支付管理制度不完善

施工企业并未建立青苗赔偿的内部审批制度，实际执行亦未履行适当的审批程序。该案例中，项目经理取得"协议"后，财务部门未对青苗赔偿的合理合规性进行检查,即未对付款申请进行适当的审核、也未报送单位分管领导审批。同时财务部门对大额资金的支出也未设定相应管理制度,没有履行《中华人民共和国现金管理暂行条例》关于现金支付的要求,以现金形式支付20万元赔偿款。

2. 未建立资金支付跟踪和监督机制。财务部门支付款项后,无专人/相关部门对该笔大额资金支出进行追踪监控,例如:检查款项是否支付成功,相关的资金领取凭证是否真实、有效等等。

(三)案例启示

1. 健全管理机制

首先,在企业内部设置资金管理的最高权力机构(如资金管理委员会),资金预算计划、企业的重大资金项目必须经该委员会批准;其次,严格资金支付审批制度,保证重点建设项目的资金需要;再次,严格参照中国人民银行的相关规定,制定大额资金支付及现金支付的管理制度。同时在财务部门内部设置专职资金管理人员,定岗定员进行专门管理。

2. 健全牵制稽查制度

加强资金管理的内部控制,严格执行货币资金管理规范,实行职责分开;对单位重大资金支付,实行领导集体讨论和审批签名制度。充分发挥主管部门熟悉下级单位人事和工作内容的优势,积极开展稽查工作。

3. 健全资金管理机制

一是结合实际,制定出操作性强的规范各项收支运作的方法、程序,堵住资金流程中的"跑、冒、滴、漏"现象,把各层次、各项目的资金指标纳入考核分析体系,与各责任单位的经济效益挂钩,奖优罚劣,改善资金管理。

二是聘用一批具有较高素质的资金管理人员,严格按照规定运作。资金管理人员不仅要对企业负责,还要对资金使用的合理性、合法性负责。

三是改进资金管理手段,提高资金管理的信息化水平。提高资金预算编制、执行情况、信息反馈的信息化程度以及日常结算和核算的速度及准确性,实现信息共享,有效降低资金支付安全。

四是加强企业内部审计机构的监督职能,建立企业内部控制制度,强调内部审计与监督不仅是经营业绩的结果性审计,也是重大经营决策贯彻执行情况的过程性审计和监督,把监督关口前移,将更多的精力放到管理审计中去,强化事前预防和事中控制,保证企业各项经营活动都在严格的程序下进行。

第十八节 财务报告

财务报告，是指企业对外提供的反映企业某一特定日期财务状况和某一会计期间经营成果、现金流量等会计信息的文件，包括会计报表及其附注和其他应当在财务报告中披露的相关信息和资料，会计报表至少应当包括资产负债表、利润表、现金流量表及所有者权益变动表。

电力企业除了承担对股东的会计责任以外，还对政府监管部门负有会计责任。政府监管部门对电力企业的价格管理、运营管理、财务管理、制度合规管理起着市场导向的作用，会直接影响资本市场上股东的投资决策。政府监管部门要保护消费者、鼓励公平竞争、促进电力行业的持续发展，需要电力企业提供详细的购售电成本分析和电价分析的各项信息，以及其他具有行业特色的财务信息。

鉴于电力企业财务报告管理工作面临的多重责任，企业总会计师或者分管会计工作的负责人负责组织领导财务报告的编制、对外提供和分析利用等相关工作，保证会计信息及相关信息的真实可靠，提高企业报告的信息质量。

本节适应于所有电力企业。

一、控制目标

1. 选择恰当的会计政策，符合企业财务管理要求。
2. 确保会计记录真实、可靠、完整。
3. 财务报告编制、披露和审核不相容岗位分离。
4. 在整个公司和会计期间采用一致的会计处理方法和假设，会计分录经独立复核人复核。
5. 纳入合并报表的单位范围准确、完整。
6. 关联方交易遵循相关规定并经适当的审批，关联方交易披露及时、完整。
7. 财务报告及相关披露经过适当审批及独立复核。

二、主要风险

1. 财务报告编制违反会计法律法规和国家统一的会计准则制度，导致企业承担法律责任、遭受经济损失和声誉损失。
2. 对外提供的财务报告审核不严或审计不当，存在重大错报漏报，误导报告使用者，造成决策失误，干扰电力市场秩序。

3. 财务报告编制过程中，存在未建立适当的职责分工、授权和审批程序不规范，机构设置和人员配备不合理、会计政策不适当、会计凭证及记录未经授权被篡改等情况，导致财务报告不准确，存在重大错报漏报。

4. 关联交易管理流程不规范，存在关联方交易未经适当授权、关联交易额度超出审批范畴、关联交易有关事项或条款不公允不规范，关联方交易信息披露不及时不充分等情况，导致财务报告不准确，存在重大错报漏报，并使企业因违反信息披露相关规定而受到监管机构的处罚。

5. 合并报表编制过程中，由于纳入合并报表的范围不准确、调整事项或合并调整事项不完整，导致财务报告信息不真实、不完整；未完整披露的公司潜在债务或承诺事项导致投资者对公司财务状况做出错误判断。

6. 财务报告对外提供过程中，出现财务报告不能及时、准确编制并进行完整披露；关联交易界定不完整、不及时；财务报告未明确区分对外报告和内部管理报告；财务报告披露程序不当、误导性陈述、重大遗漏、未按规定及时披露；影响投资者对公司经营状况和风险的正确判断，给投资者造成损失，导致企业承担法律责任。

三、财务报告业务流程

（一）业务图解

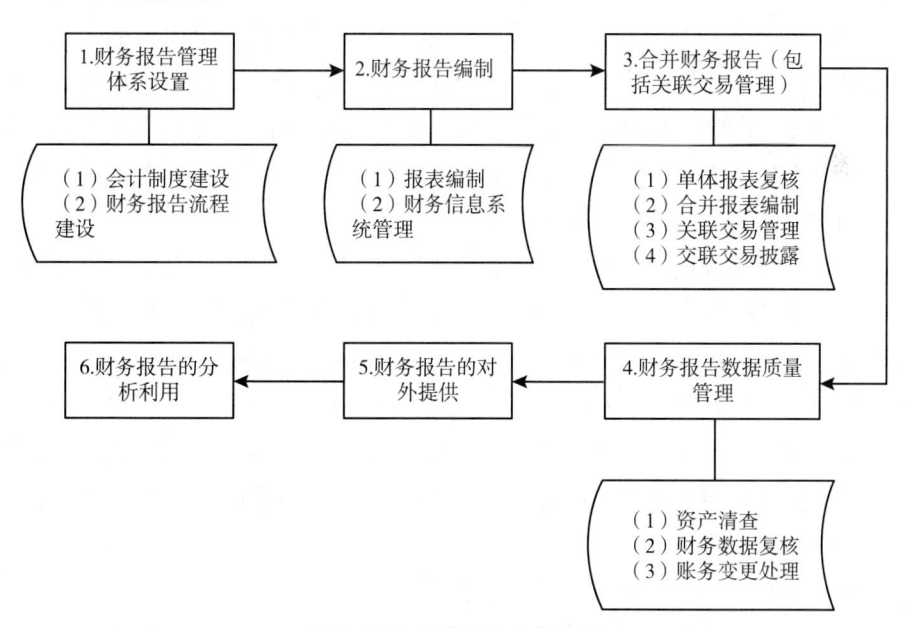

图 5-19 财务报告业务流程

（二）关键节点及控制方法

1. 财务报告管理体系设置

（1）企业应识别所有适用的会计准则，所采用的会计政策应符合相关法律、法规和会计准则的要求，反映监管机构所发布的最新的相关指导意见。

（2）会计政策在不同业务实体和会计期间内的应用要保持一致性。

（3）对企业的会计政策和相关流程要制定更新机制，结合国家财经法规和会计准则的最新变化，及时调整企业会计政策和程序，修订后的会计政策需经过有效审批，确保企业会计政策合法、合规。

（4）在编制财务报告前，确认对当期有重大影响的主要事项，并确定重大事项的会计处理。对某项重大事项/交易有不同会计处理方式时，所选择的处理方式应经过管理层的批准并与审计委员会进行沟通，将该过程及结果记录下来。确保重大事项的会计处理合法合规、真实完整，并如实反映企业实际情况。

（5）企业应制定部门及岗位说明，明确财务关账与报告流程的角色和职责分工，不定期组织相关培训，提高财务人员工作能力。各部门应及时向财务管理部门提供编制财务报告所需的信息，并对所提供信息的真实性和完整性负责。

2. 财务报告编制

（1）财务部门应对主要类型的交易和事项的正确会计处理进行详细说明，并在企业整个会计期间内监督其执行的情况。

（2）财务系统中的制单、审单的权限分别赋予不同岗位职责的人员。由负责制单的会计人员审核发票、付款/收款申请单等原始单据，并检查签字盖章是否完整，审单人员根据原始单据的内容审核会计科目的记录及其他信息是否正确，进行系统内审核和纸质凭证审核并加盖名章。系统设定相应的自动控制，确保凭证一经复核就不能被修改。

（3）如财务人员的系统权限需要变化，需经书面授权后方可进行授权操作。

（4）建立对特殊事项（包括但不局限于或有事项或资产负债表日后事项、债务重组、预提费用、股利支付）的账务处理方法，并进行研究、分析、定义以及更新，包括需要应用的会计估计、选择及应用会计政策的判断等，并需要获得相关的、足够的、可靠的必要数据来记录、处理和报告每笔非常规事项/交易，必要时同相关部门进行沟通。确保建立特殊事项的处理程序和方法，合理处理特殊事项。

3. 合并财务报告（包括关联交易管理）

（1）下属单位提供的报表所需信息和数据应如实反映其财务状况、经营成果和现金流量情况。合并报表人员对下属单位的财务报表进行总体复核，若需要调整时，记录调整时间、项目、金额等信息，经审批后提交下属单位进行修改。

（2）企业编制合并报表单位名录正确，明确定义纳入合并报表的范围。

（3）根据适用的各类准则编制准则差异清单，并据此编制准则差异的调整分录，准则差异调整分录需经适当审批。

（4）编制合并报表的抵销分录，并由具备相应能力的专业人员进行复核。

（5）按照企业关联方交易规定及相关法律法规起草并签订关联交易协议或合同，并按交易金额的不同进行相应的授权审批。

（6）建立关联交易档案和台账，对关联交易账目与关联方有关人员定期核对，按时填报关联交易会计报表。

（7）关联交易的披露内容要经过适当管理层审批。

4. 财务报告数据质量管理

（1）编制财务报告前，组织财务部门和相关业务部门进行资产清查、减值测试和债权债务核实工作，对清查过程中出现的差异及时分析原因，并提出处理意见，并根据会计准则和制度规定进行会计处理。

（2）关账前基于试算平衡表对各科目余额进行整体合理性检查，对异常、波动较大的会计科目进行分析，形成记录，若需要调整，经管理层审批后进行相应的账务处理。

（3）财务系统对审核通过的凭证进行自动的过账操作。确保定期核对各明细账与总账，处理发现的差异，并记录在总账对应的会计期间。

（4）如出现账务处理需变更的情况，经财务部门负责人批准后，由相关会计人员对自己职责权限内的会计凭证内容进行修改、删除等操作。报表报出后，需在次月另行制作调整凭证，不允许对于财务报表的直接调整。

5. 财务报告的对外提供

（1）由具备胜任能力的人员使用披露检查清单或其他适当机制独立复核财务报表的披露信息，以确定信息披露符合所适用的会计准则和公司的政策规定以及证监会等监管机构对信息披露的要求。复核中发现的所有问题应当在引用披露信息的报告向公众发布和提交管理机构前解决。

（2）管理层建立流程以保证所有要求的披露分析被及时执行和复核。复核包括披露是否建立在适当的假设和方法上，披露是否与适用的会计准则和披露政策相符。管理层从下属单位获得适当的报告、签字和声明，以保证所有相关信息被披露。

（3）管理层和负责监控财务关账和报告流程的部门负责复核财务报表的草稿和相关披露内容。复核包括分析财务报表草稿和相关披露，并提出建设性问题。提出的问题解决后，财务报表和相关披露需经有效批示并记录。

6. 财务报告的分析使用

（1）建立财务分析制度，明确分析事项，确保科学、合理地利用财务报告充分反映综合信息。

（2）分析企业经营管理中存在的问题，并形成分析报告，及时传递给企业内部有关的管理层级，充分发挥财务报告在企业经营管理中的作用。

（3）分析企业的资产分布、负债水平和所有者权益结构，通过资产负债率、流动比率、资产周转率等指标分析企业的偿债能力和营运能力；分析企业净资产的增减变化，了解和掌握企业规模和净资产的不断变化过程。

（4）分析各项收入、费用的构成及其增减变动情况，通过净资产收益率、每股收益等指标，分析企业的盈利能力和发展能力，了解和掌握当期利润增减变化的原因和未来发展趋势。

（5）分析经营活动、筹资活动、投资活动现金流量的运转情况，重点关注现金流量能否保证生产经营过程中的正常运转，防止现金短缺或过度闲置，提高资金收益率。

（6）财务部门负责制定财务报表分析模板和编报说明等，要求下属单位定期上报财务分析报告，并定期组织召开各下属单位财务负责人工作会议，对近期的财务工作情况、资金管理和使用情况等进行分析、总结，并部署近期财务重点工作及工作要求。

四、监督评价

1. 财务报告管理体系设置

（1）检查是否制定了本企业的会计制度，并随着国家法律法规及会计准则的要求及时更新。

（2）检查是否建立了与财务报告相关的流程，设置相应岗位，并对不相容岗位进行职责分离。

2. 财务报告编制

（1）检查会计业务处理是否准确，特殊事项的账务处理方法是否正确，财务报告编制是否准确。

（2）检查是否在企业范围和整个会计期间内监督会计工作的执行情况。

（3）检查使用财务信息系统进行会计处理的，其系统设置是否符合公司会计工作要求，权限分配是否合理，是否做到系统内职责分离。系统授权是否经过相应的审批。

3. 合并财务报告（包括关联交易管理）

（1）检查下属单位提供的报表所需信息和数据是否能够如实反映其财务状况、经营成果和现金流量情况。

（2）检查编制合并报表单位名录是否正确，是否明确定义纳入合并报表范围的公司清单。是否准确地编制准则差异的调整分录。是否正确编制合并报表的抵销分录，并由具备相应能力的专业人员进行复核。

（3）检查关联交易协议或合同的签订是否经过相应的授权审批。是否建立关联交易档案和台账，关联交易的披露内容是否经过管理层的适当审批。

4. 财务报告数据质量管理

（1）检查编制财务报告前，是否组织财务部门和相关业务部门进行资产清查、减值测试和债权债务核实等工作。

（2）检查财务数据的合理性、准确性是否经过有效检查。

（3）检查是否制定了规范的账务变更处理流程，并依次对账务数据进行调整。

5. 财务报告的对外提供

检查是否建立财务报告对外提供相关的流程，财务报告披露前是否经过有效复核，是否经过适当管理层审批。

6. 财务报告的分析使用

（1）检查是否建立财务分析制度。

（2）检查是否定期对企业经营管理中存在的问题进行分析，并形成分析报告，分析内容是否涵盖企业生产经营各方面。

（3）检查是否定期对近期的财务工作情况、资金管理和使用情况等进行分析、总结，并部署近期财务重点工作及工作要求。

五、案例解析

（一）案例简介

某电力企业是从事自主开发、设计、制造和销售风电机组的专业化高新技术企业，公司于2011年上市。

2013年3月,该公司公告称经自查发现,公司2011年度财务报表的有关账务处理存在会计差错,需要更改。2011年营业收入由原来的1043552万元调减92903万元,差异比例为8.9%;营业成本由原来的991854万元调减66171万元,差异比例6.67%;净利润由原来的77572万元调减16835万元,差异比例21.7%。而当时披露的2011年年报显示,公司当年实现营业总收入1043552万元;实现净利润77572万元。

该公司表示,收入确认的具体依据为同时满足以下三项条件:其一,公司已与客户签订销售合同;其二,货到现场后双方已签署设备验收手续;其三,完成吊装并取得双方认可。根据目前自查情况,公司发现2011年度确认收入的项目中部分项目设备未到项目现场完成吊装,由此导致2011年度的销售收入及成本结转存在差错。

证券监管部门调查后,称该公司部分业务单据、相关数据、财务记录失实,导致2011年度利润虚增。

(二)案例分析

公司自2011年年初上市以来,按照有关法律、法规要求及相关监管规定,结合公司自身特点,初步建立起一套相对完整的内部控制制度,规范了内部控制管理体系。但上述2011年度会计差错事项,显示出公司虽然初步建立健全了内控制度和流程,但在内控制度的执行方面仍存在不足,需要进一步完善和加强监督。

(三)案例启示

任何公司都应当严格按照国家有关的法律法规,梳理公司业务流程,查找内控缺陷,持续建立健全内部控制制度、管理流程和体系,只有不断深入做好内控体制健全的相关工作,才能促进公司健康、持续发展。

第六章 信息与沟通

第一节 内部信息传递

内部信息传递,是指企业内部各管理层级之间通过内部报告形式传递生产经营管理信息的过程。企业内部控制活动离不开信息的沟通与传递,企业应持续不断地收集、识别、整理与归纳来自企业内外部的各类信息,针对不同的信息来源和信息类型,明确信息的收集人员、收集方式、传递程序、报告途径和加工处理要求,通过月度经济分析会、月度安全生产分析会、生产调度会、周例会、管理信息系统等方式,确保各种信息资源得到及时、准确、完整收集,并以内部报告形式传递给内部各管理层级。

一、控制目标

1. 及时准确的收集、传递信息,建立顺畅的信息传递渠道,确保信息在公司内部有效沟通、充分利用。
2. 实现企业信息管理工作的规范化、制度化、科学化。
3. 为企业管理层了解情况、科学决策、指导工作提供信息。
4. 内部报告得到妥善保管,避免泄露商业机密。

二、主要风险

1. 信息收集的范围不明确,信息收集缺乏针对性,收集不充分、不准确,信息有误,导致企业决策失误。
2. 未建立内部报告流程,导致主要信息不能及时传递,或各部门信息不对称,影响企业经营效率和决策。
3. 未建立内部报告保密制度,导致内部报告泄密,对公司造成不必要的经济损失,影响公司核心竞争力。
4. 未及时对内部报告进行归档,导致相关信息泄漏或遗失。

三、信息传递业务流程

（一）信息

信息指企业生产、经营、管理、改革、发展以及国家政策、市场环境等方面的内容。企业可以根据其实际情况对信息进行分类并建立信息传递业务流程。例如，信息可以分为外部信息及内部信息两类。

1. 外部信息主要包括宏观社会环境信息、科学技术发展信息、市场信息等，如国内政治经济形势、社会文化状况、生产所需要的设备、原料、能源等物资的供应和来源分布、市场需求信息、竞争信息等。

2. 内部信息主要包括公司管理、生产活动、经济、技术、财务、人事等信息，如计划执行、生产调度、设备运行、安全管理、财务状况、经营成果等情况。

（二）业务图解

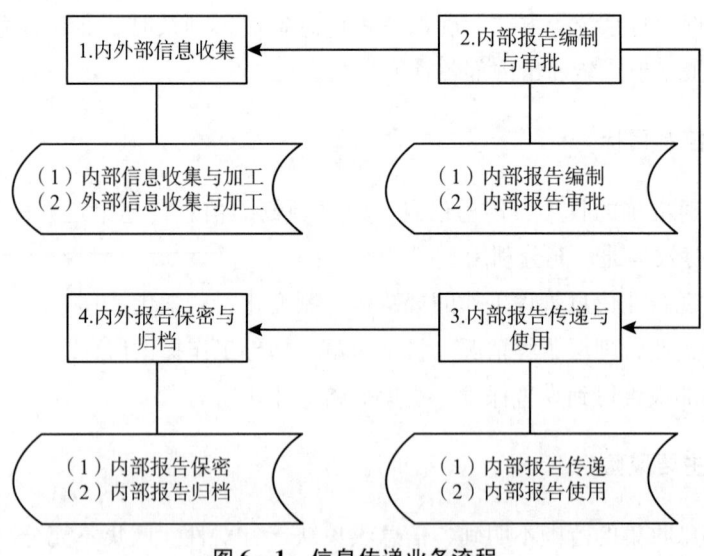

图 6-1 信息传递业务流程

（三）关键节点及控制方法

1. 内外部信息收集

（1）电力企业应积极关注市场环境、政策变化等外部信息对企业生产经营管理的影响，通过期刊杂志、政府文件、行业协会组织、社会中介机构、业务往来单位、市场调查、来信来访、网络媒体以及有关监管部门等渠道,及时获取外部信息;通过公司计划和总结、财务会计资料、经营管理资料、调研报告、专项信息、内部刊物、办公网络、各项信息记录等渠道,及时获取内部信息。通过整理分析内外部信息,以内部报告形式及时传递到内部相关管理层级,以便采取应对策略。

(2)电力企业应对收集的内外部信息进行筛选,确保信息具有真实性、客观性和时效性,根据公司制定的不同级次内部报告指标要求,对信息进行分析,提取有效数据,形成内部报告。内部报告要内容完整、重点突出、时效性强,对于重大事项应详细反映事项的发展过程及变化趋势。

2. 内部报告编制与审批

(1)电力企业应建立内部报告审核制度,根据内部报告类型不同,设置不同的审核权限。内部报告的起草与审核岗位应由不同人员担任,确保不相容岗位分离。部门负责人应对本部门起草的内部报告真实性、准确性负责,报告中涉及其他部门的,应传递至相关部门进行会审,确保信息完整准确。

(2)内部报告经审核无误后应在规定的时间内以办公系统、电子邮件、会议等方式,区分内部报告类型报送管理层。

3. 内部报告传递与使用

(1)企业应制定内部报告传递制度,明确各层级在内部报告传递中的职责与权限,根据信息的重要性、内容等特征确定不同的流转程序。指定专人对内部报告的流转情况进行跟踪和记录,对于未按照传递制度进行操作的事件,应当调查原因,并做相应处理。对于重大突发事件,可直接向董事会或类似权力机构呈报内部报告。

(2)相关领导应对内部报告进行审阅、批示,企业管理层及各部门应充分利用报告内容指导经营决策及生产经营活动。对于内部报告反映出的问题应当及时解决,有效利用内部报告准确识别和系统分析公司生产经营活动中的内外部风险,确定风险应对策略,涉及突出问题和重大风险的,应当启动应急预案。

4. 内部报告保密及归档

(1)企业应制定内部报告保密制度,明确保密内容、保密措施、密级程度和传递范围,防止泄露商业秘密,保密信息报送过程中形成的草稿、修改稿等在收发传递过程中应及时记录、归档或销毁。相关人员需查阅保密文件时,应履行审批程序。

（2）企业应制定内部报告归档保管制度，指定专人按类别保管内部报告。对影响较大、金额较高的内部报告（如公司重大重组方案、公司债券发行方案等）应严格保管，对影响重大的内部报告（如公司章程及修订记录、公司股东登记表等）应永久保存。

四、监督评价

1. 内部报告编制与审批

检查内部报告内容是否内容完整、重点突出、具有时效性。内部报告编制过程中是否经过相关负责人审核、是否经过部门会审。

2. 内部报告保密及归档

（1）检查是否制定内部报告保密制度，对于保密信息报送过程中形成的草稿、修改稿等是否及时记录、归档或销毁。相关人员需查阅保密文件时，是否履行审批程序。

（2）检查是否制定内部报告归档保管制度，对各类别内部报告进行妥善保管。

五、案例解析

（一）案例简介

某电力企业各职能部门负责收集履行部门职责所需的相关外部信息，经部门负责人或公司领导审批后成为公司相关规范文件。月度经营运行总结分析会通报材料、各类内部简报在内网上发布前需由部门负责人审核通过，重要的内部报告需要公司领导审批。

公司通过内网、办公自动化系统等渠道进行信息传递，信息在传递过程中会留下审核痕迹。对于重要紧急的信息，相关人员可以通过邮件、短信、企业即时通信平台等方式直接向经理层报告。

公司内外网物理隔离，严格控制内部信息导出，所有信息导出都需要部门负责人和综合管理部审批，当非法插入储存介质时计算机会发出报警信号。

（二）案例分析

1. 该电力企业建立了适当的信息沟通渠道，能够准确、及时、有效地收集企业内外部信息。

2. 从内部信息传递的时间、空间、节点、流程等方面建立控制，通过职责分离、授权接触、监督和检查等手段防止商业秘密泄露。

（三）案例启示

1. 电力企业应建立有效的内部信息沟通渠道，使财务信息、经营信息、规章制度及其他重要综合信息等通过企业规章制度和文件、企业各部门调研报告、财务报告、内部刊物、资料、企业办公网、各种会议提案、呈批件、记录、纪要等渠道在企业内部传递。

2. 电力企业应根据自身特点，有针对性地建立一套适合本企业的信息传递系统。高效的信息传递形式包括：自上而下的形式有会议、企业报纸与杂志、传真、邮件、展览等；自下而上的形式有员工思想反馈、座谈会、网站论坛、问题专栏、设置建议箱等。

第二节　信息系统

本指南所称信息系统特指企业利用计算机和通信技术，对内部控制进行集成、转化和提升所形成的信息化管理平台。

现代企业的运营与管理非常依靠信息系统，缺乏信息系统的支撑，企业发展会受到阻碍。电力企业使用的信息系统种类繁多，对业务开展影响巨大，因此如何全面利用信息和数据，如何安全管理信息系统、如何运行维护信息系统成为重要问题。在电力行业中，信息技术成为电力工业发、输、配、变、用等各领域电力生产运营的基础保障，信息和数据成为电力企业生产、管理、运行、决策、服务等各项工作的重要依据，成为电力规划、设计、建设、运营等各业务高效运行的主要纽带；企业信息资源成为电力企业除人（技术）、财（资金）、物（含设备和电能）之外的第四大资源。因此，加强信息系统内部控制对电力行业尤为重要。

一、控制目标

1. 设置专门信息化管理部门，明确职责，负责公司信息化总体规划、系统项目实施、系统变更管理、系统运维管理、系统安全管理等工作。

2. 优化信息化建设资源，避免信息孤岛，避免因信息系统项目论证不充分、信息系统实施方案与实际需求不符等造成项目失败及资源浪费。

3. 在自我开发和外购的方式中，采取有效适当的方式实施信息系统。

4. 确保系统开发需求文档充分体现业务处理和内部控制需要，设计方案能够满足业务和控制需求。针对不同数据的输入方式，考虑实现对进入系统数据的检查和校验功能。

5. 编写完整可行的上线计划，按照计划进行系统上线工作，确保新旧信息系统顺利切换和平稳衔接。

6. 加强信息系统开发全过程的跟踪管理，确保系统在功能、性能、控制要求和安全性等方面符合开发需求。

7. 确保信息系统按照规定的程序、制度和操作规范持续稳定运行，保证信息系统运行安全，对信息系统进行访问权限管理，对信息系统变更严格遵照管理流程进行操作。

8. 确保信息系统能够抵抗病毒等恶意软件的感染和破坏，加强服务器等关键信息设备的管理，通过数据定期备份机制确保系统数据可用性。

二、主要风险

1. 缺乏信息系统的专业管理部门和人员，未制订信息技术长期规划或规划不合理，导致企业信息化工作滞后于业务发展。

2. 实施的系统开发项目没有经过充分论证，信息系统开发方式选择不当，导致形成信息孤岛或系统重复建设，信息系统对业务支持不足和投资浪费。

3. 信息系统建设缺乏项目计划或者计划不当，信息系统需求分析不符合业务处理和控制的需要，需求表达不明确，有关需求未经评审，设计变更频繁，导致项目进度滞后、费用超支。

4. 缺乏完整可行的上线计划，信息系统配置不符合设计方案，数据迁移不完整、不准确，导致信息系统无法正常稳定运行。

5. 未对信息系统开发全过程进行跟踪管理，导致系统开发偏离业务需求。

6. 信息系统验收不全面，上线未经有效测试，导致系统功能异常无法满足开发需求。

7. 未制订日常运维管理规范或规范不健全，未定期对系统运维状况加以检查，未定期妥善备份数据，信息系统运行维护措施不到位，导致信息泄漏或损坏，系统运转异常或损坏后无法恢复，造成重大损失。

8. 未建立信息系统变更管理制度，未规定合理的变更审批流程，导致变更管理混乱，系统变更影响系统正常业务和控制功能，影响系统数据的完整性、准确性和安全性。

9. 企业员工信息安全意识薄弱，企业对系统和信息安全缺乏有效的监管手段，未确立信息安全管理制度，未明确组织及相关人员的安全职责，信息系

第六章 信息与沟通

统权限和工作职责不符，人员职责及系统权限不符合不相容职责分离的原则，需报废的计算机存储设备及其中所存储的数据处理不当，导致敏感信息和数据得不到有效保护，信息系统管理人员和操作人员非法利用其持有的不适当系统权限从事舞弊活动。

10. 信息系统存在程序漏洞或网络防护不当，防病毒软件未及时更新，导致系统受到病毒等恶意软件的感染和破坏，黑客入侵或被不法人员利用盗取信息。

三、信息系统主要业务流程

（一）业务图解

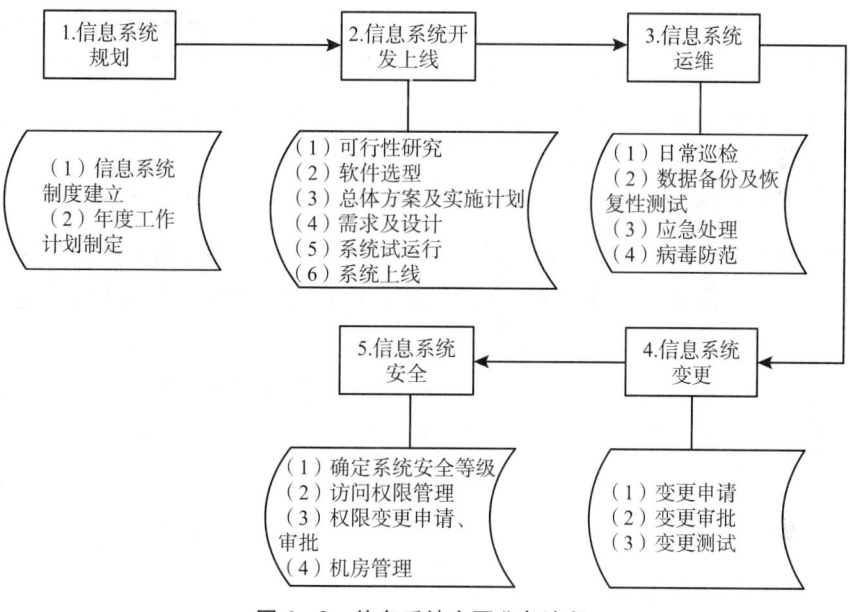

```
1.信息系统规划 → 2.信息系统开发上线 → 3.信息系统运维

（1）信息系统       （1）可行性研究        （1）日常巡检
制度建立           （2）软件选型          （2）数据备份及恢
（2）年度工作       （3）总体方案及实施计划    复性测试
计划制定           （4）需求及设计         （3）应急处理
                  （5）系统试运行         （4）病毒防范
                  （6）系统上线

5.信息系统安全 ← 4.信息系统变更

（1）确定系统安全等级     （1）变更申请
（2）访问权限管理        （2）变更审批
（3）权限变更申请、      （3）变更测试
    审批
（4）机房管理
```

图6-2 信息系统主要业务流程

（二）关键节点及控制方法

1. 信息系统规划

（1）企业应设置信息系统管理部门，制定信息系统相关的管理制度，负责信息系统开发、运维、变更和安全管理等工作。

（2）信息系统管理部门应制定与企业整体战略目标一致的信息系统战略规划，并履行相关审批程序。信息系统管理部门结合企业实际情况、信息化发展需求及公司信息化总体方案等，制定年度信息化建设的重点工作安排。

2. 信息系统开发上线

（1）企业应指派信息系统管理部门或委托有资质的机构对信息化项目进行可行性研究，编制项目可行性研究报告并组织相关部门进行论证，对需向国家申报的项目应履行相关审批程序。在项目可研阶段，信息系统管理部门应重点识别项目开发过程中的风险，并制定相应的控制措施。

（2）信息系统管理部门应进行软件选型，确定自行研发或外购。对于外购的项目，需对服务商进行严格筛选，原则上应采用公开招标的形式选择服务商，招标应由相关部门共同参与，应有完整的招标文件并签订合同。

（3）对于自行研发的信息系统，信息系统管理部门应成立专门项目组，编制系统开发总体方案，明确系统需求、功能模块、系统架构、人员配备、职责分工、项目整体计划等相关内容，按照规定程序审批后实施。对于外购的信息系统，信息系统管理部门、相关业务部门与系统服务提供商应组建项目组，编制项目实施总体方案，明确建设目标、人员配备、职责分工、经费保障和进度安排等相关内容，按照规定程序审批后实施。

（4）项目负责人应负责根据项目的具体情况组织编写项目实施计划，与项目实施人员共同讨论项目计划的可行性，项目实施计划应由项目组和企业内部相关部门共同确认才可实施。项目组应在项目实施计划中明确新旧系统切换时的方法及应急预案，保证新系统失效时能够顺利切换回旧系统。项目实施计划中还需明确项目各阶段的目标、人员、分工和进度安排等内容，并由项目负责人按照计划对项目进度进行跟踪管理，以保证过程可控，目标可实现。

（5）信息系统管理部门应组织企业内部相关部门提出系统需求，系统需求应经需求方负责人确认。项目组会同相关业务人员对系统需求进行分析和提炼，形成项目需求和设计方案，确保满足业务流程需求、业务规则要求和风险控制要求。项目组应与企业内部相关部门沟通讨论，说明设计方案对用户需求的覆盖情况。

（6）项目组应在项目实施过程中组织开展单元测试和系统测试工作，制定测试文档，以确保项目实施结果符合功能设计要求，并在测试基础上对设计方案提出改进建议。

（7）系统上线时，项目组应制定信息系统上线计划，在制定计划时考虑可能发生的风险并在计划中进行风险规避。对于涉及系统上线数据迁移的，项目组需制定详细的数据迁移计划，并对迁移结果进行测试。

（8）项目完成后，信息系统管理部门、相关业务部门应对项目进行验收，并在验收报告上签字确认。

3. 信息系统日常运维

（1）信息系统管理部门应制定信息系统巡检制度，通过定期巡视机房、检查系统运行报告或日志监测服务器、数据库及网络设备的运行情况，并填写巡检日志，对发现的问题及时解决或报告。

（2）信息系统管理部门应根据业务频率和数据重要性明确数据备份策略，包括备份范围、频率、方法、责任人、存放地点、有效性检查等内容。进行数据备份时，应合理采用磁盘、磁带、光盘等备份存储介质。数据正本与备份应分别存放在不同地方，防止因火灾、水灾、地震等事故导致备份数据无法恢复。另外，应进行数据恢复性测试，以确保备份数据文件的可用性。恢复性测试应至少每年一次。当系统软硬件环境发生重大变化时，也应当进行恢复性测试工作。

（3）信息系统管理部门应制定信息系统相关的应急预案，定期组织相关部门和人员开展应急演练，并对演练中出现的问题进行总结，编制应急演练报告，不断改进应急预案。系统发生重大故障时，根据故障严重程度启动相关应急预案，故障处理完毕后，信息系统管理部门应在规定时间内编写专项报告并在企业内部汇报。

（4）信息系统管理部门应采取统一安装杀毒软件等措施，防范信息系统受到病毒等恶意软件的感染和破坏。对于接入企业内部网络的计算机，应统一安装规定的杀毒软件，并启用杀毒软件自动更新功能。应限制智能手机、平板电脑、PDA等个人设备接入企业内部网络。

4. 信息系统变更

（1）信息系统管理部门应建立系统变更申请、审批、执行、测试流程。在对实施系统变更时，由需求方提交变更申请，按照程序经过适当审批后才可实施变更，需求方应对变更后的系统功能进行测试。

（2）对于需要进行程序开发的系统变更，信息系统管理部门应建立单独的系统开发（变更）环境、系统测试环境和系统生产环境。不得在生产环境中进行系统程序的开发、变更和测试工作。做好各环境的权限控制，严格限制可将变更程序从开发、测试环境中迁移至生产环境中的权限，严格限制可对生产环境程序和系统重要配置参数进行变更的权限。

5. 信息系统安全

（1）信息系统管理部门应根据业务性质、重要程度、涉密情况等确定信息系统的安全等级,采用相应技术手段保证信息系统运行安全有序。

(2) 信息系统管理部门应加强对重要业务系统的访问权限管理。制定不相容职责分离要求,避免将不相容职责授予同一用户。应用系统管理员不应同时兼任系统数据库管理员和服务器操作系统管理员。

(3) 需要增加、删除或修改系统账号或权限前,应由系统使用部门人员提交系统用户权限变更申请,按照既定程序由相关管理人员审批后,系统管理员才可在系统中修改用户账号或权限。对于超级用户,严格规定其使用条件和操作程序,并开启系统审计日志功能以记录其在系统中的操作,超级用户权限使用完毕后需及时收回。信息系统管理部门应定期对系统账号和权限进行审查,避免存在授权不当或非授权账号。

(4) 信息系统管理部门应制定机房管理制度,明确规定机房禁止非工作人员进入,特殊情况需经过相应授权批准,填写访客登记表。机房应安装门禁和监控设备。

四、监督评价

1. 信息系统规划

(1) 检查信息系统管理部门的人员配备是否充足,是否制定信息系统相关的制度。

(2) 检查是否制定了信息系统战略规划和年度信息化工作计划。

2. 信息系统开发上线

(1) 检查信息系统开发项目是否存在可行性研究报告,可行性研究报告是否经过相应的审批。

(2) 检查外购项目是否采用合理方式(如招标)确定供应商,项目是否签订了有效合同。

(3) 检查软件开发总体方案是否明确了系统需求、功能模块、软件架构、工作计划等内容,项目计划是否对于阶段成果目标、人员分工及进度安排进行了规定。

(4) 检查需求文档是否涵盖相关业务的各个方面。检查是否存在系统测试计划、单元测试和系统测试文档是否完备,对于测试结果存在问题的环节,是否进行了后续跟进处理。

(5) 检查上线计划是否对于上线计划和范围、上线环境准备、基础数据准备及风险防范等进行了说明,上线计划是否经过适当管理人员的审批。

（6）检查是否对项目进行验收，验收报告上是否存在相关部门的签字确认。

3. 信息系统日常运维

（1）检查日常巡检报告，对发现的问题是否及时解决或报告。

（2）检查对信息系统数据是否定期备份、异地备份，是否定期进行了数据恢复性测试。

（3）检查信息系统管理部门是否制定了信息系统相关的应急预案，是否定期进行应急演练。

（4）检查企业内网内的计算机是否安装了防病毒软件，杀毒软件版本是否更新。检查员工个人手机和电脑设备是否可以随意接入企业内部网络。

4. 信息系统变更

（1）检查信息系统管理部门是否建立系统变更申请、审批、执行、测试的流程。

（2）若存在需要进行程序开发的系统变更活动，检查是否建立了单独的系统开发（变更）环境、系统测试环境和系统生产环境。检查各环境中的人员权限是否得到有效控制，尤其关注可以对生产环境程序和系统重要配置参数进行变更的权限是否授予适当的人员。

（3）检查系统变更活动是否存在经过审批的系统变更申请记录。

5. 信息系统安全

（1）检查信息系统管理部门是否明确各信息系统的安全等级。

（2）检查信息系统管理部门是否制定了不相容职责分离要求，检查应用系统管理员是否同时兼任系统数据库管理员和服务器操作系统管理员。

（3）检查进入机房是否需要访客登记，机房是否安装了门禁和监控设备。

五、案例解析

（一）案例简介

随着企业的发展，地域多样性及业务复杂性，企业管理信息系统的实施可以帮助企业提高工作效率、降低管理成本、提高服务水平和企业竞争力。

某电力企业拥有近20家发电厂，而且地域分散。为了满足企业内部经营管理及生产过程控制信息化的需求，2012年，某电力企业开始实施集中式ERP，系统规划时将财务、物资和资产管理系统统一建立在总部数据中心，电厂只需要采集数据，以便于集中管理及维护。

该电力企业选择了某标准版本的EAM（企业资产管理应用软件）应用于

集成的资产管理系统。但考虑到该 EAM 是面向全球所有行业而设计的，仅具备通用的资产管理功能，根据电力行业的特点，需要对其进行针对行业的适应性调整。因此，在 EAM 运行了一段时间后，企业在 2013 年启动并完成了 EAM 的增值开发项目，不仅解决了集中式 ERP 中 EAM 存在的问题，还根据其它用户提出的新需求设计了新的功能。

（二）案例分析

电力行业是资产高度密集、以社会效益为主的一个行业，运行安全非常重要，而且我国发电企业承担的社会公共服务职责更加重大，承担着比如安全、高峰保证居民用电等等社会责任，并且必须严格遵守行业机构对发电企业安全生产的各项要求。因此在使用国外软件时要充分考虑中国电力企业的实际管理情况。

该标准 EAM 共六个基本功能，软件公司对其中的台账、检修、运行、安全管理进行了二次开发工作。

1. 在设备台账方面，虽然该 EAM 这项功能可以体现现有的设备信息，比如发电机、发电机组、变压器等，但是它没有考虑台账的后续应用，所以不具备设备评级、缺陷管理等功能。二次开发增加了记录设备状态变化功能。又比如，同样一个设备，原 EAM 只记录采购金额，而更新后的系统可记录设备使用了多少次，曾经发生过哪些缺陷等体现状态变化信息。在检修时，通过查看设备台账，就知道设备曾经维修过哪个部件，从而做出相应的检修决策。

2. 在检修管理方面，虽然该 EAM 本身提供了预防性检修、状态检修的功能，但是却缺了工作票功能，而工作票是电力企业基于安全考虑的不可缺少的一种管理工具，二次开发增加了此功能。

3. 在工作运营中，作业指导书是在工作中对于检修的历史记录。检修工或者检修工程师对于某项设备的检修状况、工艺计划都要作记录，二次开发增补了这些功能。对发电企业运营至关重要的运行日志是原 EAM 所缺少的。发电企业是一个资产密集度高，且对安全生产要求高的企业，需要对设备的运行状态进行记录，以及对设备检修人员进行记录，即对班组长日志、操作票和运行日志进行管理，二次开发时也增补了这些功能。

4. 在安全管理方面生产安全是国家强制性要求。电厂需要每月把危险点、事务管理、安全检查报告和一些表单记录汇总给总公司，或者电厂公司委托的电力科研机构。系统二次开发时新增了这项功能。

第六章　信息与沟通

（三）案例启示

电力体制改革后，发电集团和电网企业的企业特征越来越明显，电力企业管理重点及企业追求的目标从传统的管理方法逐步过渡到科学管理和生产优化、减少库存、降低维护费用、节能降耗、合理安排停机和检修、实现成本的最小化。

管理信息系统已经从过去的定制开发转变为管理思想内涵先进、功能与数据相分离、应用功能模块化的商品化软件。由于信息系统已成为重要的企业资产，因此应注意一下几点：

1. 在建设使用管理信息系统时要先了解企业的管理需求，再规划适用于企业生产经营及企业特点的系统实施方案，后实施系统上线并及时根据企业业务变化带来的信息系统更新升值需求，让信息系统更好地为企业服务。

2. 管理信息系统的需求调研要符合中国国情和企业实际需要，否则会造成后续不必要的系统更新调整，引起人力、物力资源浪费。

3. 对于系统中的信息，要注意安全保护，要防范在由于信息泄露、遗失等造成的无形资产损失。

第七章 内部监督

第一节 内部监督概述

电力企业应当制定内部控制监督制度，明确内部审计机构（或经授权的其他监督机构）和其他内部机构在内部监督中的职责权限，规范内部监督的程序、方法和要求。

内部监督分为日常监督和专项监督。日常监督是指企业对建立与实施内部控制的情况进行常规、持续的监督检查；专项监督是指在企业发展战略、组织结构、经营活动、业务流程、关键岗位员工等发生较大调整或变化的情况下，对内部控制的某一个或者某些方面进行有针对性的监督检查。

电力企业应根据企业内部监督的职责分工实施日常监督，督促各级业务部门领导落实企业内部控制整体要求和具体的流程控制。按照不同的监督主体及相应的管理要求，电力企业日常监督可以体现为不同的形式，例如定期的经营分析会、生产例会、总经理办公会等。由内部审计机构（或经授权的其他监督机构）每年开展内部控制自我评价工作，与管理层就内部控制缺陷进行讨论，向董事会或其他专业委员会汇报评价结果，督促管理层及相关业务部门实施整改，也是日常监督的普遍做法。

专项监督的范围和频率应当根据风险评估结果以及日常监督的有效性等予以确定。电力企业可以根据日常监督的结果，识别内控管理的薄弱环节，进行有针对性的风险评估，组织开展必要的专项监督。

例如，某电力公司在日常监督检查时发现，下属某供电局最近一个季度的电费收入出现大幅下降，但同期抄表电量与前期没有明显差异。经过详细用电检查发现辖区内用电单位绕越计量装置窃电。该供电局及时查处了窃电用户并将相关事件上报了上级单位。不久该电力公司即在全公司各个辖区组织了反窃电专项突击检查，成立了反窃电专项行动小组，制定了反窃电专项行动措施。按照分线分台区，与公安机关建立联动协同机制，开展警电联合执法。根据事先制定的详细整治方案,划定城区内窃电、违约用电嫌疑户及配电线路的"高损区",跟踪线损波动,采取突击检查、夜间巡查和拉网式检查等方式,对公共变台区、高线损台区、电量异常等用户进行重点排查。活动共出动检查人员200人次,现场检查用户近2万户,查处窃电15户,违约用电8户,并根据有关规定进行了处理,有力震慑了窃电犯罪行为。

第二节 内部控制评价

内部控制评价,是指企业董事会或类似权力机构对内部控制有效性进行全面评价、形成评价结论、出具评价报告的过程。内部控制评价是内部监督的一项重要制度安排,是内部控制的重要组成部分,对于建立和实施内部控制具有十分重要的作用。

电力企业应当制定内部控制评价办法,明确评价的职责分工、评价内容、工作程序等内容,规范开展内部控制评价工作。

一、内部控制评价的对象

内部控制评价是对内部控制有效性发表意见。所谓内部控制有效性,是指企业建立与实施内部控制对实现控制目标提供合理保证的程度,包括内部控制设计的有效性和内部控制运行的有效性。

1. 内部控制设计的有效性,是指为实现控制目标所必需具备的内部控制要素及程序都存在,并且设计恰当,能够为控制目标的实现提供合理保证。

设计有效性的根本判断标准是所设计的内部控制是否能为内部控制目标的实现提供合理保证。对于财务报告目标而言,所设计的相关内部控制是否能够防止或发现并纠正财务报告的重大错报,是判断其设计是否有效的标准;对于合规目标而言,所设计的相关内部控制是否能够合理保证遵循适用的法律法规,是判断其设计是否有效的标准;对于资产安全目标而言,所设计的内部控制是否能够合理保证资产的安全、完整,防止资产流失;对于战略、经营目标而言,由于其实现还受到许多不可控的因素(尤其是外部因素)的影响,因而判定相关内部控制的设计是否有效的标准,是所设计的内部控制是否能够合理保证董事会和经理层及时了解这些目标的合理性和实现程度、从而调整目标和改进措施。

2. 内部控制运行的有效性,是指在内部控制设计有效的前提下,内部控制能够按照设计有效实施,从而为实现控制目标提供合理保证。评价内部控运行的有效性，应当着重考虑以下几个方面：

（1）相关控制在评价期内是如何运行的；

（2）相关控制是否得到了持续一致的运行；

（3）实施控制的人员是否具备必要的权限和能力。

需要强调的是，即使同时满足设计有效性和运行有效性标准的内部控制，受内部控制固有局限影响，也只能为内部控制目标的实现提供合理保证，而不能提供绝对保证，不应不切实际地期望内部控制能够绝对保证内部控制目标的实现，也不应以内部控制目标的最终实现情况和程度作为唯一依据直接判断内部控制设计和运行的有效性。

二、内部控制评价的原则

实施内部控制评价至少应当遵循下列原则：

1. 全面性原则。评价工作应当包括内部控制的设计与运行，涵盖企业及其所属单位的各种业务和事项。

2. 重要性原则。评价工作应当在全面评价的基础上，关注重要业务单位、重大业务事项和高风险领域。

3. 客观性原则。评价工作应当准确揭示经营管理的风险状况，如实反映内部控制设计与运行的有效性。

三、内部控制评价的组织形式和职责安排

企业应当结合内部控制设计与运行的实际情况，制定具体的内部控制评价办法，规定评价的原则、内容、程序、方法和报告形式等，明确相关机构或岗位的职责权限，落实责任制，按照规定的办法、程序和要求，有序开展内部控制评价工作。

企业内部控制评价办法应当具体明确内部控制评价的组织形式，特别明确各有关方面在内部控制评价中的职责安排，处理好内部控制评价和内部监督的关系，定期由相对独立的人员对内部控制有效性进行科学的评价，界定内部控制缺陷认定标准，保证内部控制评价有序地开展。

1. 内部控制评价的组织形式

企业可以授权内部审计机构或专门机构（下称"内部控制评价机构"）负责内部控制评价的具体组织实施工作。内部控制评价机构必须具备一定的设置条件：一是能够独立行使对内部控制系统建立与运行过程及结果进行监督的权

力;二是具备与监督和评价内部控制系统相适应的专业胜任能力和职业道德素养;三是与企业其他职能机构就监督与评价内部控制系统方面应当保持协调一致,在工作中相互配合、相互制约,在效率效果上满足企业对内部控制系统进行监督与评价所提出的有关要求;四是能够得到企业董事会和经理层的支持,有足够的权威性来保证内部控制评价工作的顺利开展。

具体来说,企业可根据自身特点,决定是否单独设置专门的内部控制评价机构。对于单独设有专门内部控制机构的企业,也可以由内部控制机构来负责内部控制评价的具体组织实施工作。为了保证评价的独立性,负责内部控制设计和评价的部门应适当分离。

企业可以委托会计师事务所等中介机构实施内部控制评价。此时,董事会(审计委员会)应加强对内部控制评价工作的监督与指导。从业务性质上讲,中介机构受托为企业实施内部控制评价是一种非保证服务,内部控制评价报告的责任仍然应由企业董事会承担。另外,为保证审计的独立性,为企业提供内部控制审计的会计师事务所,不得同时为同一家企业提供内部控制评价服务。

2. 有关方面在内部控制评价中的职责和任务

无论采取何种组织形式,董事会、经理层和内部控制评价机构在内部控制评价中的职能作用不会发生本质的变化。一般来说:

(1) 董事会对内部控制评价承担最终的责任。企业董事会应当对内部控制评价报告的真实性负责。董事会可以通过审计委员会来承担对内部控制评价的组织、领导、监督职责。董事会或审计委员会应听取内部控制评价报告,审定内控重大缺陷、重要缺陷整改意见,对内部控制部门在督促整改中遇到的困难,积极协调,排除障碍。监事会应审议内部控制评价报告,对董事会建立与实施内部控制进行监督。

(2) 经理层负责组织实施内部控制评价工作。实际操作中,可以授权内部控制评价机构组织实施,并积极支持和配合内部控制评价的开展,创造良好的环境和条件。经理层应结合日常掌握的业务情况,为内部控制评价方案提出应重点关注的业务或事项,审定内部控制评价方案和听取内部控制评价报告,对于内部控制评价中发现的问题或报告的缺陷,按照董事会或审计委员会的整改意见积极采取有效措施予以整改。

(3) 内部控制评价机构根据授权承担内部控制评价的具体组织实施任务,通过复核、汇总、分析内部监督资料,结合经理层要求,拟订合理评价工作方案并认真组织实施;对于评价过程中发现的重大问题,应及时与董事会、审计委员会或经理层沟通，并认定内部控制缺陷，拟订整改方案，编写内部控制评价报告，及时向董事会、审计委员会或经理层报告；沟通外部审计师，督促各部门、所属企业对内、外部内控评价进行整改；根据评价和整改情况拟订内部控制考核方案。

（4）各专业部门应负责组织本部门的内部控制自查、测试和评价工作，对发现的设计和运行缺陷提出整改方案及具体整改计划，积极整改，并报送内部控制机构复核，配合内控机构（部门）及外部审计师开展企业层面的内控评价工作。

（5）企业所属单位，也应逐级落实内部控制评价责任，建立日常监控机制，开展内部控制自查、测试和定期检查评价，发现问题并认定内部控制有缺陷，需拟订整改方案和计划，报本级管理层审定后，督促整改，编制内部控制评价报告，对内部控制的执行和整改情况进行考核。

四、内部控制评价的内容

电力企业应当根据《企业内部控制基本规范》及其配套指引、本企业的内部控制制度，围绕内部环境、风险评估、控制活动、信息与沟通、内部监督等要素，确定内部控制评价的具体内容，对内部控制设计与运行情况进行全面评价，或者就某一方面进行专项评价。

1. 组织开展内部环境评价，应当以组织架构、发展战略、人力资源、企业文化、社会责任等应用指引为依据，结合本企业的内部控制制度，对内部环境的设计及实际运行情况进行认定和评价。

2. 组织开展风险评估评价，应当以《企业内部控制基本规范》有关风险评估的要求，以及各项应用指引中所列主要风险为依据，结合《中央企业全面风险管理指引》和本企业的内部控制制度，对日常经营管理过程中的风险识别、风险分析、应对策略等进行认定和评价。

3. 组织开展控制活动评价，应当以《企业内部控制基本规范》和各项应用指引中的控制措施为依据，结合本企业的内部控制制度，对相关控制措施的设计和运行情况进行认定和评价。

4. 组织开展信息与沟通评价，应当以内部信息传递、财务报告、信息系统等相关应用指引为依据，结合本单位的内部控制制度，对信息收集、处理和传递的及时性、反舞弊机制的健全性、财务报告的真实性、信息系统的安全性，以及利用信息系统实施内部控制的有效性等进行认定和评价。

5. 组织开展内部监督评价，应当以《企业内部控制基本规范》有关内部监督的要求，以及各项应用指引中有关日常管控的规定为依据，结合本单位的内部控制制度，对内部监督机制的有效性进行认定和评价，重点关注内部监督机构是否在内部控制设计和运行中有效发挥监督作用。

五、内部控制评价的方法

（一）内部控制评价的频率

企业每年应对内部控制进行评价并予以披露。但是内部控制自我评价的方式、范围、程序和频率，由企业根据经营业务调整、经营环境变化、业务发展状况、实际风险水平等自行确定。国家有关法律法规另有规定的，按规定执行。如果内部监督程序无效，或所提供信息不足以说明内部控制有效，应增加评价的频率。

（二）内部控制评价的样本量

评价测试人员结合测试目的、经验以及选定的测试方法来确定样本量，在进行抽样测试时，可以参考如下对于样本量的要求，记录需要进行内部控制测试的总体样本量、控制频率和样本量。评价小组在选取样本量时，需要根据控制措施的性质、复杂程度、发生频率、控制执行人员需要具备的能力、控制运行中职业判断使用的程度、控制执行人员是否存在变化以及控制的重要性确定抽样数量，以保证获得足够的支持性证据并保证评价工作的效率。

1. 总体样本量

总体样本量是指要执行控制测试并得出结论的对象。在进行控制测试抽样前，需要明确抽样测试的总体以及这些抽样测试的总体是否完整。例如，评价小组要测试所有的收货单是否均已入账，就不能以账面记录的所有收货单作为控制执行的总体样本量。因为针对"账面记录的所有收货单"进行抽样根本无法发现想要发现的控制执行问题，即未入账的收货单。真正合适的总体样本量是测试期间内所有连续编号的收货单。

2. 控制频率和样本量

关于控制频率和样本量的确定，可以参考以下方法及标准执行：

• 对于自动控制的样本量确定为1个；

• 对于频率不确定/不定期执行的控制，应根据其实际发生样本总量折算出频率后再选取相应的样本量。

在确定该控制在测试期间内的样本总量后，可参考使用下表确定相应的样本量。参考的抽样测试样本量表如表7-1所示。

表7-1

控制运行频率	控制运行样本总量	测试的最小样本量区间
每年1次	1	1
每季1次	4	2
每月1次	12	2~5
每周1次	52	2~5
每天1次	250	20~40
每天多次	大于250	25~60

3. 整改后控制测试的最低样本量

通常来讲,控制执行的测试在年中或年中稍后的时点进行,那么需要在年中测试后到年底这段时间里,对以下三类控制进行"更新测试":

● 年中因无样本或其他原因未能测试的控制是否在年底前得到执行,执行是否有效;

● 已经测试过没有问题的控制是否继续有效地执行;

● 年中测试发现的问题是否在年底前有效整改。

其中,对于第三类控制,即控制整改的测试,评价小组也需要考虑以下因素:

● 这些控制执行问题是否得到有效整改,是否能够满足控制目标的实现;

● 这些整改后的控制是否已经在一个合理的时间段里得到有效运行。

对于整改后的控制测试需要参考表7-2确定相应的样本量。

表7-2

控制运行频率	测试的最小样本量
每年一次	1
每季1次	2
每月1次	2
每周1次	5
每天1次	20
每天多次	25

缺陷整改完成后,内部控制有效运行的时间是得出整改后内部控制运行有

效性结论时需要重点关注的内容。通常来说，就年中测试发现的问题，只纠正问题或出于应付检查而改正一次（仅执行一次）不能够合理保证这些整改后的控制可以持续有效地执行下去。

（三）内部控制评价的方法

内部控制评价工作组应当对被评价单位进行现场测试，综合运用个别访谈、调查问卷、专题讨论、穿行测试、实地查验、抽样和比较分析等方法，充分收集被评价单位内部控制设计和运行是否有效的证据，按照评价的具体内容，如实填写评价工作底稿，研究分析内部控制缺陷。

1. 个别访谈法

个别访谈法主要用于了解企业内部控制的现状，经常在企业层面评价及业务层面评价的了解阶段使用。访谈前应根据内部控制评价需求形成访谈提纲，撰写访谈纪要，记录访谈的内容。

2. 调查问卷法

调查问卷法主要用于企业层面评价。调查问卷应尽量扩大对象范围，包括企业各个层级员工，应注意事先保密性，题目尽量简单易答（如答案只需为"是"、"否"、"有"、"没有"等等）。

3. 穿行测试法

穿行测试法是指在内部控制流程中任意选取一笔交易作为样本，追踪该交易从最初起源直到最终在财务报表或其他经营管理报告中反映出来的过程，即该流程从起点到终点的全过程，以此了解控制措施设计的有效性，并识别出关键控制点。

4. 抽样法

抽样法分为随机抽样和其他抽样。随机抽样是指按随机原则从样本库中抽取一定数量的样本；其他抽样是指人工任意选取或按某一特定标准从样本库中抽取一定数量的样本。

5. 实地查验法

实地查验法主要针对业务层面控制，它通过使用统一的测试工作表，与实际的业务、财务单证进行核对的方法进行控制测试。如实地盘点某种存货。

6. 比较分析法

比较分析法是指通过数据分析，识别评价关注点的方法。数据分析可以是与历史数据、行业（公司）标准数据或行业最优数据等进行比较。

7. 专题讨论法

专题讨论法主要是集合有关专业人员就内部控制执行情况或控制问题进行

分析,既可以是控制评价的手段,也是形成缺陷整改方案的途径。

此外,还可以使用观察、重新执行等方法,也可以利用信息系统开发检查方法,或利用实际工作和检查测试经验。对于企业通过系统采用自动控制、预防控制的,应在评价方法上注意与人工控制、发现性控制的区别。

六、内部控制评价的程序

电力企业内部控制评价程序一般包括:制定评价工作方案、组成评价工作组、实施现场测试、汇总评价结果、编报评价报告等。概括而言,主要分为以下几个阶段。

1. 准备阶段

(1) 制定评价工作方案。内部控制评价机构应当根据企业内部监督情况和管理要求,分析企业经营管理过程中的高风险领域和重要业务事项,确定检查评价方法,制定科学合理的评价工作方案,经董事会批准后实施。评价工作方案应当明确评价主体范围、工作任务、人员组织、进度安排和费用预算等相关内容。评价工作方案既以全面评价为主,也可以根据需要采用重点评价的方式。

(2) 组成评价工作组。评价工作组是在内部控制评价机构领导下,具体承担内部控制检查评价任务。内部控制评价机构根据经批准的评价方案,挑选具备独立性、业务胜任能力和职业道德素养的评价人员实施评价。评价工作组成员应当吸收企业内部相关机构熟悉情况、参与日常监控的负责人或业务骨干参加。企业应根据自身条件,尽量建立内部控制评价长效培训机制。

2. 实施阶段

(1) 了解被评价单位基本情况。充分与企业沟通企业文化和发展战略、组织机构设置及职责分工、领导层成员构成及分工等基本情况。

(2) 确定检查评价范围和重点。评价工作组根据掌握的情况进一步确定评价范围、检查重点和抽样数量,并结合评价人员的专业背景进行合理分工。检查重点和分工情况可以根据需要进行适时调整。

(3) 开展现场检查测试。评价工作组根据评价人员分工,综合运用各种评价方法对内部控制设计与运行的有效性进行现场检查测试,按要求填写工作底稿、记录相关测试结果,并对发现的内部控制缺陷进行初步认定。

3. 汇总评价结果、编制评价报告阶段

评价工作组汇总评价人员的工作底稿,初步认定内部控制缺陷,形成现场评价报告。评价工作底稿应进行交叉复核签字,并由评价工作组负责人审核后签字确认。评价工作组将评价结果及现场评价报告向被评价单位进行通报,由被评价单位相关责任人签字确认后,提交企业内部控制评价机构。

内部控制评价机构汇总各评价工作组的评价结果,对工作组现场初步认定的内部控制缺陷进行全面复核、分类汇总;对缺陷的成因、表现形式及风险程度进行定量或定性的综合分析,按照对控制目标的影响程度判定缺陷等级。

内部控制评价机构以汇总的评价结果和认定的内部控制缺陷为基础,综合内部控制工作整体情况,客观、公正、完整地编制内部控制评价报告,并报送企业经理层、董事会和监事会。企业如果遵循监管机构要求需对外披露内部控制评价报告,则需按规定格式内容编制报告,并由董事会最终审定后对外披露。

4. 报告反馈和跟踪阶段

企业对于认定的内部控制缺陷,应当及时采取整改措施,切实将风险控制在可承受度之内,并追究有关机构或相关人员的责任。

企业内部控制评价机构应当就发现的内部控制缺陷提出整改建议,并报经理层、董事会(审计委员会)、监事会批准。获批后,应制定切实可行的整改方案,包括整改目标、内容、步骤、措施、方法和期限。整改期限超过一年的,整改目标应明确近期和远期目标以及相应的整改工作内容。在整改工作中遇到协调困难甚至阻碍的,内部控制机构有权直接向董事会(审计委员会)报告,董事会(审计委员会)应给予足够的支持和帮助。

企业要建立内部控制重大缺陷追究制度,内部控制评价和审计结果要与履职评估或绩效考核相结合,逐级落实内部控制组织领导责任。企业未开展内部控制工作,或未严格执行内部控制措施,导致发生内部控制缺陷,给公司生产经营、声誉形象、财产安全等方面造成不同程度的影响和损失,对相关责任单位或责任人要追究相关责任,并给予相应的处罚。

第三节 内部控制缺陷认定

一、内部控制缺陷分类

1. 按照内部控制缺陷成因或来源,内部控制缺陷包括设计缺陷和运行缺陷。设计缺陷是指企业缺少为实现控制目标所必需的控制,或现存控制设计不适当,即使正常运行也难以实现控制目标。运行缺陷是指现存设计适当的控制没有按设计意图运行,或执行人员没有获得必要授权或缺乏胜任能力,无法有效地实施内部控制。

内部控制存在设计缺陷和运行缺陷，会影响内部控制的设计有效性和运行有效性。

2. 按照影响企业内部控制目标实现的严重程度，内部控制缺陷分为重大缺陷、重要缺陷和一般缺陷。

重大缺陷，是指一个或多个控制缺陷的组合，可能导致企业严重偏离控制目标。当存在任何一个或多个内部控制重大缺陷时，应当在内部控制评价报告中作出内部控制无效的结论。

重要缺陷，是指一个或多个控制缺陷的组合，其严重程度低于重大缺陷，但仍有可能导致企业偏离控制目标。重要缺陷的严重程度低于重大缺陷，不会严重危及内部控制的整体有效性，但也应当引起董事会、经理层的充分关注。

一般缺陷，是指除重大缺陷、重要缺陷之外的其他缺陷。

将内部控制评价中发现的内部控制缺陷划分为重大缺陷、重要缺陷和一般缺陷，需要借助一套可系统遵循的认定标准，认定过程中还需要内部控制评价人员充分运用职业判断。一般而言，如果一个企业存在的内部控制缺陷达到了重大缺陷的程度，就不能说该企业的内部控制是整体有效的。

3. 按照具体影响内部控制目标的具体表现形式，还可以将内部控制缺陷分为财务报告缺陷和非财务报告缺陷。

二、内部控制缺陷的认定标准

企业对内部控制缺陷的认定，应当以日常监督和专项监督为基础，结合年度内部控制评价，由内部控制评价部门进行综合分析后提出认定意见，按照规定的权限和程序进行审核后予以最终认定。

企业应当根据评价指引，结合自身情况和关注的重点，自行确定内部控制重大缺陷、重要缺陷和一般缺陷的具体认定标准。企业在确定内部控制缺陷的认定标准时，应当充分考虑内部控制缺陷的重要性及其影响程度。

1. 财务报告内部控制缺陷的认定标准

财务报告内部控制是指针对财务报告目标而设计和实施的内部控制。财务报告内部控制的目标集中体现为财务报告的可靠性。

财务报告内部控制缺陷的认定标准由该缺陷可能导致财务报表错报的重要程度来确定，这种重要程度主要取决于两方面因素：第一，该缺陷是否具备合理可能性导致内部控制不能及时防止、发现并纠正财务报表错报；第二，该缺陷单独或连同其他缺陷可能导致的潜在错报金额的大小。

(1) 重大缺陷

如果一项内部控制缺陷单独或连同其他缺陷具备导致企业严重偏离控制目标，不能及时防止、发现并纠正财务报表中的重大错报，就应将该缺陷认定为重大缺陷。重大错报中的"重大"，涉及企业确定的财务报表的重要性水平。一般而言，企业可以采用绝对金额法（如规定金额超过10000元的错报应当认定为重大错报）或相对比例法（例如，规定超过净利润5%的错报应当认定为重大错报）来确定重要性水平。如果企业的财务报告内部控制存在一项或多项重大缺陷，就不能得出该企业的财务报告内部控制有效的结论。

另外，一些迹象通常表明财务报告内部控制可能存在重大缺陷：

- 董事、监事和高级管理人员舞弊；
- 企业更正已公布的财务报告；
- 注册会计师发现当期财务报告存在重大错报，而内部控制在运行过程中未能发现该错报；
- 企业审计委员和内部审计机构未能对内部控制进行监督。

(2) 重要缺陷

如果一项内部控制缺陷单独或连同其他缺陷具备导致企业偏离控制目标，不能及时防止、发现并纠正财务报表中虽未达到重要性水平，但仍应引起董事会和经理层重视的错报，就应将该缺陷认定为重要缺陷。重要缺陷并不影响企业财务报告内部控制的整体有效性，但是应当引起董事会和经理层的重视。对于这类缺陷，应当及时向董事会和经理层报告，因此也称为"应报告情形"。

(3) 一般缺陷

不构成重大缺陷和重要缺陷的财务报告内部控制缺陷，应认定为一般缺陷。

2. 非财务报告内部控制缺陷的认定标准

非财务报告内部控制是指针对除财务报告目标之外的其他目标的内部控制。这些目标一般包括战略目标、资产安全、经营目标、合规目标等。非财务报告评价应当作为企业内部控制评价的重点。

企业可以根据自身的实际情况，参照财务报告内部控制缺陷的认定标准，合理确定非财务报告内部控制缺陷的定量和定性认定标准。其中：定量标准，既可以根据缺陷造成直接财产损失的绝对金额制定，也可以根据缺陷的直接损失占本企业资产、销售收入或利润等的比率确定；定性标准，可以根据缺陷潜在负面影响的性质、范围等因素确定。非财务报告内部控制缺陷认定标准一经确定，必须在不同评价期间保持一致，不得随意变更。

电力行业缺陷认定参考标准如表7-3所示。

表7-3

项目	重大缺陷影响	重要缺陷影响	一般缺陷影响
利润总额潜在错报	错报≥利润总额5%	利润总额3%或0.6亿元≤错报<利润总额5%	错报<利润总额3%
资产总额潜在错报	错报≥资产总额1%	资产总额0.5%或2.5亿元≤错报<资产总额1%	错报<资产总额0.5%
经营收入潜在错报	错报≥经营收入总额1%	经营收入总额0.5%或0.75亿元≤错报<经营收入总额1%	错报<经营收入总额0.5%
所有者权益潜在错报	错报≥所有者权益总额1%	所有者权益总额0.5%或1亿元≤错报<所有者权益总额1%	错报<所有者权益总额0.5%
直接财产损失	1000万元及以上	500万元（含500万元）~1000万元	500万元以下

定性参考标准：

以下迹象通常表明非财务报告的内部控制可能存在重大影响：

- 企业决策程序不科学，如决策失误，导致并购不成功；
- 严重违反国家法律法规，对企业造成严重负面影响；
- 管理人员或技术人员流失，严重影响企业正常经营；
- 发生重大舆情事件，严重影响企业声誉；
- 重要业务缺乏制度控制或制度系统性失效；
- 一类设备缺陷：指严重威胁主设备安全运行及人身安全，或已造成电力出力降低和影响对外输送电力的重大缺陷；
- 发生对定期报告披露造成负面影响的事项；
- 未按规定执行"三重一大"（重大问题决策、重要干部任免、重大项目投资决策、大额资金使用）审批及执行流程。

为避免企业操纵内部控制评价报告，非财务报告内部控制缺陷认定标准一经确定，必须在不同评价期间保持一致，不得随意变更。

需要强调的是，在内部控制的非财务报告目标中，战略和经营目标的实现往往受到企业不可控的诸多外部因素的影响，企业的内部控制只能合理保证董事会和管理层了解这些目标的实现程度。因而，在认定针对这些控制目标的内部控制缺陷时，我们不能只考虑最终的结果，而主要应该考虑企业制定战略、开展经营活动的机制和程序是否符合内部控制要求，以及不适当的机制和程序对企业战略及经营目标实现可能造成的影响。

三、内部控制缺陷认定程序

进行内部控制缺陷评价的程序主要包括缺陷识别、严重程度评估、初步沟通和最终认定四个环节。

1. 缺陷识别

内部控制评价人员可以采用个别访谈法、调查问卷法、穿行测试法、抽样法、实地查验法、文档（凭证、记录）查看法、比较分析法、专题讨论法、重新执行法等手段进行测试，识别内部控制的设计缺陷和运行缺陷。

2. 严重程度评估

内部控制评价人员在评估缺陷对控制目标偏离的影响程度时，需要考虑以下因素：

（1）与财务的关联性。

内部控制缺陷与财务报告/主要会计科目/附注的关联性，如果缺陷不直接影响财务报告，除非是极可能导致企业严重偏离控制目标，否则不应当认定为重大缺陷。

（2）重要性。

内部控制缺陷与财务报告直接相关时，应考虑风险发生的可能性以及对偏离目标的影响程度（比如收入、成本、资产等重要性水平），若超过重要性水平则为重大缺陷，否则不应当被认定为重大缺陷。

（3）缺陷的组合效果。

评价人员应当评价其识别的各项内部控制缺陷的严重程度，以确定这些缺陷组合起来的影响，是否构成重大或重要缺陷。

（4）补偿性措施的考虑。

在确定一项内部控制缺陷或多项内部控制缺陷的组合是否构成重大缺陷时，评价人员应当评价补偿性措施的影响。对已经确认的可能导致财务报告重大错报的内部控制缺陷（或缺陷汇总），企业应当评估是否存在补偿性控制，以及该补偿性控制是否按照一定的精确度有效执行，从而降低了该内部控制缺陷或缺陷汇总导致财务报表错报的可能性和/或重要性。为了得出补偿性控制有效执行的结论，企业应当首先分析该补偿性控制是否存在一定程度的精确性。其次，企业应对补偿性控制开展必要的测试验证工作，获取并记录补偿性控制执行有效的证据。

3. 初步沟通

内部控制评价机构编制内部控制缺陷认定汇总表，结合日常监督和专项监督发现的内部控制缺陷及其持续改进情况，对内部控制缺陷及其成因、表现形式和影响程度进行综合分析和全面复核，提出认定意见（针对财务报告内部控制的缺陷，一般还应当反映缺陷对财务报告的具体影响），并以适当的形式与企业相关管理层进行初步沟通。

4. 最终认定

内部控制评价机构根据初步沟通结果以及企业缺陷评价标准判断缺陷的严重程度，并根据缺陷的严重程度采取适当的形式与企业董事会及各级管理层沟通。

四、内部控制缺陷报告

企业内部控制评价机构应当编制内部控制缺陷认定汇总表，结合日常监督和专项监督发现的内部控制缺陷及其持续改进情况，对内部控制缺陷及其成因、表现形式和影响程度进行综合分析和全面复核，提出认定意见（针对财务报告内部控制的缺陷，一般还应当反映缺陷对财务报告的具体影响），并以适当的形式向董事会及各级管理层报告。

企业对于认定的重大缺陷，应当及时采取应对策略，切实将风险控制在可承受度之内，并追究有关部门或相关人员的责任。

内部控制缺陷报告应当采取书面形式，可以单独报告，也可以作为内部控制评价报告的一个重要组成部分。一般而言，内部控制的一般缺陷、重要缺陷应定期（至少每年）报告，重大缺陷应立即报告。对于重大缺陷和重要缺陷及整改方案，应向董事会（审计委员会）或经理层报告并审定。如果出现不适合向经理层报告的情形，例如存在与管理层舞弊相关的内部控制缺陷，或存在管理层凌驾于内部控制之上的情形，应当直接向董事会（审计委员会）报告。对于一般缺陷，可以与企业经理层报告，并视情况考虑是否需要向董事会（审计委员会）报告。

后　　记

在财政部会计司的牵头组织下,在各电网、发电、电力建设、电力设计等企业的参与支持下,经过广泛深入的实地调研和公开征求意见,《电力行业内部控制操作指南》终于发布实施了。指南的撰写历时近两年,其间反复修改,数易其稿,力求做到体系科学、内容完整、通俗易懂,贴近电力企业实际,能够为各电力企业开展内部控制体系建设提供经验借鉴和有益指导。

指南的编写及修订工作得到了国家电网公司、中国电力投资集团公司、中国核工业集团公司、中国能源建设集团公司、北京国华电力有限责任公司的支持和帮助,并为现场调研提供了条件和便利。中国华能集团公司、中国大唐集团公司、中国华电集团公司、中国国电集团公司、中国长江三峡集团公司也多次参加指南编写研讨会,并提出了宝贵的修改意见。远光软件股份有限公司、安永(中国)咨询有限公司对指南初稿的撰写和核校给予了大力支持。财政部会计司杨敏司长、欧阳宗书副司长对全书进行了审定。指南的出版发行是财政部会计司、各电力行业企业、有关内控咨询机构共同努力的结晶,在此,谨向所有给指南提供过帮助和指导的各位专家表示衷心的感谢!

因时间仓促和水平有限,本书难免存在不当和尚需改进之处,敬请读者批评指正。

财政部会计司
2015 年 1 月